全/国/高/等/教/育/金/融/系/列/精/品/教/材

Financial Market

金融市场学

主 编◎徐 晟 林 青
副主编◎余光英 余 杰
　　　　罗利平

经济管理出版社
ECONOMY & MANAGEMENT PUBLISHING HOUSE

图书在版编目(CIP)数据

金融市场学/徐晟,林青主编.—北京:经济管理出版社,2012.1

ISBN 978-7-5096-1692-5

Ⅰ.①金… Ⅱ.①徐… ②林… Ⅲ.①金融市场-经济理论 Ⅳ.①F830.9

中国版本图书馆 CIP 数据核字(2011)第 239541 号

出版发行:经济管理出版社

北京市海淀区北蜂窝 8 号中雅大厦 11 层

电话:(010)51915602　　邮编:100038

印刷:三河市延风印装厂　　　　经销:新华书店

组稿编辑:房宪鹏	责任编辑:刘　宏　李月娥
责任印制:杨国强	责任校对:陈　颖

787mm×1092mm/16　　　　17 印张　　　383 千字

2012 年 1 月第 1 版　　　2013 年 9 月第 2 次印刷

定价:36.00 元

书号:ISBN 978-7-5096-1692-5

全国高等教育金融学专业系列规划教材
编委会成员

《金融学系列教材》总序

我国的高等教育在飞速发展的同时，也呈现出多样性，如有的人将我国高等学校分为研究型大学、研究教学型大学、教学研究型大学、教学型大学、高职高专等；或分为普通本科、成人本科、函授本科、自修本科；或分为一本、二本、三本等。

不同的高等院校，其办学思想和理念可能存在比较大的差距。但是，它们所开展的高等教育活动是相同的，例如都需要进行包括师资队伍建设在内的学科建设、都需要进行课程改革建设、都需要进行教材改革建设等。

长期以来，由于各方面的原因，我国高等学校教材的编写工作都集中在研究型大学，教学型大学很少编写教材。而研究型大学所开展的教材编写工作，基本上都沿袭了计划经济时期精英教育的需要，没有考虑到不同层次高等学校对教材的特殊需要。过去，我国只有一个层次的大学，即综合型大学或专科学院。现在，由于研究型大学编写的教材不可能满足不同层次高等学校的需要，一些高等学校已经开始编写适合自己的教材，如自修大学、高职高专都有了自己的教材。

独立学院是我国高等教育发展的产物，按照产权划分，其属于民办大学；按照学术水平划分，其属于教学型大学；按照高考录取的安排划分，其属于第三批录取的本科院校；按照教学目标划分，其属于培养应用型人才的院校。

我国民办高等教育包括独立学院的历史都比较短，但实践证明，民办高等学校、独立学院也应该有自己的教材。民办高等学校、独立学院组织编写适合自己的教材，不仅有利于教师开展科研工作，提高自身水平，有利于教学活动的顺利开展和教学质量的保证，也是对研究型大学、公办大学的一种促进，促进其开发新教材、研究新问题、开拓新领域，推动我国高等教育事业的发展。

我国民办高等学校、独立学院的历史比较短，各个学校的力量也都比较薄弱。但是，如果现有民办高等学校、独立学院能联合起来，其力量就可以壮大。

为此，我们发起组织了独立学院金融学专业系列教材的编写。

由于多方面的原因，民办高等学校、独立学院之间往来很少，"鸡犬之声相闻，老死不相往来！"虽然每个学校、每个专业都有自己的方法，但其目的是一致的，都是为了我国民办教育事业的发展、为了独立学院的发展。所以，我国有许多可以合作的平台和项目。我们相信，民办高等学校、独立学院之间通过合作可以相互促进、相互提高，为我国高等教育的发展做出自己的贡献。

《国家中长期教育改革与发展规划纲要（2010～2020）》征求意见稿提出：教育工作的根本要求是：培养造就数以亿计的高素质劳动者、数以千万计的专门人才和一大批拔尖创新人才；高等教育的战略目标是，到 2020 年高等教育大众化水平进一步提高，毛入学率达到 40％。中国是人口大国，也是教育大国，要实现高等教育的战略目标仅依靠国家办学是很难的，我们需要发展民办高等教育。

我国的民办高等学校、独立学院需要社会的浇灌培养！

中南财经政法大学

杨开明

2010 年春

前　言

在现代金融学科的发展史上，人们把 20 世纪 50 年代以前形成的以货币供求和资金流动为主要研究对象的金融理论体系称为古典金融学，而把在此之后以金融市场运行为主要研究对象的金融理论体系称为现代金融学。金融市场是现代市场体系的灵魂。在全球经济一体化的趋势下，金融市场也在走向一体化，并在世界范围内发挥引导资金流动、为资产定价、优化资源配置和提高经济运行效率的作用。金融市场学是国内外高等院校金融学科的主干课程，也是高等院校经济类、管理类专业的学科基础课程，还是高等院校非经济管理类专业的选修课程。掌握金融市场的基础理论和专业知识，熟悉金融市场的运行机制和运行规律，把握金融市场的发展趋势，既是高等院校金融、投资等相关专业人才培养的重要目标，也是从事或准备从事金融实务的人士应具备的基本素质。

在本书编写过程中，我们根据教育部课程教学改革的要求，从基本知识、基本理论和基本技能的培养目标出发，力求在体系上、内容上和形式上推陈出新。围绕金融市场的基础理论和业务运作，主要阐述了金融市场各领域最新的理论发展，详细介绍了金融市场的种类和特点、各个金融市场的运行机制、定价原理、收益评估与风险管理，努力做到既较为全面地反映西方成熟金融市场运作机制和运行规律，又紧密结合中国金融市场改革和发展的实际，引导学生树立金融全球化的视野，在学习专业理论知识的同时关注中国金融市场改革的实践。在编写方式上，本书力求深入浅出、行文规范。为方便教学，每一章都有教学目标、本章小结、重要概念、练习题和思考题。本书体系完整，覆盖全面，既可作为金融、投资、保险等专业的主干课教材，也适用于经济学、管理学各专业的相关课程教学，还可作为理论研究人员和实际工作者的参考书。

本书由国家级重点学科的中南财经政法大学金融学院徐晟副教授、华中科技大学文华学院林青老师担任主编，负责全书基本框架的设计和定稿，并由武汉高校独立学院青年老师精心编写完成。撰写本书的具体分工如下：中南财经政法大学金融学院徐晟，第一、六、八章；中南财经政法大学武汉学院余光英，

第二、十章；中南财经政法大学武汉学院罗利平，第五章；华中科技大学文华学院林青，第三、四章；华中科技大学文华学院余杰，第七、九章。

　　本书从国内外同行的研究中获得了许多灵感和重要素材，并一直得到经济管理出版社的信任和支持。对本书付梓提供帮助的学界和业界的同仁、对付出热诚和心血的出版社编辑们我们心存感激。由于编者水平有限，时间紧迫，本书存在的疏漏和不当之处，恳请各位读者不吝赐教，以便我们再版时予以修订和完善。

徐　晟

2011 年 12 月

目　录

第一章 金融市场导论

发明家卡尔设计了一种能够清扫房屋、汽车且能割草的低成本机器人，但是他没有资金将这个奇妙的发明投入生产。杰克是一位有很多储蓄的老人，这是他和妻子多年来积攒下来的。在没有金融市场的情况下，杰克可能既不借款也不贷款，只能维持这些储蓄而得不到丝毫利息。如果能够让杰克和卡尔合作，那么卡尔就可以利用杰克提供的资金将机器人生产出来并投放市场，而杰克也可以每年获取一定的利息，这样双方都将获利。

现在我们可以看出，如果没有金融市场，卡尔和杰克可能永远没有合作的机会，这时，双方都只能维持现状。没有金融市场，资金也就失去了从缺乏生产性投资机会的人手中向拥有生产性投资机会的人手中转移的可能。因此，金融市场对于提高经济社会的效率是非常重要的，它有助于资本的合理配置，从而对增加生产和提高效率做出贡献。

我们将在本章对金融市场的概念、金融市场的构成要素、金融市场的类型以及金融市场的发展趋势进行介绍，希望读者能从总体上对金融市场有一个整体性的认识。

第一节 金融市场概述

一、金融市场的定义

金融市场是指资金供给者与资金需求者从事资金融通活动的场所。金融市场有广义和狭义之分。广义的金融市场是指由货币资金的借贷、金融工具的发行与交易以及外汇黄金的买卖所形成的市场。泛指资金供求双方运用各种金融工具，通过各式各样的金融性交易活动实现资金余缺的调剂和有价证券的买卖，如存款、贷款、信托、租赁、保险、票据贴现与票据抵押、股票与债券的发行及买卖及黄金与外汇买卖等。狭义的金融市场特指证券（主要是债券和股票）的发行与买卖的场所。通常所说的金融市场主要是指后者。

对金融市场应当从以下三个方面理解：①金融市场的交易对象是同质的金融商品，即货币资金等。②金融市场的参与者是资金的供给者和需求者。前者拥有闲置的盈余资金，后者则面临资金不足。交易双方的关系不再是单纯的买卖关系，而是建立在信用基础上的、一定时期内的资金使用权的有偿转让。③金融市场不受固定场所、固定时间的限制。随着现代通信手段的发展和计算机网络的普及，越来越多的金融交易借助于无形市场，在瞬间便可以完成。因此可以这样说，金融市场是办理各种票据、有价证券和外汇买卖以及同业之间进行货币借贷的场所。进一步来看，金融市场不仅仅指金融商品的交易场所，还涵盖了一切由于金融交易而产生的关系。其中最主要的是金融商品的供求关系，以及金融交易的运行机制——价格机制，表现为金融产品的价格和资金借贷的利率。在金融市场上，利率就是资金的价格。在这种特殊价格信号的引导下，资金自动、迅速、合理地流向高效率的部门，从而优化资源配置，推动经济持续快速发展。

二、金融市场的特征

金融市场是社会经济与市场体系的重要组成部分，它同其他市场（如商品市场、生产资料市场等）紧密联系在一起。金融市场与其他市场有许多相同或相近之处，比如它们都是交易活动的场所等；但也存在着差别，金融市场有其自身的一些特点，主要表现如下：

（1）交易的对象不同，即金融市场上的交易对象具有特殊性。商品市场交易的对象是各种各样的普通商品；而金融市场的交易对象则是货币资金等各种金融资产这些特殊的商品。

（2）交易的过程不同，即金融市场的借贷活动具有集中性。在商品市场上，其交易的过程只是一种简单的商品换位运动，商品从卖者手中转移到买者手中，这种交易一般不需要中间机构；而在金融市场上，货币资金的供应者与需求者通过相互接触，融通资金的余缺、实现资金交易却是一种极为复杂的借贷活动，需要有中间机构从中牵线搭桥。

（3）交易的场所不同，即金融市场的交易场所具有非固定性。商品市场一般是以固定的场所来实现商品的交易；而金融市场则是一个极为复杂而庞大的市场体系，它可以通过电话、传真、网络等进行交易，因此，金融市场是一个以不固定场所为主的交易市场，或者说，它既可以有一个具体的交易场所（如证券交易所），也可以不要具体的交易场所。

（4）交易的价格不同，即金融市场上的价格具有一致性。一方面，商品市场上的交易价格是围绕商品的价值在供求关系作用下上下波动；而金融市场上的交易价格则完全是由市场供求关系决定的且这种价格并不是货币资金当时本身的价格，而是借贷资金到期归还时的价格即利息。另一方面，普通商品市场上的商品价格是商品价值的货币表现，其价格千差万别；而金融市场上货币资金的价格则是对利润的分割，在平均利润率的作用下趋于一致。

（5）交易商品的使用价值不同，即金融市场上交易商品的使用价值具有同一性。在普通商品市场上，各种商品虽然都有价值，但其使用价值各不相同；而在金融市场上，虽然交易的对象有许多种（如货币资金、商业票据、银行票据、债券、股票等），但它们都代表了一定量的货币资金，其使用价值是相同的。

（6）交易的双方不同，即金融市场上的买卖双方具有可变性。在普通商品市场上，一个人作为消费者通常是只买不卖，作为商品的供应者则只卖不买（虽然有时也买，但买是为了卖）；而在金融市场上，买卖行为可以交替出现，例如，一个时期某企业可能是资金的供应者，但另一个时期它又可能成为资金的需要者。

20世纪80年代以来，由于信息处理和电子通信领域的科技进步，金融业取得了突飞猛进的发展。在这一时期，世界各国为了在竞争激烈的金融市场中取得更大的份额和更多的利润，纷纷放松了对资本流动的管制，出现了混业经营的趋势，离岸金融市场发展迅猛，各种衍生金融产品快速增长，加之新兴金融市场的纷纷建立和蓬勃发展，金融市场进入了一个快速发展的时期，出现了一些新的特点，主要表现在：

（1）融资手段多样化。首先，从金融工具的种类来看，20世纪70年代之后，随着金融创新的兴起，金融工具出现了全球性的创新。一是股票和债券的种类增多了；二是与信托业务有关的金融工具大量涌现；三是"组合式"的衍生金融工具的出现。其次，从金融市场的交易方式来看，在20世纪70年代之前的交易方式仅限于现货交易、信用交易和期货交易三种，之后又逐渐出现了股票期权交易、股票指数期货交易、股票指数期权交易和期货合约的期权交易等新的交易方式。

（2）融资技术现代化。随着科学技术特别是高新技术的不断发展，信息技术将会对未来金融市场带来越来越大的冲击。由于这项高效率、低成本技术的广泛运用，原有的金融市场专业分工所形成的技能优势和规模效益变得无足轻重，特别是过去证券业花巨资建立起来的有形的分支机构和清算机构在互联网时代就不再是其优势的象征，因为互联网不仅可以胜任其中的大部分功能，而且可以使融资成本大大降低，融资技术更趋现代化。

（3）融资范围国际化。随着科技的进步、金融市场工具的创新以及金融管制的放松，国内金融市场与国际金融市场将会更紧密地联系在一起，大大加速了金融市场国际化的进程。

三、金融市场的功能与作用

社会再生产的顺利进行，形成了大量闲散的货币资金，如果将它们动员和集中起来就会形成巨大的资金力量。金融市场是社会主义市场体系不可分割的重要组成部分，它在国民经济的发展中起着非常重要的作用。

1. 动员社会闲散资金，丰富金融资产品种

金融市场的存在，为动员和筹集社会再生产过程中形成的大量闲散资金提供了多种金融工具和金融手段。随着金融市场的不断发展，金融法规逐渐形成和完善，金融工具种类还将不断增加，这就为筹资者和投资者提供了重要场所和投资机会；尤其是金融资产丰富多样，其安全性和流动性也大大提高，更易于被投资者和资金需求者所接受、所

使用。这样，金融市场就能起到最大限度地动员社会闲散资金的作用，并丰富了资产品种。

2. 促进资金的灵活运用，提高资金的使用效率

长期以来，中国的资金都是按计划纵向分配，这种情况往往导致资金供应与需求的矛盾。金融市场的建立，使企业、政府、金融机构可以利用发行股票、债券以及拆借等办法从市场上筹集资金，形成资金的横向流动，补充按计划纵向分配资金的不足，促进资金的灵活运用。同时，金融市场的建立，使投资者与筹资者能建立起直接的联系，能对资金的使用情况加强监督，提高资金的使用效益。金融市场中各种金融工具的需求状况及价格高低又与企业的经济效益密切相关，经济效益好的企业，其发行的股票或债券信誉高、价格高，更易于在金融市场上流通转让，顺利地实现其融资或投资的目的。这就必然促使筹资企业加强经营管理，不断提高经济效益。

3. 完善利率机制，优化资源配置

利率机制是指利率的各构成要素之间的依存、关联和制约关系及其推动利率运行的自动调节功能。在金融市场上，利率被当做资金商品的价格，自由议定，并依据资金的供求状况经常调整，因此，利率变动的主要影响因素就是市场上的资金供求关系。利率的变动，不仅有利于其运行更靠近市场，而且有利于监督者调整利率水平，增加利率档次，逐渐把利率搞活，使利率机制趋于完善。利率是资金的价格表现，资金又是国民经济中物资的货币表现。在市场经济条件下，资金的分配对物质的分配起着决定性的作用。金融市场的建立、发展和不断完善，能实现对社会资源的合理分配，同时可根据市场经济发展的需要，通过资金的融通，保证全社会的资源分配趋于优化和充分利用。

4. 反映市场信息，加强宏观调控，形成合理的国民经济结构

任何市场都是信息的重要源泉，金融市场也是如此。由于金融市场与整个国民经济的关系极为密切，因此，金融市场上交易的变化，如资金运动规模和方向、金融资产价格水平变动等所形成的各种信息，能全面地反映出社会再生产各环节（包括国民经济各部门、各企业）的状况，从而为国家制定正确的宏观经济政策，实施宏观调控政策，及时解决经济发展过程中出现的问题，保证国民经济的顺利发展，形成合理的国民经济结构提供了客观依据。

5. 促进银行资金的调拨与营运，加快地区间或国际间的资金流动与转移

银行是金融市场的重要参与者，它既是资金的供应者，又是资金的需求者。当银行资金需求增加时，它就通过市场向同业拆入资金或在市场上出售有价证券和票据，调整自身资产负债结构，以满足对于资金来源不足或流动性的需要。金融市场的存在，不仅对于银行的资金调度与营运有着非常重要的意义，而且对于实现国际间资金流动与转移也有着决定性的影响。在国际金融市场上贷款、借入货币资金或者买卖其他金融工具，就意味着资金在国际间的流动，其结果必然促使各国加强国际间的交往与合作。

6. 管理和配置风险，使金融交易的融资和风险负担得以分离

风险功能是指金融市场为企业、政府、居民家庭和投资者提供了防范人身风险、财产风险、收入风险及其他风险的手段。风险管理和配置能力的发展使金融交易的融资和

风险负担得以分离，从而使企业与家庭能够选择它们愿意承担的风险，回避它们不愿意承担的风险。金融市场为企业、政府、居民家庭和投资者提供生命补偿机制、健康补偿机制、贫困风险补偿机制。这些风险补偿机制主要通过以下两种方式来实现：一是保险机构出售保险单；二是金融市场提供套期保值、组合投资的条件和机会。因此，金融市场具有化解或降低风险的功能。

第二节　金融市场的构成要素

金融市场是一个由多种要素构成的有机整体，尽管世界各国金融市场的发展程度各不相同，但就金融市场本身的构成要素来说都包括金融市场主体、金融市场客体（金融工具）、金融市场的交易价格和金融市场媒体四个部分。

一、金融市场主体

金融市场主体是指金融市场的参与者。作为金融市场的参与者必须是能够独立作出决策并承担利益和风险的经济主体，包括机构或个人，它们或者是资金的供应者，或者是资金的需求者，或者是以双重身份出现。一般来说，金融市场主体包括政府、企业、金融机构和居民个人四个部门。

（一）政府

政府部门是一国金融市场上主要的资金需求者，它们一般通过发行政府债券来筹措资金，用于基础设施建设、弥补财政预算赤字等。政府部门在一定时间内也可能成为金融市场上的资金供应者。由于财政资金收入和支出时间上的不一致，各级政府和政府机构也会出现年度中的资金短暂盈余，此时除了以银行存款形式保持盈余外，地方政府或政府机构也可持有国债或高级别的金融机构债券。

除此之外，政府还是金融市场上重要的监管者和调节者，因此在金融市场上它具有双重身份。政府对金融市场的监管一方面授权给监管机构，但也经常自己出面向金融市场施加影响；另一方面，政府通过财政政策来对金融市场进行调控。一些发达国家的政府为了实现对世界经济和国际金融市场的控制，还通过政府协定方式，建立起许多国际金融市场的行为准则及权利、义务关系。例如，西方七国财长会议就经常对国际金融市场问题进行磋商，甚至为解决金融市场的突出问题而采取联合行动。这些都说明，政府部门在金融市场上起到了举足轻重的作用。

（二）企业

从法律形态上看，企业的组织形式主要有三种：独资制、合伙制和公司制。现代公司主要采取股份有限公司和有限责任公司两种形式，而独资企业和合伙企业则是传统的企业形式。作为金融市场主体的企业主要指的是公司，特别是有限责任公司和股份有限公司。

在金融市场中，企业无论是作为资金的需求者还是资金的供给者都毫无疑问地居于非常重要的地位。在生产经营过程中，由于产供销渠道与环节的差异、周期性和季节性等因素的影响，会出现一些企业暂时性的资金盈余，而另外一些企业出现暂时性的资金短缺。这两类企业除了通过银行等金融中介机构进行资金余缺的融通外，资金短缺企业可以通过金融市场筹集短期资金来从事经营，以提高企业财务杠杆比例和增加盈利，也可以通过发行股票或中长期债券等方式筹措资金用于扩大再生产和经营规模。而资金盈余的企业可以通过在金融市场上购得金融工具将暂时闲置的资金让渡出去，以获得保值或盈利，同时使资金的运用发挥更大效益。

（三）金融机构

一般来说，凡是专门从事各种金融活动的组织，均称为金融机构。金融机构不仅是金融市场上重要的资金供给者和需求者，发行和购买各类金融工具，比如发行大额可转让存单，票据贴现、再贴现业务，向同业拆入资金，购买有价证券等；同时它也是金融市场上最重要的中介人，代理筹资者和投资者进行融资与投资活动。这里主要将金融机构分为存款性金融机构和非存款性金融机构。

1. 存款性金融机构

存款性金融机构是指通过吸收各种存款而获得可利用资金，并通过将之贷给需要资金的各经济主体及投资于证券等途径而获取收益的金融机构。它们是金融市场的重要中介，也是套期保值和套利的重要主体。存款性金融机构一般包括商业银行、储蓄机构、信用合作社等。

（1）商业银行。在存款性金融机构中，商业银行是其中最主要的一种金融机构。早期的商业银行是指接受活期存款，并主要为工商企业提供短期贷款的金融机构。但现代意义上的商业银行已经成为金融领域中业务最广泛、资金规模最雄厚的存款性金融机构。商业银行既是资金的供应者，又是资金的需求者，几乎参与了金融市场的全部活动。作为资金的需求者，商业银行利用其可开支票转账的特殊性，大量吸收居民、企业和政府部门暂时闲置不用的资金，还可以发行金融债券、参与同业拆借等。作为资金的供应者，商业银行主要通过贷款和投资来提供资金。此外，商业银行还能通过派生存款的方式创造和收缩存款货币，对整个金融市场的资金供应和需求产生着巨大的影响。中国目前的商业银行主要是指四大国有控股商业银行、新兴的股份制商业银行、城市商业银行等。

（2）储蓄机构。储蓄机构是指专门吸收居民储蓄存款，并为居民家庭或个人提供专门金融服务的金融机构。储蓄机构的名称各国有所不同，如在美国称为储蓄放款协会或互助储蓄银行；在英国则叫做信托储蓄银行、房屋互助协会；法国、意大利和德国则为储蓄银行等。储蓄机构的资金来源除了自有资本外，主要是吸收小规模的居民储蓄存款与定期存款。其资产主要用于长期不动产抵押贷款、购买政府债券和公司的股票与债券、对个人提供分期付款的消费信贷等。与商业银行相比，储蓄机构的资产业务期限长，抵押贷款比重高。政府常利用储蓄机构来实现某些经济目标，其中多为房地产政策目标。因此，一些储蓄机构得到了政府的支持。在金融市场上，它们与商业银行一样，既是资金的供应者，又是资金的需求者。

（3）信用合作社。信用合作社是某些具有共同利益的人们组织起来的、具有互助性质的会员组织，如农村信用合作社、城市手工业者的信用合作社等。其资金来源主要是会员的存款，也可以来自于非会员。资金运用则是对会员提供短期贷款、消费贷款、票据贴现及从事证券投资，也有部分资金用于同业拆借和转存款等。信用合作社在经济生活中起着广泛动员社会资金的作用，它们遍布大银行难以顾及的每一个角落，进一步促进了社会闲散资金的汇聚和利用。由于金融竞争的影响及金融创新的发展，信用合作社的业务有拓宽的趋势。其资金来源及运用都从原有的以会员为主逐渐转向多元化，因此其在金融市场上的作用也变得越来越大。

2. 非存款性金融机构

金融市场上另一类重要的金融机构参与者就是非存款性金融机构。它们的资金来源与存款性金融机构吸收公众存款不一样，主要是通过发行证券或以契约性的方式聚集社会闲散资金。这类机构主要有以下类别：

（1）保险公司。保险公司专门提供风险管理服务，从被保险人那里获得保费收入，根据约定承担保险赔付责任，按照规定运用保险资金。保险公司的传统业务运作机制是筹集资本金、出售保单、收取保费、给付赔偿款和运作保险资金。保险公司获得的保费收入并不是立即全部用于赔偿，它们能够相对准确地预计未来的赔付金额，而对剩下的资金加以运用。不同种类的保险公司资金运用方向是不同的。保险公司一般包括人寿保险公司、财产保险公司和灾害保险公司。人寿保险公司是为人们因意外事故或死亡而造成经济损失提供保险的金融机构。财产和灾害保险公司是为企业及居民提供财产意外损失保险的金融机构。一般来说，人寿保险具有保险金支付的可预测性，并且只有当契约规定的事件发生时或到约定的期限时才支付的特征，因此，保险费实际上是一种稳定的资金来源。这与财产和灾害保险公司不同，财产和灾害事故的发生具有偶然性和不确定性。它们之间的差别决定了其在资金运用方面的不一致。人寿保险公司的资金运用以追求高收益为目标，主要投资于高收益、高风险的证券如股票等，也有一部分用作贷款。这样，人寿保险公司成为金融市场上的主要资金供应者之一。财产和灾害保险公司在资金的运用上则注重资金的流动性，以货币市场上的金融工具为主，还有一部分投资于安全性较高的政府债券、高级别的企业债券等。

（2）养老基金。养老基金是一种类似于人寿保险公司的专门金融组织，它通过吸收公众为退休生活准备的储蓄金积聚资金、实施投资，并最终以养老金形式偿还给基金会员。养老基金是一种契约性的准金融机构，其资金来源是公众为退休后生活所准备的储蓄金，通常由资方和劳方共同缴纳，也有单独由资方缴纳的。养老金的撤消一般由政府立法加以规定，因此其资金来源是有保证的。与人寿保险一样，养老基金也能较精确地估计未来若干年它们应支付的养老金，因此，其资金主要投资于长期公司债券、质地较好的股票和发放长期贷款上。各国养老保险基金的投资对象主要分为四类：政府债券类、银行证券类（银行债券、银行票据、银行存款等）、公司证券类（公司债务与股票）、不动产类（主要是房地产）。总而言之，养老基金也是金融市场上的主要资金供应者之一。

（3）投资银行。投资银行是资本市场上专门对工商企业办理长期投资、长期贷款、包销或代销新发行的有价证券业务的专业银行。最初的投资银行产生于长期证券的发行及推销要求，随着资本市场的发展，投资银行的业务范围也越来越广泛。目前，投资银行业务除了证券的承销外，还涉及证券的自营买卖、公司理财、企业购并、咨询服务、基金管理和风险资本管理等。投资银行在金融市场上的功能是，一方面，它为需要资金的单位，包括企业和政府部门提供筹集资金的服务；另一方面，投资银行充当投资者买卖证券的经纪人和交易商。投资银行适应市场发展的需要而产生，又以其长期在资本市场上运作而形成的丰富的市场经验及专长，为资金的供应者和需求者提供优质服务，从而促进资金的流动和市场的发展。在当今世界上，投资银行已成为资本市场上最重要的金融中介机构，无论是在一级市场还是二级市场上都发挥着重要作用。投资银行在不同的国家有不同的称呼，在美国为投资银行或公司，在英国称商人银行，在日本为证券公司等。在中国，目前一些比较规范的证券公司即中国的投资银行。

（4）投资基金。投资基金是向公众出售其股份或受益凭证募集资金，并将所获资金分散投资于多样化证券组合的金融中介机构。投资基金的当事人有四个：委托人是基金的发起人；受托人是基金经理公司即代理投资机构，经营基金所募集资金；受益人是投资者，即持有基金份额的人，基金份额的持有者可以按其持有比例分享基金的投资收益或资产净值；信托人负责基金资产的保管，一般由投资银行、信托公司和商业银行等大金融机构充当。投资基金可以按多种方式分类，最常见的是按基金份额的变现方式划分为开放型基金和封闭型基金。

最后，我们对在金融市场中处于特殊地位的中央银行做一点说明。中央银行既是金融市场的行为主体，又是金融市场的监管者。从中央银行参与金融市场的角度来看，首先，作为银行的银行，中央银行虽然不直接向企业或个人提供资金，但它通过其办理的资产业务如再贴现业务充当银行金融机构最后贷款人的角色，从而成为金融市场资金的提供者。其次，中央银行为了执行货币政策，调节货币供应量，通过公开市场业务在金融市场上买卖证券的做法，进行公开市场操作。中央银行的公开市场操作不以营利为目的，但会影响到金融市场上资金的供求、其他经济主体的行为及有价证券的价格。此外，一些国家的中央银行还接受政府委托，代理政府债券的还本付息；接受外国中央银行的委托，在金融市场买卖证券参与金融市场的活动。作为金融市场的监管者，中央银行代表政府对金融机构的行为进行监督和管理，防范金融风险，确保金融市场的平稳运行。

二、金融市场客体

（一）金融工具的概念

金融市场客体是指金融市场的交易对象或是交易的标的物，即通常所说的金融工具。金融工具也称信用工具，是证明债权债务关系并据以进行货币资金交易的合法凭证。金融工具是资本的载体，借助它就可以实现资本由供应者手中转移到需要者手中。因此，也可以说金融工具是资金供应者和资金需要者之间进行资金融通时所签发的各种具有法律效力的凭证。它既是一种重要的金融资产，也是金融市场上的重要交易对象。

金融工具种类繁多，不同的金融工具反映着不同的融资关系和性质。我们可按不同的标准对金融工具进行分类。

1. 按发行者的性质或融资方式划分

金融工具可分为直接金融工具和间接金融工具两种。直接金融工具是指工商企业、个人和政府所发行或签发的商业票据、股票、债券等，这些金融工具是用来在金融市场上直接进行借贷或交易的。间接金融工具是指银行金融机构所发行的银行券、银行本票、可转让定期存单、人寿保单、各种借据和银行票据等，这些金融工具是由融资单位通过银行金融机构融资而产生的。

2. 按金融市场交易的偿还期划分

金融工具可分为长期金融工具、短期金融工具和不定期金融工具。长期金融工具也叫资本市场工具，是指期限在一年以上的凭证，如公债券、股票、公司债券等。短期金融工具也叫货币市场工具，是指期限在一年以内的凭证，如国库券、商业票据、可转让存单等。不定期的金融工具是指没有规定信用关系存续期限并可长期循环使用的凭证，主要是银行发行的银行券。

3. 按不同金融市场交易的金融工具的品种划分

金融工具可分为货币市场工具、资本市场工具和外汇市场工具。货币市场工具主要有货币头寸、票据、国库券以及可转让大额定期存单等。资本市场工具主要有股票、公司债券及中长期公债等。外汇市场工具主要有外汇、外汇有价证券等。

（二）金融工具的特性

1. 偿还性

偿还性即金融工具的债权人或投资人可按金融工具上所记载的应偿还债务的时间，到期收回投资本金。例如，投入到股票上的资本虽然属于长期投资，但股票可随时卖出而收回投资，而商业票据或债券等金融工具，一般则注明了发行日期和到期的日期，即偿还期。但金融工具具体到其持有人（债权人）来说，实际的偿还期应从持有人得到金融工具之日开始，计算至到期日止。

2. 流动性

金融工具的流动性是指金融工具在不受或少受损失的情况下能迅速变现的能力。能随时在市场上出卖而换取现金的金融工具，表明其流动性强，反之则弱。衡量金融工具流动性强弱的标准有两个：一是能否及时变现；二是变现过程中价格的损失程度和交易成本的大小。

3. 风险性

一种金融工具风险的大小是决定其价值的主要因素之一。风险是指一种金融工具未来本金受损或收益的波动大小或不确定性的大小。金融工具本金受损的风险主要有两种：信用风险和市场风险。信用风险也叫违约风险或爽约风险，是指债务人不履行合约，不按期归还本金的风险。这类风险与债务人的信誉、经营状况有关，还与信用工具的种类有关。例如，企业发行的债券的风险小于优先股票的风险，而优先股票的风险又小于普通股票的风险。信用风险对于任何一个投资者来说都是存在的。市场风险是指由于市场利率上升而导致金融工具市场价格下跌所带来的风险。这是因为金融工具的市场价格与市场利率是成反方向变化的，而金融工具的市场价格下跌就意味着投资者的资产贬值（缩水）。

4. 收益性

收益性是指金融工具能定期或不定期为其持有人带来收益。金融工具的收益有两种：一种是固定收益，另一种是即期收益。而收益的大小主要是通过收益率反映出来的。

一般来说，所有的金融工具都具备以上四个特点，但是同时兼得四者是不容易的。期限性的长短与风险性的大小成正比，与流动性的强弱成反比，与收益性的大小成正比；风险性的大小与流动性的强弱成反比，与收益性的大小成正比；流动性的强弱与收益性的大小成正比。总而言之，对于任何一种金融工具来说，安全与收益是不可能两全的，购买者应根据其投资的意愿进行选择。

(三) 几种典型的金融工具

1. 货币头寸

头寸又作头衬，意即款项或资金制度。头寸一词源自旧中国商业和金融用语，通常指收支相抵后的差额。货币头寸，也称现金头寸，是指商业银行每日收支相抵后，资金过剩或不足的数量。它是同业拆借市场的重要交易工具。货币头寸之所以被作为金融市场交易工具，是由金融管理当局实行存款准备金制度引起的。

在存款准备金制下，商业银行吸收的存款都必须按一定比例作为法定准备金。现假定某银行吸收存款 100 万元，在法定准备金率为 10% 的情况下，便有 10 万元必须作为法定存款准备金，存在中央银行，而不能用于放款或其他运用。法定存款准备金通常以一定时间的存款余额为计算对象。然而不论采取何种计算方式，当计算期一过，存款余额总要发生变化，这就使法定存款准备金的计算难以做到十分精确；加之，商业银行所持有的实际存款准备金，因清算和日常收支的变化也在不断变化，这些变化或形成"准备金头寸多余"，或形成"准备金头寸不足"。"准备金头寸多余"的银行必然要借出多出的准备金头寸，以增加利息收入；而"准备金头寸不足"的银行则要拆入资金以弥补法定准备金的差额，以免被中央银行查处而征收罚金。货币头寸从此成为拆借市场的交易工具，随着同业拆借市场的发展，货币头寸已成为多种金融机构解决临时性、季节性等短期资金余缺的交易对象。

2. 货币市场基金

货币市场基金（Money Market Fund）是指投资于国库券、银行存款单、商业票据、银行承兑汇票等货币市场短期金融工具的投资基金。作为开放式基金中一种新的投资理财工具，既拥有开放式基金的一般特征，又具有其独特的特性，主要表现在：

（1）流动性更强。由于该类基金购买的金融投资产品多为 3～6 个月的各类短期债务工具，因此其具有较高的流动性，可以满足基金投资者随时变现的要求。

（2）安全性更高。因为货币市场基金投资的对象期限很短，所以，其收益的不确定性也就较小。更重要的是，货币市场基金投资的对象往往具有强大的信用背景和信用级别。尤其是在中国，短期债券、中央银行票据是以政府信用为保障的，而协议存款、可转让定期存单、银行承兑汇票、经银行背书的商业承兑汇票等工具则是以银行信用为保证的。

3．票据

票据是指出票人自己承诺或委托付款人在指定日期或见票时，无条件支付一定金额，并可流通转让的有价证券。票据作为一种有价证券，具有一定的票面金额。票据是出票人做出的到期向持票人支付一定金额的承诺，出票人必须承担到期支付票据上规定金额的义务，只有在支付了相应金额后才能解除其承担的义务。一般认为，票据具有四性：一是要式性，即票据行为须凭借一定有特定格式的书面凭证方为有效；二是文义性，即票据行为的内容完全以票据上的文字记载为准；三是无因性，即票据出票人做出的付款承诺是无条件的；四是独立性，即依法成立的各个票据行为，不受其他票据行为的影响，一个票据行为的无效，不会影响到同一票据上其他票据行为的效力。

4．债券

债券是确定债权债务关系的书面凭证，债券的发行人就是债务人，债券投资者则是债权人。债券虽是表示债权债务关系的书面凭证，却与一般的借贷凭证不同，它是借贷关系的证券化。债权债务关系的证券化，使得债券所标示的借贷条件和规格具有同一性和开放性，从而可以向第三者自由转卖。正因为债券具有可转让性，才使其成为资本市场重要的交易工具。债券按发行主体的不同可分为政府债券、金融债券和公司债券；按利息支付方式的不同可分为付息债券和零息债券；按债券形态可分为实物债券、凭证式债券和记账式债券；按券面是否载有投资者姓名可分为记名债券和无记名债券；按期限的不同可分为短期债券、中期债券、长期债券、永久性债券、可延期债券、自选到期日债券等；按有无担保可划分为担保债券和无担保债券；按募集方式可划分为公募债券和私募债券；按附权方式可划分为可转换债券和附新股认购权债券等。

5．股票

作为股份公司的股份证书，股票主要是证明持有者在公司拥有的权益。股票作为股权证券，是持有人对公司投资的凭证，因而必须依法经主管机构核定并登记签证后才能发行。股票有多种类型，一般可分为普通股和优先股、记名股票和无记名股票、有面额股票和无面额股票等。根据股票上市地点及股票投资者的不同，可以将中国上市公司的股票分为 A 股、B 股、H 股、N 股等。A 股是以人民币标明面值，以人民币认购和进行交易、供国内投资者买卖的股票。B 股又称人民币特种股票，是指以人民币标明面值、以外币认购和进行交易、专供外国和中国香港、中国澳门、中国台湾地区的投资者买卖的股票，从 2001 年 2 月 28 日开始，国内居民也被允许用银行账户的外汇存款购买 B 股。H 股是指由中国境内注册的公司发行、直接在中国香港上市的股票。N 股是指由中国境内注册的公司发行、直接在美国纽约上市的股票。

股票具有以下特点：

（1）永久性。股票一经发行，便具有不可返还的特性。对股票持有者来说，不存在退股还本，即使公司破产清理，其得到的补偿也是有限的。

（2）权益性。股票表示的是对公司的所有权或股权，这种权益通常有多种表现，如普通股股东有权参加股东大会，并享有投票表决权、分配盈余权、分配剩余财产权及审查年终账目权等。

（3）风险性。即股票投资人具有较大风险。一般而言，股票的高收益是与高风险相伴的，因为股票价格的涨跌、股利的多少，不仅取决于公司的经营状况和盈利状况，还要受多种因素（如政策因素、利率因素、供求关系等）的影响。

（4）流动性。股票作为一种重要的金融工具（有价证券），随时可以流通转让。股票的流动性是针对永久性的，而部分是针对风险性的，不同的投资者由于对风险和收益的估价不同，以及各种原因引起的投资偏好不同，结果导致股票市场的价格波动频繁；而价格的波动促使股票的买卖与交易数量的增加，提高了股票的流动性。

6. 外汇

外汇是商品生产国际化和国际资产流动的必然结果。按照中国《外汇管理暂行条例》规定，外汇由以下几个部分构成：①外国货币：包括钞票、铸币等。②外币有价证券：包括政府公债、国库券、公司债券、股票、息票等。③外币支付凭证：包括票据、银行存款凭证、邮政储蓄凭证等。④其他外币资金。从上述解释可以看出，所谓外汇必须是以外币表示的国外资产，在国外能得到偿付的货币债券（空头支票、拒付的汇票不能视为外汇）和可以兑换成其他支付手段的外币资产。不能兑换成其他国家货币的外国货币也不能视为外汇。

7. 期货合约

期货合约是一种由期货交易所统一制定的规定在将来某一特定的时间和地点交割一定数量和质量商品或货币的标准化合约。期货合约是在远期合约基础上发展起来的一种标准化合约。期货交易者通过期货合约交易可以降低交易成本，进行套期保值和投机获利。按标的物不同，金融期货合约可分为利率期货合约、股价指数期货合约和外汇期货合约。

期货合约具有以下显著特征：

（1）期货合约均在交易所进行，交易双方不直接接触，而是各自跟交易所的清算部或专设的清算公司结算。

（2）期货合约的买者或卖者可在交割日之前采取对冲交易以结束其期货头寸（平仓），而无须进行最后的实物交割。

（3）期货合约的合约规模、交割日期、交割地点等都是标准化的，即在合约上有明确的规定，无须双方再商定。

（4）期货交易是每天进行结算的，而不是到期一次性进行的，买卖双方在交易之前都必须在经纪公司开立专门的保证金账户。

8. 期权合约

期权合约是一种建立在期货合约基础上并附设一定选择权的金融衍生工具，是指赋予其购买者在规定期限内按双方约定的价格（简称"协议价格"）购买或出售一定数量某种金融资产的权利的合约。投资者利用期权合约进行交易可以达到规避风险和投机获利的目的。按期权买者的权利划分，期权可分为看涨期权和看跌期权；按期权买者执行期权的时限划分，期权可分为美式期权和欧式期权；按期权合约的标的资产划分，期权可分为利率期权、外汇期权、股价指数期权、股票期权和金融期货期权。对于期权的买者来说，期权合约所赋予他的只有权利，而没有任何义务。他可以行使其购买或出售标的资产的权利，也可以不行使这个权利。对期权的出售者来说，他只有履行合约的义务，而没有任何权利。当期权买者按合约规定行使其买进或卖出标的资产的权利时，期权卖者必须依约相应地卖出或买进该标的资产。

三、金融市场的交易价格

金融市场的交易价格是指货币资金使用权的转让价格，即利率。金融市场中货币资金的交易只是交易对象持有的货币资金使用权的转移，而利率所代表的就是一定资金在规定使用期限内转让资金使用权所需要付出的价格。

利率是指一定时期内利息额与贷出额（本金）的比率。利率的表示方式有年利率、月利率和日利率。年利率一般以本金的百分之几表示，通常称为年息几厘。月利率一般以本金的千分之几表示，通常称为月息几厘。日利率一般以本金的万分之几表示，通常称为日息几厘。

利率总是表现为一个既定的、明确的量。因为利息额的大小及其在总利润中所占的比重虽然是由贷者和借者在再生产过程之外通过竞争决定的，但是，由于货币具有可以向任何商品转化的特点，其投向不受地区、部门和企业的限制，因此这种竞争是在货币所有者和货币使用者这两类人之间进行的而不是由个别竞争决定的。此外，影响利率的因素相当复杂，这些因素综合作用的结果使利率总是表现为一个既定的、明确的量。

（一）利率的特征

利率是价值规律发生作用的重要机制，其基本特征有：

1. 双动性

作为交易价格，利率直接就是市场机制的组成部分。因此，它是经济运行中的一个内生变量，它随着社会资金需求量的增加和社会资金供给量的减少而提高；随着社会资金需求量的减少和社会资金供给量的增加而下降。这就是其自动的一面。同时，利率又是国家干预经济的重要手段，作为政策变量，它与社会总需求呈反方向变动。为刺激需求，必然会降低利率，放松信贷；为抑制需求，则应该提高利率，紧缩信贷。因此，它又具有他动的一面。

2. 相关性

利率在经济活动中不是孤立地发挥作用，而是与其他经济杠杆相互联系、相互制约、相互作用，共同组成一个经济杠杆体系，对社会经济运行发生影响。任何其他经济杠杆的变动都会直接或间接影响利率；反过来，利率的变动也直接或间接地影响其他经济杠杆。

3. 灵敏性

物质利益是人们行动的动力，更是商品生产者生产经营的基本目标，而利息作为价值的表现形式，利率的变动直接影响到物质利益在人们之间的分配，使企业和个人做出相应反应。因此，利率的变动能够调节企业和个人经济行为。

4. 直接性

这是因为虽然借贷资金作为货币资金在社会总资金运动中占有重要地位，货币资金是否能够顺利得到是企业资金循环能否顺利进行的重要前提，但是企业是根据企业利润率的高低来决定如何生产的。因此，在需要借款时，企业一般总是考虑利率和平均利润率水平的高低。因而调节利率对生产过程具有更直接的作用。

（二）利率的种类

利率是一个十分复杂的经济变量系统，一方面是由于金融资产的多样化，另一方面还由于人们可以从不同的角度考虑利率，因此具有各种各样的表现形式。

1. 名义利率与实际利率

名义利率是指以名义货币数量表示的利率，通常也就是我们所说的银行挂牌的利率，或借贷合同和有价证券上载明的利率。如中国现在一年期银行存款利率为 3.50%就是名义利率。它是投资者根据借贷契约应该收到的利率或债务人应该支付的利率。名义利率包含了物价变动率、货币升值或贬值率等诸多因素。

实际利率是指剔除物价变动、货币升值或贬值等诸多因素后的利率。它表明投资者实际所获得的利率或债务人实际所支付的利率。实际利率可以表示为：实际利率＝名义利率－物价变动率。

2. 短期利率与长期利率

短期利率一般是指融资期限在一年以内的利率，包括各种存款、各项贷款及有价证券的利率。长期利率是指融资时间在一年以上的利率，包括期限在一年以上的各种存、贷款及各种有价证券利率。

短期利率低于长期利率。因为：首先，长期融资比短期融资风险大，期限越长，贷者遭受损失的风险就越大；其次，融资时间越长，借者使用借入资金经营所获得的利润越多，贷者得到的利息理应越多；最后，在纸币流通的条件下，融资期限过长，只有提高利率才能避免通货膨胀造成的损失。

3. 固定利率与浮动利率

固定利率是指不随借贷资金的供求状况而波动，在整个借款期内固定不变的利率。其特点是不随市场供求关系及市场利率的变化而变化，简便易行、易于计算借款成本，比较适宜于短期借款或市场利率变化不大的情况。

浮动利率是指随市场资金供求关系及市场利率的变化而定期调整的利率。由于浮动利率在借款期内随着市场利率的变化而定期调整，因此借款人在计算借款成本时比较困难，利息负担可能减轻，也可能加重。但由于借贷双方可以共同承担利率变化的风险，利息的负担与资金供求状况密切结合，这种利率比较适宜于中长期贷款。

4. 官定利率与市场利率

官定利率也叫法定利率，是指一国政府通过中央银行（或金融管理部门）确定的利率。如中央银行对商业银行和其他金融机构的再贴现利率等。官定利率是国家为了实现宏观调控目标的一种政策手段，在一定程度上反映了非市场的强制力量对利率形成的干预。

市场利率是指在金融市场上由借贷双方通过竞争而形成的利率。它包括借贷双方直接融资时商定的利率和在金融市场上买卖各种有价证券时的利率。市场利率是借贷资金供求状况的显示器，当资金供过于求时，利率呈下跌趋势；反之，当资金供不应求时则呈上升趋势。

5. 一般利率与优惠利率

一般利率是指金融机构按一般标准发放贷款或吸收存款所执行的利率，而优惠利率则是指低于一般标准的贷款利率和高于一般存款利率的利率。在国际借贷市场上，一般以伦敦同业拆借利率（LIBOR）为衡量标准，低于该标准的可被称为优惠利率。

四、金融市场媒体

金融市场媒体是指那些在金融市场上充当交易媒介，从事交易或促使交易完成的组织、机构或个人。金融市场媒体一般可以分为两类：一类是金融市场经纪人，如货币经纪人、证券经纪人、证券承销人、外汇经纪人等；另一类是机构媒体或组织媒体，如证券公司、证券交易所、商人银行等。

金融市场媒体同金融市场主体一样，都是金融市场的参与者，因而在金融市场上的某些作用是相同的，但是金融市场媒体与金融市场主体之间有着重要区别。首先，金融市场媒体参与金融市场活动，但并非真正意义上的货币资金供给者或需求者，而是为赚取佣金，以金融市场中介活动为业；其次，就原始动机而言，金融市场媒体在市场上一般是以投机者而非投资者的身份进行金额交易的。当然，投资与投机之间有时是很难区分的。原始动机可能不一样，但有时又会相互转化，原来想投资的可能事实上成为投机，原来投机的也可能转化为投资。

第三节　金融市场的结构

金融市场是由许多具体子市场组成的庞大的市场体系，许多不同的具体的子市场组成的金融市场体系便构成了金融市场的结构。研究一国金融市场的结构，对判断其金融市场的发展程度、确定金融市场的发展特点及完善对金融市场的管理都具有重要的意义。

出于不同的研究目的，金融市场有多种分类方法，而每一个市场又可同时兼备几种市场属性，如股票市场可以同时是公开市场、初级市场、次级市场、资本市场等。正是这些按不同标准划分的子市场相互联系、相互依存，因此使用任何一种分类方法都不可能包罗一切。下面我们将从多个角度对金融市场进行划分。

一、按标的物划分

（一）货币市场

货币市场，是指以期限在 1 年以下的金融资产为交易标的物的短期金融市场。这种市场的主要功能是保持金融资产的流动性，以便随时转换成现实的货币。它的存在，一方面满足借款者的短期资金需求，另一方面也为暂时闲置的资金找到了出路。由于该类市场金融工具随时可以在发达的二级市场上出售变现，具有很强的变现性和流动性，功能近似于货币，故称货币市场。又由于该市场主要经营短期资金的借贷，因此又称做短期资金市场。

货币市场一般没有正式的组织，所有交易特别是二级市场的交易几乎都是通过电信方式联系进行的。市场交易量大是货币市场区别于其他市场的重要特征之一，巨额交易使得货币市场实际上成为一个批发市场。由于货币市场的非人为性及竞争性，因此它又是一个公开市场，任何人都可以进入市场进行交易，在那里不存在固定不变的顾客关系。

货币市场又具体分为同业拆借市场、票据贴现市场、政府短期债券（国库券）市场、可转让定期存单市场、回购协议市场、共同基金市场及短期信贷市场等。

（二）资本市场

资本市场又称为长期资金市场，是指期限在 1 年以上的金融资产交易的市场，其交易对象包括股票、公司债券、中长期公债券和不动产抵押贷款等。资本市场的功能主要有两个：一是提供一种使资本从剩余部门转向不足部门的机制，实现资本的优化配置；二是为已经发行的证券提供具有充分流动性的二级市场，以保证发行市场活动的顺利进行。资本市场上的金融工具由于期限长、流动性较低、价格变动幅度较大，风险也较高。

（三）外汇市场

如同货币市场一样，外汇市场也是各种短期金融资产交易的市场，不同的是货币市场交易的是同一种货币或以同一种货币计值的票据，而外汇市场则是以不同种货币计值的两种票据之间的交换。在货币市场上所有的贷款和金融资产的交易都受政府法令条例管制。但在外汇市场上，一国政府只能干预或管制本国的货币。

外汇市场按其含义有广义和狭义之分。狭义的外汇市场指的是银行间的外汇交易，包括同一市场各银行间的交易、中央银行与外汇银行间以及各国中央银行之间的外汇交易活动，通常被称为批发外汇市场。广义的外汇市场是指由各国中央银行、外汇银行、外汇经纪人及客户组成的外汇买卖、经营活动的总和，包括上述的批发市场以及银行同企业、个人间外汇买卖的零售市场。

（四）黄金市场

黄金市场是专门集中进行黄金买卖的交易中心或场所。目前，由于黄金仍是国际储备工具之一，在国际结算中占据着重要的地位，因此，黄金市场仍被看做金融市场的组成部分。早在 19 世纪初黄金市场就已形成，是最古老的金融市场。现在，世界上已发展到 40 多个黄金市场。其中，伦敦、纽约、苏黎世、芝加哥和中国香港的黄金市场被称为五大国际黄金市场。

（五）保险市场

保险市场是指保险商品交换关系的总和。保险市场有狭义和广义之分。狭义的保险市场是指固定的保险交易场所，如保险交易所；广义的保险市场是指所有实现保险商品让渡的交换关系的总和。随着保险业的不断发展，承保技术日趋复杂化，承保竞争日趋激烈，保险商品推销的区域化与全球化趋势日趋明显，仅由买卖双方直接参与的交换关系显然不能满足保险商品交易的需要，这时保险市场的中介力量应运而生，使得保险商品交换关系更加复杂，同时也使保险市场日臻成熟；随着信息产业和互联网技术的飞速发展，网络保险已进入我们的现实生活，人们足不出户，就可以轻松、便捷地完成保险商品的交易活动。因此，现代保险市场应从广义上去理解更贴合实际。

二、按交割方式划分

（一）现货市场

现货市场是指即期交易的市场，是市场上的买卖双方以现钱现货，在协议成交后即时进行交割的方式买卖金融商品的市场。当然，由于技术原因，成交后不可能立即交割，在成交与交割之间存在一定的时间差，不同的市场对于交割期限有不同规定，一般为 1～5 天。现货市场的主要特点是成交与交割的时间间隔很短，并且是实物交割，即卖方必须实实在在地向买方转移金融商品，同时，买方向卖方支付实际价款。

（二）期货市场

期货市场是在期货交易的基础上发展而来。期货交易是成交以后经过一段时间再进行实物交割，交割价格为成交时约定的价格，其目的是锁定价格，进而锁定成本和利润，实际上是一种远期交易。在期货市场上，由于成交和交割是分离的，交割要按成交时约定的协议价格进行，证券价格的波动既有可能使交易者获得利润，也有可能蒙受损失。因此，期货市场对于交易的参与者而言，既具有保值的功能又具有投机的功能。目前，世界金融商品期货交易的品种主要有外汇期货、利率期货和股票指数期货。

期货市场的参与者主要有两种：一种是以回避价格风险为目的的套期保值者。他们通过现货市场和期货市场同时做一笔相反的交易，使其在现货市场上因价格变动遭受的亏损，由期货市场上的盈利予以弥补，或者期货市场的亏损由现货市场的盈利抵消。另一种是以承担高风险，追求高收益的套期获利者。他们在期货市场上通过对未来行情的预期，在不同的交易品种、交割期限之间套做，从期货市场价格的变动中获取收益或遭受亏损。

（三）期权市场

期权市场是期货市场的发展和延伸，具体来说，期权交易是指买卖双方按成交协议签订合同，允许买方在支付一定的期权费用后，取得在特定时间内、按协议价格买进或卖出一定数量的证券的权利。由于期权的买方获得的是一种权利，则权利可以执行，也可转让，还可放弃，因此期权交易又称为选择权交易。对于期权合约的卖方而言，则要承担相应的义务，即在买方要求行使按照合约买进或卖出金融商品的权利时，卖方必须按合约规定卖出或买入该种金融商品。

期权市场行为建立在金融商品的价格波动基础之上。期权合约的买方有权按照合约规定的期限、数量及价格，根据金融商品价格的上涨或下跌情况决定购买或出售某种金融商品（若是买进的看涨期权则为购买，若是买进的看跌期权则为出售），同时也可依据行情放弃执行权利，期权卖方则承担相应的义务。在交易过程中，合约的买方支付一笔期权费，但可以从行情变动中获得较高的收益，其最大可能亏损为期权费，而合约的卖方则承担了较高风险，随期权交易行情变化及买方要求执行权利，其亏损可能无限，但也有可能在买方放弃执行权利时净得一笔期权费。

三、按交易程序划分

（一）发行市场

发行市场又称一级市场或初级市场，是指新发行的证券从发行者手中转移到投资者手中的市场，是证券或票据等金融工具最初发行的市场。

发行市场具有两方面的职能：一是为资金需求者提供筹集资金的场所；二是为资金供应者提供投资及获取收益的机会。通过发行市场，货币资金实现从盈余部门（储蓄部门）向短缺部门（投资部门）的转化。因此可以说，发行市场交易规模的变动，一方面，能够直接代表全社会金融资产数量的变动；另一方面，也能够在一定程度上反映社会实际资本形成规模的大小。

一般来说，证券发行市场由证券发行者、投资者和证券承销商三要素构成。发行市场是整个金融市场的基础，没有证券的发行，就没有证券的流通，初级市场的重要性不言自明。证券发行者与证券投资者的多少，是决定初级市场规模的直接因素。

（二）流通市场

流通市场又称二级市场或次级市场，是指已经发行的证券进行转让、交易的市场。流通市场是证券市场的重要组成部分，其交易活动可以在固定的场所集中进行，也可以在不固定的场所分散进行。发行市场是流通市场的基础和前提，没有发行市场就没有流通市场；流通市场是发行市场存在与发展的重要条件之一，无论从流动性上还是从价格的确定上，发行市场都要受到流通市场的影响。

尽管流通市场的交易只表现为证券投资人单方面的活动，不直接向筹资者供应资金，但流通市场是金融市场不可或缺的组成部分，它在社会储蓄向投资转化的过程中发挥着重要作用，是发行市场连续发展、顺利实现筹资职能的必要保障，这主要表现在以下四个方面：

（1）流通市场的交易为证券提供流动性。证券流动性的存在是证券能够吸引投资者的重要因素，也是保证资金占用的必要条件，它对于债券意义重大，对于股票更是不可缺少，因为股票没有偿还期，如果不能出售转让，则很难在发行市场上推销出去，同时，股东在需要资产变现时，只要抽回股本，企业的组织生命将难以为继。

（2）流通市场能够形成公平合理、准确的证券价格，从而为发行市场定价提供参考，并引导资源的有效流动和配置。发行市场的价格由发行者与承销机构制定，往往不能够准确地反映市场供求状况而带有不合理性。流通市场为证券买卖双方提供了获取各类相关信息和广泛接触、充分竞价的机会，使证券价格的形成能够充分地反映收益和风险等信息，提高了价格的合理性和公正性，为社会资金的流动作出正确的标示。

（3）流通市场在赋予证券流动性的同时，也为买卖双方创造了获取价差收益的机会，对于价差收益的追逐动机促使投资者积极参与金融市场活动，从而动员社会游资的进入，为筹资者供应更多的资金。

（4）流通市场的存在，使社会短期资金的运用能够续短为长，从而降低融资成本。一般而言，占用资金的时间越长，所应支付的成本越高，并且，社会长期闲置资金数量极为有限。流通市场通过同一证券在众多参与者手中不断换手，将短期资金转换为长期资金，而作为短期资金让渡人，投资者要求的收益水平相应较低，对于发行者来讲，自然大大缩减了筹资的成本。

四、按成交和定价方式划分

（一）公开市场
公开市场指的是金融资产的交易价格通过众多的买主和卖主公开竞价而形成的市场，或者说是众多的市场主体以拍卖方式定价的市场。金融资产在到期偿付之前可以自由交易，并且只卖给出价最高的买者。这类市场一般在有组织和有固定场所的有形市场如证券交易所进行。

（二）议价市场
议价市场是指没有固定场所，相对分散的市场。在议价市场上，金融资产的定价与成交是通过私下协商或面对面的讨价还价方式进行的。在发达的市场经济国家，绝大多数债券和中小企业的未上市股票都通过这种方式交易。最初，在议价市场交易的证券流通范围不大，交易也不活跃，但随着现代电信及自动化技术的发展，该市场的交易效率已大大提高。

（三）店头市场
店头是原来在交易所上市的证券移到场外进行交易所形成的市场，又称为第三市场或柜台市场，是指未上市的证券或不足一个成交批量的证券进行交易的市场。店头市场历史悠久，早在1792年，美国纽约金融市场非常繁荣。许多商人看到经营证券有利可图，便纷纷买进证券留在手边，待别人要买时以高出买进的价格在柜台上出售，从中获利。许多证券公司甚至跨国公司，都是由这种交易发展而来的。美国的柜台市场现已成为仅次于纽约股票交易所的大市场。

（四）第四市场

第四市场是指作为机构投资者的买卖双方直接联系成交的市场。一般是通过电脑通信网络如电脑终端机，把会员连接起来，并在办公室内利用该网络报价，寻找买方或卖方，最后定价成交。第四市场的运行，需要以非常发达的科技和通信手段作为基础，以高度发达的商品经济为依托。机构投资者的交易，一般而言数额巨大，利用第四市场进行交易，可以大大节省如手续费等的中间费用。筹资成本的降低足可弥补利用高科技的花费，而且不为第三者所知，提高了交易的保密程度。也不会因交易量大而影响市场价格，往往能够对日后的继续交易带来意想不到的好处。

五、按地域划分

从金融市场活动的空间范围角度，可以将金融市场分为国内金融市场和国际金融市场。实际上，国内金融市场与国际金融市场的划分依据在表层上表现为空间范围的不同，而其实质则在于市场制度的差异。

（一）国内金融市场

国内金融市场是处于一国范围内的金融商品交易场所及交易体系，包括众多的国内地方及区域金融市场。国内金融市场的交易主体是本国投资者，市场活动受到国界的限制，金融交易行为的直接后果只改变本国国民收入的分配状况，并由此影响资源重新配置，却不存在资金在国际之间的流动，不会影响本国的国际收支规模。不同国家的国内金融市场保持相对独立性，受到本国政府的严格管理，并受本国货币政策的直接影响，在市场形式、交易制度及市场行情等方面存在显著差异。

（二）国际金融市场

国际金融市场是国际贸易和金融业发展的产物，是由国际性的资金借贷、结算以及证券、黄金和外汇买卖活动所形成的市场，包括国际性货币市场、资本市场、黄金市场和外汇市场。它同国内金融市场最重要的区别在于允许外国投资者参与交易，市场活动较少或不受所在国金融管理当局控制，国际金融市场的活动范围超越国界，可以是整个世界，也可以是某一个地区，如中东地区、加勒比地区、东南亚地区等。市场交易活动的后果表现为资金在国际之间的流动，对参与国的外汇收支产生直接影响。

第四节　金融市场的发展趋势

一、世界金融市场发展的新趋势

（一）金融自由化

金融自由化主要指通过消除信贷管制、利率市场化、银行部门自律、金融业进出自由、民营化及资本流动自由化等，实现成功的金融增长。20 世纪 80 年代以来，随着世界经济一体化程度的加深，国际垄断资本的跨国转移越来越频繁，规模日益增长，迫使西方各国不得不放松金融管制，从而在国际金融市场上形成了一股声势浩大的金融自由化浪潮。一般来说，金融自由化包括以下三个方面：

1. 放松对金融机构的管制

取消或放宽对各类金融机构经营业务领域的限制，允许各类金融机构之间的业务相互交叉。

2. 取消对各类金融机构存贷款的利率限制

如美国国会在 1980 年通过了《对存款机构放松管制与货币控制法》，规定逐步取消联邦储备委员会原来制定的 Q 条例关于存款利率上限的规定。其他一些主要发达国家也相继取消了对银行存款利率的限制。

3. 减少或取消国与国之间对金融机构活动范围的限制

国与国之间相互开放本国的金融市场，允许外国银行等金融机构在本国经营和国内金融机构一样的业务，给予外国金融机构国民待遇。这使国际金融交易急剧活跃，金融全球化进程大为加快。

（二）金融全球一体化

金融全球一体化是与金融自由化紧密联系在一起的一个概念。随着金融自由化的进行，资本流动逐渐实现自由化，出现了金融资本的全球流动。20 世纪 90 年代以来，网络革命构筑起全球互联的信息平台，市场化进程在全球范围内得到进一步推进，以中国为代表的"世界工厂"地位的崛起使全球贸易分工"重新洗牌"，以上诸多因素推动经济全球化进入一个加速发展的全新阶段。金融全球一体化作为经济全球化的伴生形式也得以同步高速推进，其中金融市场全球一体化是金融全球一体化的重要标志。

金融市场全球一体化一般包含三层含义：第一，各国银行和金融机构跨国经营而形成的各国金融市场的关联链；第二，由于各国金融市场之间关联链的形成，极大地促成了各国金融市场之间的金融交易的增长；第三，基于以上两个方面，各国金融市场的利率决定机制相互影响，具体表现为相同金融工具在不同金融市场上的价格趋于一致。这种全球一体化的趋势，给世界范围内的经济金融都带来了深远的影响。从积极影响上看，加快了金融信息传递，提高了金融市场效率；扩大了金融资产的选择性，满足了各种金融需要；扩大了金融资产的流动性，提高了资本配置效率；促进了国际贸易发展，并使各国国际收支得以调节。但同时，金融市场全球一体化的趋势也存在一些消极影响，包括削弱了货币政策的自主性，降低了各国金融政策的效力；导致金融资产价格多度波动，增大了风险；增加了金融市场的脆弱性。

金融市场全球一体化实质上就是全球金融活动和风险发生机制联系日益紧密的一个过程。只要经济在发展、技术在进步、制度在改变，金融市场全球一体化的进程就不会停顿，金融市场全球一体化将是一个必然的、不可逆转的历史过程。

（三）资产证券化

资产证券化是指把流动性较差的金融产品和非金融资产通过特定的程序，提高其信用等级，将其打包切块，变成可以在市场销售的标准的债券。如金融机构的一些长期固定利率放款或企业的应收账款等，通过商业银行或投资银行予以集中及重新组合，以这些资产做抵押来发行证券，实现相关债券的流动化。

资产证券化的发展，从融资的结构上分析，其主要特点是将原来不具有流动性的融资形式变成具有流动性的市场性融资。以住宅抵押融资的证券化为例，住宅抵押融资虽然信用度较好，但属于小额债权，且现金流动不稳定。为此，有关金融机构就将若干小额债权集中起来，通过政府机构的担保，将其转化成流动性较高的住宅抵押证券。又如，对信用度较低的借款人融资的证券化，一些信用度较低的风险企业和中小型企业，其资金大都依靠商业银行的贷款，因为受自身信用度的限制，它们很难在资本市场上筹资。但是，随着流通市场的扩大，这种低信用等级的企业发行的债券迅速增加，出现了一种高收益债券市场。这种高收益债券可视为银行向低信用企业融资证券化的一种形式。

当前，西方国家资产的证券化趋势正深入到金融活动的各个方面，不仅是传统银行贷款的证券化，而且经济中以证券形式持有的资产占全部金融资产的比例越来越大。社会资产金融资产化、融资非中介化都是这种趋势的反映。现代金融正由传统的银行信用阶段发展到证券信用阶段。在证券信用阶段，融资活动以有价证券作为载体，有价证券把价值的储蓄功能和流通功能集于一身，即意味着短期资金可以长期化，长期资金亦可以短期化，从而更好地适应了现代化大生产发展对资金调节的要求。

（四）金融产品创新的工程化

从世界范围看，科学技术高速发展，发达国家的技术创新日新月异，发展中国家利用和普及的速度也在加快。同时，随着金融市场开放程度的日益提高，金融机构面临的竞争日趋激烈，这些因素都将促进金融创新持续高速发展。金融工程近年来已成为金融市场发展的一大特点，也是一个重要趋势。所谓金融工程就是模仿工程的方式解决金融问题，是新型金融工具与金融手段的设计、开发与实施，对金融问题进行创造性的解决。可以说，我们在金融工具中经常提及的大额存单、回购协议、可转换债券、远期利率协议、货币互换、利率互换、商品互换、股票指数期货等都是金融创新的结果，也可以把它们看成是金融工程的产品。金融工程不仅包括金融产品的创新，也包括金融手段的创新。

当然，金融创新在提高金融机构的经营效率和盈利能力的同时，也给金融机构的运营和管理以及各国金融市场的监管带来了挑战。一方面，金融创新大大提高了金融市场的运作效率；另一方面，金融创新降低了金融市场的稳定性，滋生出高风险、泡沫、多度投机等弊端。因此，在对新的金融工具和技术运用时，要求金融机构提高管理水平和风险管理能力，除此之外，还要求金融监管机构重新审视自己的监管政策，对金融机构和金融市场因金融创新所产生的变化做出适应性的调整。

二、我国金融市场发展现状

我国金融市场从 20 世纪 80 年代起步，经过 30 年的发展，已形成了一个初具规模、层次清楚、分工明确的金融市场体系。改革开放以来，在党中央、国务院的正确领导下，我国金融市场的发展取得了重大成就。金融市场机制和基础制度不断完善，利率市场化改革全面推进，金融市场价格机制日渐成熟；正式实施以市场供求为基础、参考一篮子货币进行调节、有管理的浮动汇率制度；金融市场主体多元化，机构投资者在市场发展中的作用日益提升；金融市场产品不断丰富，既有国债、央行票据、金融债、定期存款等基础产品，也有外汇掉期、混合资本债、短期融资债、ABS、MBS 和 CDO 等新产品；金融开放水平进一步提高，全面履行加入世界贸易组织承诺，支持外资金融机构拓展业务，鼓励发展对外投资，等等。

尽管我国金融市场发展取得了很大成就，但与发达国家相比，我国金融市场发展还存在一些薄弱环节，主要表现在：金融市场体系还不够完善，存在市场分割现象；金融深化程度还不足，存在创新压抑现象；金融市场产品还比较单一，存在产品匮乏、简单化现象；市场融资结构不合理，资本市场、保险市场发展滞后，直接融资比重低，债券市场发展相对滞后。从整体上来说，我国金融市场发展与社会主义市场经济体制的要求还有一定距离，金融市场发展仍面临着新的挑战，迫切要求我们必须加快改革与发展。第一，要进一步提高深化金融企业改革，发挥董事会和利益相关者的作用，继续完善法人治理机制；第二，要深化利率、汇率市场化改革，完善价格形成机制，提高市场主体自主定价能力；第三，要大力发展直接融资，加快发展债券融资，逐步改变全社会过分依赖银行贷款的融资格局；第四，要适应金融综合化发展，促进银行、证券、保险、基金等行业协调发展；第五，要加快金融产品创新，不断提高金融企业的服务能力、服务质量和服务效益。总之，金融市场的改革和发展是一项复杂的系统工程，需要多方面的努力，包括相关政策的协调、市场功能的深化、机构素质的提高以及基础设施的完善等。

本章小结

1. 金融市场是指资金供给者与资金需求者从事资金融通活动的场所。金融市场有广义和狭义之分，广义的金融市场是指由货币资金的借贷、金融工具的发行与交易以及外汇黄金的买卖所形成的市场，狭义的金融市场特指证券（主要是债券和股票）的发行与买卖的场所。

2. 金融市场与产品市场以及要素市场的其他子市场相比，有以下几点不同：交易对象、交易过程、交易场所、交易价格、交易商品的使用价值、交易双方等。随着金融市场进入一个快速发展时期，又出现了一些新的特点，包括融资手段多样化、融资技术现代化、融资范围国际化等。

3. 金融市场的主体即金融市场的交易双方，一般来说包括政府、企业、金融机构和居民个人。

4. 金融市场的客体就是金融工具，金融工具种类繁多，我们可按不同的标准对金融工具进行分类，根据发行者性质不同，可将金融工具分为直接金融工具和间接金融工具；根据金融市场交易的偿还期不同，可将金融工具分为长期金融工具、短期金融工具和不定期金融工具；根据不同金融市场的品种不同，可将金融工具分为货币市场工具、资本市场工具和外汇市场工具。各种类型的金融工具都具有以下特征：偿还性、流动性、风险性和收益性。

5. 金融市场的分类方法有很多种，按标的物划分，可将金融市场分为货币市场、资本市场、外汇市场、黄金市场和保险市场；按交割方式划分，可将金融市场分为现货市场、期货市场和期权市场；按交易程序划分，可将金融市场分为发行市场和流通市场；按成交和定价方式划分，可将金融市场分为公开市场、议价市场、店头市场和第四市场；按地域划分，可将金融市场分为国内市场和国际市场。

6. 随着金融市场的不断发展，世界金融市场出现了一系列新的发展趋势，主要有金融自由化、金融全球一体化、资产证券化和金融产品创新的工程化。

关键词：

金融市场（Financial Market）	金融工具（Financial Instrument）
货币市场基金（Money Market Funds）	利率（Interest Rate）
货币市场（Money Market）	资本市场（Capital Market）
一级市场（Primary Market）	二级市场（Secondary Market）
现货市场（Spot Market）	期货市场（Futures Market）
期权市场（Options Market）	公开市场（Open Market）
金融全球化（Finance Globalization）	金融自由化（Finance Liberalization）
议价市场（Bargain Market）	店头市场（Over-the-counter）
资产证券化（Asset Securitization）	金融工程（Financial Engineering）

思考题：

1. 什么是金融市场？其主要特点是什么？
2. 金融市场的构成要素包括哪些？
3. 什么是金融工具？各类金融工具有什么共同特征？

4. 金融市场通常可以划分为哪几种类型？

5. 结合金融市场的基本功能，论述目前我国发展金融市场的现实意义。

案例题：

2006 年 6 月 14 日，中国人民银行金融市场司副司长时文朝在中国社会科学院金融研究所举办的第 100 期"金融论坛"上，以"中国金融市场发展中的几个问题"为题作了精彩演讲。他的演讲主要围绕"金融市场发展的目的、模式和路径问题；法律环境问题；金融市场发展中的监管问题；金融市场与宏观调控；股本市场与债务市场；金融机构的定位与作用；市场连通问题；市场基础建设"八个方面展开。

他指出，在经济全球化的趋势下，在国与国之间的竞争中，越来越倚重市场手段。如何利用金融市场，实现"对内支持经济发展，对外维护国家利益"，已成为一个紧迫而重要的课题。他认为，发展金融市场，首先是建立宏观经济政策，然后是逐步依托市场来进行宏观经济调控体系的实施。金融市场的发展程度取决于市场主体的行为选择，不取决于管理者的政府决定。但是，市场确实需要规划，只有通过制定相对统一的规划，管理者的理念得到统一，才能达成共识。投资人也会在取得共识理念的引导下，理性地选择自己的行为。他强调，主体、产品、制度是金融市场的三个要素。在这三要素当中，发展金融市场的突破口在于产品创新，这是发展中国金融市场的必然选择。

谈到金融市场的制度环境问题时，他指出，现在很多产品都是在规则不清的情况下运作，这对未来造成了不稳定的预期。创新的产品数量很多，但真正能够付诸实践的却比较少。这是由于管理政策的交叉和不协调导致的，因此，现实中存在的政策层面如何协调配合、真正地为市场化金融产品创新打开一条能持续的通道，是一个非常现实且亟待解决的问题。他还强调，金融产品创新实际上就是制度创新，金融产品创新中的价值取向决定了后期金融市场的发展问题。

结合上述案例，说明：

1. 为什么说发展金融市场的突破口在于产品创新？

2. 怎样看待金融机构在金融市场中的地位和作用？

第二章 货币市场

按照金融市场交易工具的长期性与短期性，可将金融市场分为货币市场和资本市场。货币市场是指一年期以内的短期金融工具交易所形成的供求关系及其运行机制的总和。货币市场金融工具具有短期性，主要表现是这些金融工具很容易转化成货币支付手段 M1，从而实现其货币功能。M1 是货币层次划分中的狭义的货币供应量，M1＝流通中的现金＋商业银行体系的支票存款。货币市场的参与者主要有五类：一是各类金融机构，包括商业银行和其他非银行金融机构，其中商业银行是货币市场最主要的参与者；二是机构投资者，包括保险公司和货币市场基金等；三是各类企业，包括各行业有短期资金需求和短期资金供给的企业；四是政府部门和中央银行，其中政府部门作为资金需求者通过发行短期政府债券参与货币市场，中央银行作为货币政策的执行者参与货币市场交易，通过投放和回笼货币，调控货币供应量；五是个人投资者，一般情况下货币市场是投资高度机构化的市场，家庭部门和个人投资者很少参与，即便参与也仅限于购买货币市场基金和大额可转让存单。经济主体通过货币市场可以有效管理流动性。因为货币市场一方面可以满足资金需求者的短期资金需要，另一方面也为资金盈余者的暂时闲置资金提供获取营利机会的出路。特别地，货币市场中所形成的利率被视为整个金融市场的基准利率，是中央银行制定货币政策的重要参考依据；货币市场也为中央银行实施货币政策提供了有利的条件，中央银行通过公开市场操作不仅可以调控基础货币进而影响货币供应量，还可以借助交易价格引导金融市场的利率走势。

通过本章的学习，识记、理解票据市场、同业拆借市场、短期政府债券市场以及回购市场的基本概念、特点和运行机制。

第一节 票据市场

票据作为金融市场上通行的结算和信用工具，是货币市场上的主要的交易工具之一。以票据为媒介所构成的票据市场构成了货币市场的一个重要组成部分。依据票据的种类，票据市场可以简单地分为商业票据市场、大额可转让存单市场和银行承兑汇票市场三类货币子市场。

一、票据的概述

（一）票据的概念和特征

广义上的票据包括各种有价证券和凭证，如股票、国库券、企业债券、发票、提单等；狭义上的票据仅指《票据法》上规定的票据。《票据法》上规定的票据是一种重要的有价证券，仅指以支付金钱为目的的有价证券，即出票人根据《票据法》签发的，由自己无条件支付确定金额或委托他人无条件支付确定金额给收款人或持票人的有价证券。票据作为一种有价证券，具有以下七个明显的特征：

（1）票据是一种完全有价证券。有价证券分为完全有价证券和不完全有价证券。不完全有价证券的证券本身和权利可以分离，完全有价证券的证券本身和该证券拥有的权利在任何情况下都不可分离。票据的权利随票据的设立而设立，随票据的转让而转让，只有在权利行使之后，票据体现的债权债务关系才宣告结束。因此，票据是一种典型的完全有价证券。

（2）票据是一种设权证券。设权证券是指证券权利的发生必须以制成票据为前提。票据所代表的财产权利即一定金额的给付请求权完全由票据的制成而产生。也即票据的制成是创立一种新的权利，而不是用来证明已经存在的权利。一旦票据制成，票据关系人的权利、义务关系便随之确立。

（3）票据是一种无因证券。无因证券是指证券上的权利只由证券上的文义确定，持有人在行使权利时无需负证明责任。由于票据的持票人只要持有票据就能享受票据拥有的权利，而不必对票据取得及票据行为发生的原因进行说明，并且票据债务人也不能以票据所有权发生变化为理由而拒绝履行其因票据行为而负担的付款义务，因此票据是一种无因证券。

（4）票据是一种要式证券。要式证券是指证券的制定必须遵照法律规定。票据的制成和记载事项必须严格依据相应的法律规定进行，并且票据的签发、转让、承兑、付款、追索等行为的程序和方式也都必须依法进行。如果违反了法律规定，将会导致票据行为的无效或对票据权利产生影响。所以票据是一种要式证券。

（5）票据是一种文义证券。文义证券是指票据上的所有权利、义务均以票据上的文字记载为准，不受任何外来因素的干扰。票据具有这样的特征：票据在流通过程中若发现文字内容有错误，不得用票据以外的证据方法予以变更或补充。例如，票据上记载的出票日与实际出票日不符合时，以票载日期为准。这样做是为了保证流通信用和交易安全，保护流通过程中善意持票人的权利。

（6）票据是一种流通证券。票据权利可以通过一定的方式转让，一般包括背书或支付。票据债权债务关系的转让不必依据民法中有关债权转让的规定进行。票据的这种可转让性使其具有高度的流通性。在西方国家票据制度中特别强调了这一点。英、美等国就是以"流通证券"来形容票据的。

（7）票据是一种返还证券。票据权利人实现了自己的权利、收领了票据上的金额之后，应将票据归还给付款人。而在其他债权中，债务人履行债务后，即使债权人不同时交还有关债权证书，也可以用其他的凭证如收据来证明债务的履行。在票据债权中，若债权人不交还票据，债务人可拒付票款。如果付款人是主债务人，付款后票据关系宣告结束；如果付款人是次债务人，付款后向其前手追索。

（二）票据的种类

根据出票人以及票据的性质不同，可以将票据分为汇票、本票及支票。

汇票是由出票人签发的委托付款人在见票时或者在指定日期无条件支付一定金额给收款人或持票人的一种票据。汇票有三方当事人：出票人、收款人和付款人。出票人是在票据关系中履行债务的当事人。收款人是在票据关系中享有债权的人，在接受汇票时有权向付款人请求付款。付款人即受出票人委托向持票人支付票据金额的人。付款人和出票人之间往往存在一定的资金关系，通常是出票人的开户银行。开出的汇票既是一种信用证凭证又是一种支付命令。出票人有权利命令付款人无条件支付一定数量的金额给持票人，这是出票人的信用支付，出票人将对汇票负全责。如果出票人想要免除自己对汇票的责任，可在汇票上注明"对出票人无追索权"字样，但是这样的汇票的信用程度将会大大降低，一般不太有人愿意购买，汇票也就失去了它的流动性和投资价格。按汇票记载权利人方式的不同，可将其分为记名汇票、不记名汇票和指定汇票。按汇票上记载付款期限的长短，可将其分为即期汇票和远期汇票。此外，根据出票人的不同，汇票还可以分为银行汇票和商业汇票。

本票是指出票人签发的承诺自己在见票时无条件支付确定的金额给收款人或持票人的票据。本票具有三个特征：一是本票的基本当事人只有两个，即出票人和收款人；二是本票的付款人为出票人自己；三是本票的出票人自己承担无条件付款的责任，故没有承兑制度。按照出票人的不同，可以将本票分为银行本票和商业本票。在我国，本票只能由商业银行签发，不承认商业本票。

支票是出票人签发的委托办理支票存款业务的银行或其他金融机构在见票时无条件支付确定金额给收款人或持票人的票据。支票的主要职能是代表现金作为支付工具。支票主要有四个特点：①支票的付款人只限银行或法定金融机构，一般出票人与付款人之间有资金往来关系存在。②支票付款日期只有见票即付一种。③支票的付款提示期间和票据时效期间都比汇票、本票要短。在中国，支票的付款提示期间为出票日期10天内。④支票无承兑制度。为保证支付的确定性，许多国家的票据法规定了支票的划线制度、保付制度、转账制度以及对签发空头支票予以制裁的制度。

在中国，支票按照支付方式的不同分为普通支票、现金支票和转账支票。普通支票不限定支付方式，可以支取现金，也可以转账。现金支票指专门用于支取现金的支票，持票人持现金支票向票载付款人提示后，即刻取得现金。转账支票就是专门用于转账的支票，其主要付款程序为：当收款人或持票人向付款人提示转账支票后，付款人不以现金支付，而是以记入对方账户的方式支付票载金额。收款人或持票人再从自己的账户提取现金。这种收付程序能够避免被他人冒领带来的风险。

（三）票据行为

票据行为是指以产生票据上载明的债权债务关系为目的的要式行为，包括出票、背书、承兑、保证、付款和追索。在中国，汇票可发生上述全部票据行为，而支票和本票是以出票人或银行及金融机构为付款人的，所以无须承兑。

票据行为可被分为基本票据行为和附属票据行为。基本票据行为仅指出票，它创设票据及其附带的权利和义务。其他票据行为都是附属票据行为。它们是建立在出票的前提上的。倘若出票行为无效，那么在此票据上所为的附属票据行为一律无效，即使当事人事后追认也不能使票据行为发生效力。

出票又称发票，是指出票人按法定形式签出票据并将它交付收款人的票据行为。出票是一切票据行为的基础，票据的权利、义务关系从此产生。

背书是指以转让票据权利或者将一定票据权利授予他人行使为目的，在票据的背面或者粘单上记载有关事项并签章的票据行为。背书是票据权利转让的重要方式。一般来说，无记名票据通过交付就能转让，而记名票据转让时则须经过背书。但出票人在票据上记载"不得转让"字样的，票据不能转让。

承兑是指票据付款人承诺在票据到期日支付票载金额的行为。承兑是汇票特有的票据行为，主要目的在于明确汇票付款人的票据责任。受出票人委托的付款人在承兑之前，从法律意义上并非汇票债务人。只有经过承兑，表示愿意支付汇票金额，付款人才成为债务人，对持票人负有付款的责任。

保证是指票据债务人以外的任何第三人担保票据债务人履行债务的票据行为。担保票据债务履行的人叫票据保证人，被担保的票据债务人叫被保证人。保证人为票据担保后，票据到期而得不到付款的，持票人有权向保证人请求付款。保证人应当足额支付。

付款是指票据的付款人向持票人支付票载金额，从而消除票据关系的票据行为。票据的付款人仅限于票据上记载的当事人，其他任何人的付款都不具有票据付款行为的性质。只有付款人足额支付后，才能收回票据，消除该票据的债权债务关系。所以付款是票据关系的最后一个环节。

追索是指票据到期不获付款或期前不获承兑，或有其他法定原因出现时，持票人请求背书人、出票人及其他债务人偿还票据金额及有关损失和费用的票据行为。追索权的形式可以是在票据到期之前，也可以在票据到期之后。中国规定追索时必须出示拒绝证书，而在英、美等国则没有这种规定。

二、商业票据市场

广义的商业票据包括以商品为基础的商业汇票、商业抵押票据及一般意义上的无抵押商业票据等。本书所说的商业票据是指以大型企业为出票人，到期按票面金额向持票人付现而发行的无抵押担保的承兑凭证，它是一种商业证券。商业票据有商业本票与商业汇票之分，美国的商业票据属本票性质，英国的商业票据则属汇票性质。

（一）商业票据的历史

商业票据最早出现在 18 世纪的美国，20 世纪 20 年代发展较快。首家发行商业票据的大消费信贷公司是美国通用汽车公司。20 年代初期，汽车业开始在美国发展兴盛，许多大公司为了抢占市场、扩大销售范围，纷纷采取了各种优惠政策，比如允许商品以赊销、分期付款等方式销售。但是这种政策容易导致公司资金周转不灵，又由于公司处于高速发展时期，迫切需要资金，但是银行贷款的种种限制却无法满足公司的要求，于是这些大公司就开始发行商业票据，向市场筹集资金。通用汽车公司就自行设立了一个通用汽车承兑公司，专门为公司发行商业票据，从市场上筹集大量资金。另外，其他的高档耐用消费品的进口激增，消费者强烈希望得到短期季节性贷款。在这种情况下，商业票据的优点得到显示，从而迅速发展起来。而商业票据真正作为货币工具开始大量使用是在 20 世纪 60 年代，比如仅 1969 年一年就发行了 110 多亿美元的商业票据。到 20 世纪 70 年代，伦敦的欧洲商业票据市场开始形成。现在，不仅商业银行，各大公司、保险公司、银行信托部门、地方政府、养老基金等也购买风险低、期限短、收益高的商业票据。

（二）商业票据的优点

无论对发行者还是投资者而言，商业票据都具有很多无可替代的优点，是一种理想的金融工具。对于发行者来说，用商业票据融资的优点有以下几个方面：

1. 成本较低

由于商业票据一般由大型企业发行，有些大型企业的信用要比中小型银行还好，因此发行者可以获得成本较低的资金，再加上从市场直接融资，省去了银行从中赚取利润的成本，因此一般来说，商业票据的融资成本要低于银行的短期贷款成本。

2. 具有灵活性

因为根据发行机构与经销商的协议，在约定的一段时间内，发行机构可以根据自身资金的需要情况，不定期、不限次数地发行商业票据。

3. 提高发行公司的声誉

由于商业票据的发行者多为信用卓著的大型企业，票据在市场上就像一种信用的标志，公司发行票据的行为本身也是对公司信用和形象的免费宣传，有助于提高公司声誉。

对于投资者来说，选择商业票据既可以获得高于银行利息的收益，又具有比定期存款更好的流动性。虽然面临的风险要稍大一些，但在通常情况下，风险的绝对值是很小的，因此商业票据不失为一种受欢迎的投资工具。

（三）商业票据市场的要素

1. 发行者

商业票据的发行者包括金融公司、非金融公司及银行控股公司。近年来，商业银行通过提供信贷额度支持、代理发行商业票据等促进了商业票据的发行，使这一市场得到长足发展。真正能在市场上通过发行大量商业票据筹集大笔资金的公司主要都是实力雄厚，并且经过评级公司评级为主要公司的大企业，并且所筹得的资金主要解决企业的短期资金需求如发放应付工资、奖金及缴纳税收等。一般来说，非金融性公司发行的商业票据相对少些，而金融公司相对多些。

2. 投资者

商业票据的主要投资者是中央银行、大商业银行、非金融公司、保险公司、政府部门、基金组织和投资公司等。历史上，商业银行是商业票据的主要购买者，但它们自己持有的商业票据却很少，它们主要是为信托部门或顾客代理购买票据。20 世纪 50 年代初期以来，由于商业票据风险较低、收益较高，许多公司也开始购买商业票据、代保管商业票据以及提高商业票据发行的信用额度支持。尽管如此，商业银行始终是商业票据市场最主要的买者及卖者。由于面值较大，通常个人很少参与购买，但近年来个人投资已蔚然成风，个人可以从交易商、发行者那里购买商业票据，也可以购买投资商业票据的基金份额。

3. 发行及销售

商业票据的发行渠道通常有两种：一是直接销售，即由发行者直接发售给最终购买者。金融公司的大部分票据都是直接销售的，这种方式经济上比较合算，因为发行成本较低。二是经销商销售，即商业票据的发行要通过中介，由经销商负责发售。一般的程序是经销商收取一定的佣金后，先分析、考察和评估发行者的信用情况，以帮助确定商业票据的价格并负责寻找买家，接着以某一价格从发行者处购得商业票据，然后再以较高的价格卖给其他商业票据的投资者，从中赚取一笔利润。

虽然商业票据市场是一个巨大的融资工具市场，但它的二级市场并不活跃，交易量很小。这主要是因为商业票据自身的一些特点所致，比如大多数商业票据的期限都非常短，直接销售的商业票据的平均偿还期通常为 20～40 天，经销商销售的商业票据的平均偿还期通常为 30～45 天，最长一般都不超过 270 天，由于期限较短，典型的投资者都是计划一直拥有票据到期。另外，如果经济形势发生了变化，投资者可以把商业票据卖给经销商，在直接发售的情况下，发行者可以再回购它，不需要在二级市场上交易。再就是商业票据是高度异质性的票据，不同经济单位发行的商业票据在期限、面额、利率等方面都各不相同，交易中仍然存在诸多不便。

4. 发行成本

商业票据的发行成本包括利息成本和非利息成本两部分。利息成本即为按规定利率所支付的利息。非利息成本主要是发行和销售过程中的一些费用，一般有四项主要费用：承销费，通常为 0.125%～0.25%；签证费，票据一般由权威中介机构予以签证，证明所载事项的正确性；保证费，通常按商业票据保证金的年利率 1% 计，支付给为票据发行提供信用保证的金融机构；评级费，商业票据上市要经过评级，其间也要缴纳一定的费用。

5. 信用评级

由于投资人可能面临票据发行人到期无法偿还借款的局面，因此货币市场对发行公司的信用等级有很严格的要求，只有信用等级达到一定程度的公司才有资格在市场上发行商业票据。对企业的信用评级包括两方面的内容：一是对企业经营状况主要是财务状况的分析，看它在偿债期间的现金流量是否符合偿债的要求；二是对企业管理阶层的管理水平的稳定性做出判断。美国对商业票据评级的机构主要有三家，分别是穆迪、标准普尔和惠誉。发行商业票据至少需要获得一个评级，大部分都是获得两个。美国证券交易委员会认可两种合格的商业票据：一级票据和二级票据。等级低的票据在发行成本和融资成本上都相对较高，货币市场基金对其投资也会受到限制。

（四）商业票据的收益

商业票据是低于面值出售，到期得到面值的折扣工具。影响商业票据收益的主要因素有：

（1）发行机构的信用。不同公司的商业票据的收益往往不同，由穆迪或标准普尔公司对各公司的信用评级，公司的信用等级基本决定了各公司发行的商业票据的利率水平。由最大的金融公司直接发售的评级利率相对于不那么著名的公司发行的票据利率要低些。因为著名大公司的信用更有保证，风险要相对小些。投资者宁可买安全性好、利率低些的商业票据，也不愿买信誉差、利率高的商业票据。

（2）同期借贷利率。同期借贷利率会影响商业票据的利率。由于大公司始终可以在发行商业票据筹资和向银行借款筹资之间进行选择，因此，在大公司追求低成本资金动机的作用下，商业票据的利率与银行的贷款利率两种利率将会经常保持在相当接近的水平上。

（3）短期国债利率。商业票据的收益一般高于短期国库券收益，一是因为商业票据的风险毕竟高于短期国库券的风险。二是因为投资于短期国库券只在联邦一级纳税，可享受免征州和地方政府收入税的待遇，而商业票据的收益要向中央和地方的各级政府纳税，这就需要商业票据提供更高的利率以抵补这种税收的差别。三是因为商业票据比短期国库券的流动性差一些，因为商业票据没有确定的二级市场，而短期国库券有优越的二级市场。

（4）市场流动性。商业票据的利率比大额存单的利率稍高，这也是由于大额存单有更好的流动性所致。

三、银行承兑汇票市场

银行承兑汇票是由出票人开立的一种远期汇票，以银行为付款人，在未来某一约定的日期，支付给持票人一定数量的金额。当银行允诺负责支付并在汇票上盖上"承兑"字样后，这种汇票就成了承兑汇票。这里，银行是第一责任人，而出票人则只负责第二责任。

银行承兑汇票市场就是以银行承兑汇票为交易对象，通过发行、承兑、贴现与再贴现进行融资的市场，是以银行信用为基础的市场。

（一）银行承兑汇票的产生

银行承兑汇票是为了方便商业上的交易活动而产生的，尤其在对外贸易中使用较多。在对外贸易交易之初，进口商和出口商由于缺乏了解对方的信用，并且双方又没有可以确保信用的凭证，进口商担心货款支付后收不到货物，出口商又担心货物离岸后拿不到货款，在这样彼此不信任的情况下，国际贸易就很难进行。为解决这一问题，银行承兑汇票出现了，因为银行担保付款，要比企业信用更令人信赖。

（二）银行承兑汇票市场的构成

银行承兑汇票市场主要由初级市场和二级市场构成。初级市场又相当于发行市场，主要涉及出票和承兑；二级市场又相当于流通市场，主要涉及汇票的贴现与再贴现。

1. 初级市场

作为销货方，如果对方的商业信用不佳或者对对方的信用状况不甚了解或信心不足，使用银行承兑汇票较为稳妥。虽然银行承兑汇票在国际和国内贸易中都有运用，但为国际贸易创造的银行承兑汇票占绝大部分。国际贸易承兑主要包括3个部分：为本国出口商融资的承兑、为本国进口商承兑及为其他国家之间的贸易或外国国内的货物仓储融资的第三国承兑。最常见的汇票期限为30天、60天和90天3种，也有180天和270天的。

在中国，银行承兑汇票整个签发与兑付的运作过程大体如下：

（1）签订交易合同。交易双方经过协商后，签订商品交易合同，并在合同中注明采用银行承兑汇票进行结算。

（2）签发汇票。付款方按照双方签订的合同的规定，签发银行承兑汇票。

（3）汇票承兑。付款单位出纳员在填制完银行承兑汇票后，应将汇票的有关内容与交易合同进行核对，核对无误后填制"银行承兑协议"，并在"承兑申请人"处盖单位公章。

（4）支付手续费。按照银行承兑协议的规定，付款单位办理承兑手续须向承兑银行支付手续费，由开户银行从付款单位存款户中扣收。按照现行规定，银行承兑手续费按银行承兑汇票的票面金额的1‰计收，每笔手续费不足10元的，按10元计收。

（5）寄交银行承兑汇票。付款单位按照交易合同规定，向供货方购货，将经过银行承兑后的汇票寄交收款单位，以便收款单位到期收款或背书转让。

（6）存交票款。按照银行承兑协议的规定，承兑申请人即付款人应于汇票到期前将票款足额地交存其开户银行（承兑银行），以便承兑银行于汇票到期日将款项划拨给收款单位或贴现银行。

（7）委托银行收款。汇票到期日，收款单位应填制进账单，将汇票和进账单一并送交其开户银行，委托开户银行收款。

2. 二级市场

银行承兑汇票是一种可转让的金融工具，银行既可以自己持有当作投资，也可以在二级市场上出售。银行出售汇票主要有两个途径：一是银行利用自己的渠道直接销售给投资者；二是利用市场交易商销售给投资者。因此，银行承兑汇票二级市场的参与者主要有三个：开出承兑汇票的承兑银行、市场交易商和投资者。

银行承兑汇票销售给投资者后，投资者也可以贴现的方式将汇票转让给银行。汇票贴现是指持票人为了取得现款，将未到期的已承兑汇票，以支付自贴现日起到票据到期日止的利息为条件，向银行所做的票据转让。银行扣减贴息，支付给持票人现款，称为贴现。贴现的条件主要有两个：一是银行的信用好；二是必须提供在途货物或一笔信用证交易来证明汇票的自行偿还性。

通常商业银行通过贴现方式买入自己承兑的汇票后，可持有汇票至到期日，也可以通过交易商把汇票再贴现出去。再贴现是商业银行和其他金融机构将其持有的未到期汇票，向中央银行所做的票据转让行为，它是中央银行对商业银行及其他金融机构的一种融资方式，是中央银行的授信业务。

（三）银行承兑汇票的作用

与其他货币市场金融工具相比，银行承兑汇票某些方面的特点非常吸引借款人、银行和投资人。吸引借款人是因为：首先，使用银行承兑汇票的成本低于使用传统的银行贷款。由于有银行信用和承兑汇票的开票人双方保证，同时又要求融资的商品担保，银行承兑汇票的信用风险很低，因此违约风险较小。其次，对于一些没有足够规模和信誉不能发行商业票据的小企业而言，银行承兑汇票在相当程度上解决了资金困难，即便对于少数能发行商业票据的企业，其发行费用和手续费加上利息成本，总的筹资成本也高于使用银行承兑汇票。

吸引银行是因为提供这类服务既可以收取手续费，又不用提供任何自己的资金，从而增加了银行的经济效益。因为使用银行承兑汇票成本包括三个部分：第一是交付给承兑银行的手续费，一般为总金额的 1.5%，假如借款人的资本实力和信用情况较差，银行会相应地增加手续费；第二是承兑银行收取的承兑费；第三是向银行贴现后支付的贴现息，这由当时的市场利率水平决定。并且，由于银行承兑汇票拥有较大的二级市场而且在市场上很容易变现，从而可以提供单靠传统的银行贷款无法实现的多样化投资组合。再者，银行运用其承兑汇票可以增加其信用能力，一般各国银行法都规定了银行对单个客户提供信用的最高额度，通过使用银行承兑汇票，银行对单个客户的信用额度可在原有的基础上增加 10%。

吸引投资者是因为银行承兑汇票也符合其收益性、安全性和流动性的需求。汇票的投资收益率要高于短期国库券，与货币市场的其他信用工具如商业票据等的收益不相上下。票据的承兑银行对票据的持有者负有不可撤销的第一手责任，票据的出票人又对持有者承担第二手责任，这相当于有两家机构将对票据的兑现负责。因此，投资于银行承兑汇票的安全性非常高。此外，质量好的银行承兑汇票的投资者也较多，在公开市场上随时可以出售，所以流动性也很强。

四、大额可转让存单市场

存单可分为可转让和不可转让两种，不可转让存单相当于定额定期储蓄存款，到期才能由原存款人支取，如果提前支取，需交纳罚金。在中国，如提前支取定期存款，利率立即降到活期存款利率。可转让的存单则可以在到期日之前拿到货币市场上出售。大额可转让存单，是银行和储蓄机构给存款人按一定期限和约定利率计息，到期前可以流通转让和证券化的存款凭证。

（一）大额可转让存单的产生

大额可转让存单是在 20 世纪 60 年代金融环境改革中产生的。当时美国货币市场利率上升，而银行利率受联邦储备委员会 Q 条款的限制，低于市场利率。一些原银行储蓄者，主要是大公司及城乡居民，为增加闲置资金的利息收益，投资于风险较低，又具有较好收益的货币市场工具，如国库券等，形成了所谓的存款非中介化现象，时称"脱媒"现象。这样银行存款急剧下降，商业银行资金来源受到了很大的威胁。为了阻止银行存款外流，一些商业银行设计了类似于货币市场工具的存单，以避开 Q 条款的限制，并借此开辟新的资金来源。1960 年，美国花旗银行首先推出了可转让存单，该存单的推出获得了一些大型证券经销商的支持，使得大额可转让存单的二级市场得以逐步形成，也使急需资金的存单持有人能够方便的在市场上出售存单以获得资金。引入大额可转让存单后，投资者可以通过购买存单获得市场利率。并且，实际的利率水平还可通过双方协商决定。有了大额存单，银行可以靠买入货币以应付意外的货币需求，而不是靠拒绝贷款或靠出售流动性资产来实现，增强了其融资能力。这样，在数月之内，大额可转让存单就发展成为美国货币市场上的重要交易工具，交易金额也在 20 世纪 60 年代急剧上升到 200 亿美元，并于 1981 年超过了 1000 亿美元。

（二）大额可转让存单的种类

按照发行者的不同，大额可转让存单一般分为国内存单、欧洲美元存单、扬基存单以及储蓄机构存单。它们具有不同的利率、风险和流动性。

国内存单是存单中历史最悠久，也是最重要的一种。它是由美国银行在国内发行的，发行面额在 10 万美元以上，二级市场最低交易单位为 100 万美元。国内存单的期限比较灵活，往往根据投资者的要求安排，一般为 30 天到 12 个月。

欧洲美元存单是由美国银行的外国和离岸分支机构在国外发行的，最早出现于 1966 年。它们的面额以美元计，到期期限从 1 个月到 12 个月，并且多为固定利率。历史上，这些存单中的大多数是在欧洲美元市场中心伦敦发行的，故以"欧洲"命名。1982 年以来，日本银行逐渐成为该类存单的主要发行者，而美国银行过去曾是欧洲美元存单的主要发行者。

扬基存单是由外国银行分支机构在美国发行的可转让存单，大多数的扬基存单是由著名的国际银行在纽约的分支机构发行的。扬基存单的期限一般较短，大多在 3 个月以内。由于国内投资者不太了解外国银行，扬基存单支付的利息要高于国内银行存单，但是由于扬基存单在准备金上可以获得豁免，这使得发行扬基存单的成本与发行国内存单的成本不相上下甚至更低，因此它支付更高的利息。

储蓄机构存单是由大额储蓄与存款协会发行的，大多以 10 万美元的面额发行，以便能使用联邦存款保险。有时候，不同机构的 10 万美元储蓄机构存单会捆绑成一个大额存单，其优势在于每个大额存单都能得到充分的保险。

（三）大额可转让存单的特点

大额可转让存单的发行人通常是资力雄厚、信誉卓著的大银行。虽然也有一些小银行发行存单，但其发行量远远小于大银行。

存单虽然是银行定期存款的一种，但与定期存款相比又具有以下四点不同：

（1）定期存款记名、不可转让；而大额可转让存单是不记名的、可以流通转让的。

（2）定期存款金额不固定；而大额可转让存单金额较大，在美国最少为10万美元，在二级市场交易单位为100万美元，在中国香港最小面额为10万港元。

（3）定期存款利率固定；大额可转让存单利率既有固定的，也有浮动的，且一般来说比同期限的定期存款利率高。

（4）定期存款可以提前支取，支取时要损失一部分贴现的利息；大额可转让存单不能提前支取，但是可以在二级市场流通转让。

大额可转让存单也有不同于商业票据及债券等金融工具的特点：

商业票据等不属于存款，不需要缴纳准备金，也不受保险法的保护，而存款则需缴一定数额的准备金；存单的发行人是银行，而商业票据和债券的发行人主要是企业，信誉等级不同，因而利率也有所不同。

（四）大额可转让存单市场

存单的出售者主要是大银行。据统计，美国大约有90%的大额存单是由大银行发售的，其次是中小银行，不少中小银行还以大银行为发行代理人，借其信誉扩大销路。大银行的大额可转让存单大约有2/3售给了个人、合伙人和公司，其中又以销售给企业为主。但是小银行的大额可转让存单大部分都销售给了个人。

存单的投资者绝大多数是大企业。对于企业而言，在确保其资金安全性和流动性的前提下，追求资金效用的最大化即其目标，因此投资于大额可转让存单成为了利用闲置资金的一个好出路，企业可以将存单的到期日与自己的定期支出日（如交税、发工资日等）联系起来，用存单的本息支付定期的支出，假如有临时的资金需求，也可将存单在二级市场上出售。金融机构也是存单的积极投资者。银行可以购买其他银行发行的存单，但不能购买自己发行的存单，而且多数银行购买存单不是为了自己持有，而是银行信托部为其受托基金作的投资。此外，政府机构、外国政府及个人也是存单的投资者。

购买了大额可转让存单后可将其在二级市场上出售，转让的方式主要根据存单记名与否决定。不记名存单在市场上转让时，交付给新的购买者就可以，无须背书，绝大多数存单转让是这样的。记名存单转让时须背书，通常在交易完成时，在存单背面写上原存单持有人和新的存单持有人的姓名。在美国，大额可转让存单的二级市场非常活跃。20世纪80年代时，每天的存单交易量达10亿美元，这个虽然比不上短期国债，但在绝对值上已经非常大了。

（五）大额可转让存单的风险和收益

对投资者而言，大额可转让存单有两种风险，即信用风险和市场风险。信用风险指发行存单的银行在存单期满时无法偿还本息的风险。在美国，虽然联邦储蓄要求一般的会员商业银行必须在联邦存款保险公司投保，但由于每户存款的最高保险金额只有10万美元，信用风险依然存在，同时不同银行的大额可转让存单的风险程度也不同，因为银行的信誉是不同的。

市场风险指的是存单持有者急需资金时，存单不能在二级市场上立即出售变现或不能以较为合理的价格出售。尽管可转让存单的二级市场非常发达，但其发达程度仍然比不上国债市场，因此也有一定的风险。

大额可转让存单的计息是以 360 天为一年来计算的。存单的收益率取决于三个因素：发行银行的信用、大额存单的到期日和存单的供求情况。一般来说，声誉卓著的大银行发行的大额可转让存单收益率要低于普通银行发行的存单收益率。由于投资者不熟悉外国银行，因此一般扬基银行的存单利率要高于其他国内银行。另外，收益与风险也是息息相关的。大额可转让存单的利率一般要高于类似偿还期的国库券利率，这一方面是因为存单的风险大于国库券；另一方面是因为存单的持有者还须缴纳较高的税额，因为存单在各级均纳税，而国库券在州和地方一级政府不纳税。

在上述的四种存单中，欧洲存单利率高于美国国内存单 0.2%～0.3%；扬基存单与欧洲美元存单利率差不多。而储蓄存单利率由于较少流通，利率比上述三种存单要高一些。

第二节　同业拆借市场

同业拆借市场也称为同业拆放市场，是指金融机构之间以货币借贷方式进行短期资金融通活动的市场。同业拆借的资金主要用于弥补短期资金的不足、票据清算的差额以及解决临时性的资金短缺需要。同业拆借市场交易量大，能敏感地反映资金供求关系和货币政策意图，影响货币市场利率，是货币市场体系的重要组成部分。

一、同业拆借市场的演进

同业拆借市场最早出现于美国，其形成的根本原因在于法定存款准备金制度的实施。为了控制货币流通量和银行的信用扩张，美国 1913 年立法规定，所有接受存款的商业银行都必须按照存款余额计提一定比例的存款准备金，作为不生息的支付准备存入中央银行，如果准备金数额不足将受到一定的经济处罚。由于清算业务活动和日常收付数额的变化，经常会出现有的银行存款准备金多余，有的银行存款准备金不足。为了获取利息收益，存款准备金多余的银行一般愿意尽可能地对于多余部分加以利用，而存款准备金不足的银行又必须按照规定加以补足，否则会受到处罚。因存款准备金多余的银行和存款准备金不足的银行之间客观上就存在相互调剂的要求，同业拆借市场便应运而生。1921 年，在美国纽约形成了以调剂联邦储备银行会员银行的准备金头寸为内容的联邦资金市场，实际上就是美国的同业拆借市场。在英国，伦敦同业拆借市场的形成则是建立银行间票据交换过程的基础之上，各家银行在扎平票据交换的差额时，有的银行头寸不足，从而就有必要向头寸多余的银行拆入资金，由此出现不同银行之间经常性的资金拆借行为。

经历了几十年的运行与发展之后，如今西方各国的同业拆借市场较之当初，无论在作用上还是在开放程度和融资规模上都发生了深刻的变化。过去，同业拆借只是拆入银行作为弥补准备金头寸不足的一种手段，而现在，同业拆借已成为银行实施有效资产负债管理的重要工具。20 世纪 80 年代以后，外国银行在美国的分支机构和代理机构也参与了该市场的交易活动。随着市场参与者队伍的扩大，同业拆借市场的规模也大大扩大了。我国的同业拆借市场是从 1996 年统一规范之后得到迅速发展的，交易成员和交易量不断扩大，交易主体种类也由最初的银行机构扩展为目前的包括保险公司、证券公司和基金公司在内的各类金融机构。

二、货币头寸的概念

在了解同业拆借市场之前，先介绍该市场交易的主要客体——货币头寸。

货币头寸又称货币头衬或现金头寸，即款项式资金额度。"头衬"是旧中国通常使用的金融用语，指收支相抵后的差额。商业、金融业营业结束后，几乎天天都要"扎头衬"，往往出现收大于支出或（收不抵支）的"多（少）头衬"。

货币头衬是同业拆借市场的重要交通工具。在存款准备金制度下，商业银行吸收的存款必须按一定的比例向中央银行缴存存款准备金，即法定存款准备金，该准备金一般没有利息或者利息非常少。法定存款准备金通常以一定时间的存款余额为计算对象，如美国是以两周期间日平均数进行计算，计算期从星期二开始到两周后的星期一结束，旧的计算期一过，存款余额便会变化，因此法定存款准备金很难进行十分准确的计算。此外因清算与日常收付，商业银行所持有的实际存款准备金也时常变化。这些情况均会使实际存款准备金超过或不足法定准备，超过部分（多头寸）必须借出以增加利息收入，不足准备（少头寸）的银行则必须拆入资金以弥补法定准备的差额，否则如被中央银行查处将征收罚金。这就使货币头寸成为同业拆借市场的交易工具。而后来，货币头寸则发展成为各种机构解决临时性、季节性短期资金余缺的交易对象。

三、同业拆借市场的概念

拆借是拆放的对称，它们是从不同的角度对拆款活动的描述。拆借是金融机构之间为了平衡其业务活动中资金来源与运用而发生的一种短期资金借贷行为。当资金不足时，从资金多余的银行临时借入款项时，称为拆入；而资金多余的银行向资金不足的银行贷出款项时，则称为拆出。习惯上，从资金借入的角度考虑，把此种融资形式称为拆借。同业拆借是金融机构在经营过程中，由于存款和放款的汇出和汇入形成资金暂时不足或多余时，以多余补不足、调节准备金、求得资金平衡的有效方式。而这种金融机构之间进行资金拆借活动所形成的市场就被称为同业拆借市场，简称"拆借市场"。

从狭义上讲，同业拆借市场是指金融机构间进行临时性"资金头寸"调剂的市场，期限非常之短，多为"隔夜融通"或"隔日融通"，即今天借入，明天偿还。

从广义上讲，同业拆借市场是指金融机构之间进行短期资金融通的市场，其所进行的资金融通已不仅仅限于弥补或调剂资金头寸，也不仅仅限于一日或几日的临时性资金调剂，当今已发展成为各金融机构特别是商业银行弥补资金流动性不足和充分有效运用资金、减少资金闲置的市场，成为商业银行协调流动性与盈利性关系的有效市场机制。

四、同业拆借市场的特点

同业拆借市场具有如下特点：

（1）通融资金的期限比较短，流动性强。拆借市场发展到今天已成为各金融机构弥补短期资金不足和进行短期资金运用的市场，成为解决或平衡资金流动性和盈利性矛盾的市场。为了解决头寸临时不足或头寸临时多余所进行的资金融通，一般是1天、2天或1个星期，最短为几个小时或隔夜。

（2）市场准入条件严格，信用要求高。拆借活动有严格的市场准入条件，一般在金融机构或指定某类金融机构之间进行，而非金融机构包括工商企业、政府部门及个人或非指定的金融机构，不能进入拆借市场。在某些特定的时期，有些国家的政府也会对进入此市场的金融机构进行一定的资金限制。例如，只允许商业银行进入，进行长期融资的金融机构不能进入；只允许存款性金融机构进入，不允许证券、信托、保险机构进入等。

（3）交易手段比较先进，交易手续比较简便。同业拆借市场的交易主要是采取电话协商的方式进行，是一种无形的市场；达成协议后，就可以通过各自在中央银行的存款账户自动划账清算；或者向资金交易中心提出供求和进行报价，由资金交易中心进行撮合成交，并进行资金交割划账。

（4）利率由供求双方议定，可以随行就市。同业拆借市场上的利率可由双方协商，讨价还价，最后议价成交。因此，同业拆借市场上的利率是一种市场利率，或者是市场化程度最高的利率，能够充分灵敏地反映市场资金供求的状况及变化。

五、同业拆借市场的分类

按照不同的标准拆借市场可以分成很多种类。

按拆借期限分为：①半天期拆借。②1天期拆借。③1天以上的拆借。一般是2～30天，也有3个月及3个月以上的拆借。

按有无担保分为：①无担保物拆借，指不需要提供担保物的拆借，属信用放款，多用于1天或几天内的拆借，拆出和收回都通过在中央银行的账户直接转账完成。②有担保拆借，指必须提供担保物的拆借。

按组织形式分为：①有形拆借市场，指拆借业务通过专门拆借中介机构来实现。由于拆借经纪公司专门集中经营，使得拆借交易效率提高，且较为公平和安全。②无形拆借市场，指不通过专营机构，而是拆借双方直接洽谈成交。

按交易的性质分为：①头寸拆借。银行在经营过程中常出现短暂的资金时间差和空间差，出现有的银行收大于支（多头寸），有的银行支大于收（少头寸）的情况。多头寸的银行向要借出多余资金生息，少头寸的银行则需要拆入资金补足差额。这样，银行间的头寸拆借就产生了。头寸拆借的目的是为了扎平票据交换头寸、补足存款准备金或减少超额准备所进行的短期资金融通。②同业借贷。银行等金融机构之间因为临时性或季节性的资金余缺而相互融通调剂，以利于业务经营，这就产生了同业借贷。同业借贷是为了调剂临时性、季节性的业务经营资金余缺。

六、同业拆借市场的参与者

由于同业拆借市场是金融机构间进行资金头寸融通的市场，因此能够进入该市场的一般是金融机构。但各个国家对于同业拆借市场的准入条件会有不同的标准。例如，有些国家允许所有金融机构进入同业拆借市场进行短期融资；有些国家则只允许吸收活期存款、向中央银行缴纳存款准备金的商业银行进入同业拆借市场。并且，各个国家在不同时期，也可能根据财政政策和货币政策的要求，对进入同业拆借市场的金融机构范围及条件进行适当的调整。但从总体上分析，同业拆借市场的参与者主要可分为以下三类：

（1）商业银行。它们是同业拆借市场的主要参与者。一是因为商业银行，特别是大的商业银行是主要的资金需求者与供给者。它们的资产和负债的规模比较大，所需缴存的存款准备金较多，所需的资产流动性及支付的准备金也较多。为了及时弥补资金头寸或流动性不足，需要通过同业拆借市场临时拆入资金。二是由于同业拆借市场期限较短，风险相对较小，许多大的商业银行也愿意把短期闲置的资金投放在该市场，借以保持资产的流动性与盈利性。三是同业拆借市场上交易额大，一般又不要求抵押或担保，信誉极为重要，大的商业银行实力雄厚、信誉高，也容易获得资金融通。

（2）一些实力相对较弱的地方中小银行、非银行金融机构、证券公司、互助储蓄银行、储蓄贷款银行以及境外银行在境内的分支机构等。它们通过这一市场的安全运作，提高资产质量，增加利息收入，降低经营风险。虽然有时也进行资金拆入的业务，但更多的时候它们担任了拆出者（资金供给者）的角色。这与它们实力小、经营上谨慎小心是有很大关系的，因为它们往往保持较多的超额存款准备金，资金头寸也比较宽裕。

（3）一些市场中介。同业拆借市场的交易可以直接交易，也可以通过市场中介人进行。同业拆借市场的中介人大体上分为两类：一类是专门从事拆借市场中介业务的专业性中介机构，如日本的短资公司；另一类是非专门从事拆借市场中介业务的兼营机构。这些中介机构在有的国家成为融资公司，有的成为拆借经纪商或经营商。兼营的拆借中介机构多由大的商业银行承担。

七、同业拆借市场的运作程序

同业拆借市场的运作程序一般由四个步骤构成：拆借双方表达拆借的意向—双方洽谈成交—资金划拨—归还贷款。但由于拆借交易方式、期限、地理位置的不同，具体的运作程序也会有所区别，以下介绍直接拆借方式与间接拆借方式的运作程序。

直接拆借方式是指不通过中介机构的拆借，其中头寸拆借与同业借贷的直接拆借运作程序有所不同。头寸拆借的主要过程是：由拆出银行开出支票交拆入银行存在中央银行，使拆入银行在中央银行的存款准备金增加，补足资金差额。同时，拆入银行开出一张支票，其面额为拆入金额加上利息支付给拆出银行，并写好兑付日期（一般为出票日后的 1～2 天）。到期时，拆出银行可将支票通过票据交换清算收回本息。同业借贷的主要过程是：由拆入银行填写一份借据交给拆出银行，拆出银行经审核无误后向拆入银行提供贷款，即将其账户上的资金划转给拆入银行账户。到期再逆向划转，其划转金额为拆入金额加上利息。

间接拆借方式，指的是通过中介机构进行的拆借。它具体的运作程序主要有以下五步：

（1）拆出行通知中介人，告诉中介人自己可以拆出资金的数量、利率、期限；同时，拆入行通知拆借人自己需要的资金数量、期限、利率。

（2）中介人整理双方的信息后，将适宜的情况分别通知拆借双方。

（3）拆借双方接到中介人反馈的信息后直接与对方进行协商。

（4）拆借双方协商一致，同意拆借成交后，拆出行用自己在中央银行存款账户上的可用资金的一部分划转到拆入行账户上。

（5）当拆借期限到期，拆入行则把自己在中央银行存款账户上的资金划转到拆出行的账户上。

在这个交易过程中，拆借中介人主要通过拆借手续费或拆出、拆入的利差来盈利。

根据地理区域划分，间接拆借可分为两种方式：间接同城同业拆借和间接异城同业拆借。其中，间接同城同业拆借是指通过中介机构的同城（地区）同业拆借，大多以支票作为媒体。当拆借双方协商成交后，拆入银行签发自己付款的支票，支票面额为拆入金额加上拆入期利息（有的国家也常把利息另开一张支票）。拆入行以此支票与拆出行签发的以中央银行为付款人的支票进行交换。支票交换后同城中央银行的分支机构在得到通知后，进行拆入行账户与拆出行账户的内部转账。间接异城同业拆借是指处于不同城市或地区的金融机构进行同业拆借，其交易程序与同城同业拆借的程序类似。但有一个明显的区别是，间接异城同业拆借的拆借双方不需要交换支票，而只需要通过中介机构以电话协商成交，成交后双方通过所在地区的中央银行资金电划系统划拨转账。

八、同业拆借的利率

同业拆借的交易价格（利率）因关系人的不同而分为两种情况：一种是由拆借双方

当事人协定,而不是通过公开市场竞价来确定,这种机制下形成的利率弹性较大,主要取决于拆借双方拆借资金愿望的强烈程度;另一种是拆借双方借助于中介人——经纪商,通过观察公开竞价来进行确定,这种机制下形成的利率弹性较小,主要是由经纪商根据市场中拆借资金的供求状况来决定的,而拆借双方基本上是这一利率水平的接受者。

拆借利率一般要低于再贴现利率。因为如果其高于再贴现利率,那么一方面拆入方就不再需要从同业拆入资金,而可以直接向央行申请再贴现贷款。另一方面又会使市场中产生套利机会。因为一部分银行可能无法从央行获得足够的资金支持,从而导致即使拆借利率高于再贴现率,它们也必须从同业那里拆入资金。那么,那些能从央行获得足够多的再贴现资金的银行便可以从央行融入再贴现资金,再将其拆借给同业,从而获得利差收益。这显然与央行再贴现政策的设计初衷相违背。当然有时在同业拆借市场上也会出现拆借利率高于再贴现率的情况,这是因为两种利率的决定机制不同且相互独立而导致的。再贴现率是根据货币政策而制定的,而拆借利率则主要是取决于同业拆借市场中短期资金的供求状况,如果在某一时期同业拆借市场中短期资金需求很大,则会导致拆借利率上升并可能高于再贴现率。

同业拆借市场广泛使用的利率有三种:伦敦银行同业拆借利率(LIBOR)、新加坡银行同业拆借利率和中国香港银行同业拆借利率。

伦敦银行同业拆借利率是指伦敦欧洲货币市场上各大银行间短期资金拆借所使用的利率。伦敦银行同业拆借市场的参加者为英国的商业银行、票据交换银行、海外银行和外国银行等。资金拆借期限有1个月、3个月、6个月和1年不等。使用最多的是3个月和6个月的LIBOR。所涉及的币种有美元、德国马克、日元、英镑、法国法郎和瑞士法郎。银行同业拆放无须提供抵押品。每笔拆借金额最低为25万英镑,有时甚至高达几百万英镑。贷款协议中议定的LIBOR通常是由几家指定的参考银行在规定时间内(一般是伦敦时间上午11:00)报价的平均利率。现在LIBOR已经成为国际金融市场中大多数浮动利率的基础利率,即在这个利率基础上再加半厘至一厘多的附加利率作为计算的基础。

新加坡和中国香港银行同业拆借利率是在各自货币市场上各大银行间短期资金拆放所用的利率。与伦敦银行同业拆借利率相比,除适用地点不同,报价方法、使用币种及拆借期限均相同。

第三节　政府短期债券市场

政府短期债券市场是以政府短期债券为工具进行发行和交易的市场。政府债券在很早以前就产生了,希腊和罗马在公元前4世纪就开始出现国家向商人、高利贷者和寺院借债的情况。到了19世纪末~20世纪,欧美资本主义各国的市场经济发展,使得各种各样的政府短期债券不断发行。现在各个国家几乎都发行各种各样的短期政府债券。

一、政府短期债券的概念

短期政府债券是政府部门以债务人身份承担到期偿付本息责任的期限在一年以内的债务凭证。从广义上看，政府债券不仅包括国家财政部门所发行的债券，还包括地方政府及政府代理机构所发行的证券。狭义的短期政府债券仅指国库券。由财政部发行的短期债券一般称为国库券。特别需要注意的是，在我国，不管期限在一年以内还是一年以上的由政府财政部门发行的政府债券均被称为国库券；而在国外，期限在一年以上的政府中长期债券称为公债，只有一年以内的政府短期债券才称为国库券。一般来说，政府短期债券市场主要指的是国库券市场。

政府发行短期债券一般基于两方面的考虑：一是为了满足政府部门短期资金周转的需要。政府部门弥补长期收支差额，可通过发行中长期公债来筹措。但政府收支也有季节性的变动，每一年度的预算即使平衡，其间可能也有一段时间会出现资金短缺，需要筹措短期资金以资周转。这时，政府部门就可以通过发行短期债券以保证临时性的资金需要。此外，在长期利率水平不稳定时，政府不宜发行长期公债，因为如果债券利率超过将来的实际利率水平，则政府将承担不必要的高利率；而如果预期利率低于将来的实际利率水平，则公债市场价格将跌至票面之下，影响政府公债的销售。因此，在长期利率不稳定时，最好的办法就是先按短期利率发行国库券，等长期利率稳定后再发行中长期公债。二是为中央银行的公开市场业务提供可操作的工具。政府短期债券是中央银行进行公开市场操作的最佳品种，当需要扩张信用时，就收回短期债券，当需要收缩货币供应量时，就发行政府短期债券。

二、政府短期债券的发行及流通

（一）国库券的发行

政府短期债券大多是通过拍卖方式发行，投资者可以两种方式来投标：一是竞争性方式。竞标者报出认购国库券的数量和价格（拍卖中长期国债时通常为收益率），所有竞标根据价格从高到低（或收益率从低到高）排队。二是非竞争性方式。由投资者报出认购数量，并同意以中标的平均竞价购买。竞标结束时，发行者首先将非竞争性投标数量从拍卖总额中扣除，剩余数额分配给竞争性投标者。发行者从申报价最高（或从收益率最低）的竞争性投标开始依次接受，直至售完。当最后中标位上的投标额大于剩余招标额时，该标位中标额按等比分配原则确定。

竞标性招标又可以分为单一价格（荷兰式）招标方式或多种价格（美国式）招标方式。按单一价格招标时，所有中标者都按最低中标价格（或最高收益率）获得国库券。按多种价格招标时，中标者按各自申报价格（收益率）获得国库券。

在多种价格投标方式中，竞争性投标者竞价过高要承担认购价过高的风险，竞价过低又要承担认购不到的风险，从而可以约束投标者合理报价；而在单一价格招标方式中，所有中标者均按最低中标价格（或最高收益率）中标，各投资者就有可能抬高报价，从而抬高最后中标价。而非竞争性投标者多为个人及其他小投资者，他们不会因报价太低而丧失购买的机会的风险，也不会因报价太高而承担高成本认购的风险，非竞争性投标方式认购的国库券数额较少。在美国，每个投标者最多只能申购 100 万美元，非竞争性申购量通常占总发行量的 10%～25%。

国库券通过拍卖方式发行具有两个优点：第一，在传统的认购方式下，财政部事先设置好新发行证券的息票和价格，实际上出售之前就决定了发行收益。若认购金额超过发行额，可足额发行；若认购金额少于发行金额，则只能部分发行。采用拍卖方式较传统认购方式简单，并且耗时也少。在拍卖过程中，市场决定收益，因而不存在发行过多或不足的问题。财政部仅决定国库券的供应量，其余皆由市场决定。第二，采用拍卖方式发行也为财政部提供了灵活的筹资手段，因为财政部负债中的少量变化可简单地通过变动每周拍卖中的国库券的供应来实现。

（二）国库券的流通

国库券的流通市场又叫国库券的二级市场或次级市场，是进行国库券买卖、转让交易活动的市场。国库券在二级市场的转让是按照贴现的方式进行的。国库券的交易一般通过证券商作为中介，证券商按照挂牌价格买卖国库券，挂牌价格用贴现率表示。贴现率由买卖双方自由商定，反映交易时的市场利率水平。持有国库券的机构或者个人如需要转让国库券，可向贴现机构申请贴现。

中央银行是国库券二级市场的积极参与者，中央银行在国库券市场上公开买卖国库券，主要目的不是获得收益，而是进行公开市场操作，调控货币供应量。

三、政府短期债券的市场特征

短期国库券交易具有一些较明显不同于一般货币市场信用工具的投资特征，这些特征会对投资者购买国库券产生很大影响。

（一）违约风险小

由于国库券是国家债务，因此它被认为是没有违约风险的。相反，即使是信用等级较高的其他货币市场票据，如商业票据、可转让存单等，即便是信用等级较高，也都存在一定的风险，尤其是在经济衰退时期。对商业银行和地方政府来说，利用国库券可以解决其他形式的货币市场工具所无法解决的问题。例如，银行利用国库券可以很容易地与企业及地方政府等部门进行回购协议交易，而商业票据却很难做到。

（二）收益免税

在美国，国库券可以享受免除州及地方所得税的待遇。国库券的免税优点的体现取决于投资者所在州及地方税率的高低和利率的现有水平。州及地方税率越高，国库券的吸引力越大，市场利率水平越高。

（三）面额小

相对于其他货币市场票据来说，国库券的面额较小。在美国，1970 年以前，国库券的最小面额为 1000 美元。1970 年年初，国库券的最小面额升至 1000～10000 美元，目前为 10000 美元。其面额远远低于其他货币市场票据的面额，其他货币市场的面额大多为 10 万美元。对许多小投资者来说，国库券通常是他们能直接从货币市场购买的唯一有价证券。

（四）流动性强

国库券的流动性强主要是因为国库券有发达的二级市场，这一特征使得国库券能在交易成本较低及价格风险较低的情况下迅速变现。国库券之所以具有这一特征是因为它是一种在高组织性、高效率和竞争市场上交易的短期同质工具。

第四节　回购市场

回购业务起源于 20 世纪 60 年代初的美国。美国在第三次科技革命的推动下，开辟了原子能、高分子合成、电子计算机等广阔的投资新领域，使经济各部门对资金的需求迅速上升，迫切需要银行提供更多的资金，从而促使银行不断寻求新的资金来源，以满足客户的需要，证券回购业务应运而生。1969 年，美国联邦政府在法律中明确规定：银行运用政府债券进行回购协议形成的资金来源，可以不受法定存款准备金的限制。这进一步推动了银行踊跃参与回购协议交易，并将回购协议的内容主要集中到国库券和地方政府债券身上。

一、回购市场及回购协议的概念

回购市场是通过回购协议进行短期资金融通交易的市场。回购协议是指按照交易双方的协议，由卖方将一定数额的证券卖给买方，同时承诺若干日后按照约定价格将该种证券如数买回的交易。回购实质上是一种以证券为质押品的短期融资形式。对于卖方来说，回购这一过程是售出国债取得资金的过程，融资期限一到，则把售出的国债从买方购回，借入的资金也就同时归还，这一过程称为正回购。对于买方来说，回购这一过程是买入国债借出资金的过程，融资期限一到，则将购入的国债回售给卖方，同时收回借出的资金，这一过程称为逆回购。

回购协议的期限从一日至数月不等。根据回购的期限的长短，可将回购分为隔夜、定期和连续三种。隔夜回购是最常见的，融资时间为一个营业日，即今日卖出证券，明日买回，相当于日拆；也有 30 天的，最长可达 3～6 个月，超过 30 天的回购协议又称为定期回购协议；还可以签订连续性合同，即每天按不同的利率进行连续几天的交易，这种交易称为连续性合约。

逆回购协议实际上与回购协议是一个问题的两个方面。它是从资金供应者的角度出发相对于回购协议而言的。回购协议中，卖出证券取得资金的一方统一按约定期限以约定价格购回所卖出证券。在逆回购协议中，买入证券的一方同意按约定期限以约定价格出售其所买入证券。从资金供应者的角度看，逆回购协议是回购协议的逆进行。

二、回购市场的参与者

回购市场的参加者比较广泛，包括中央银行、商业银行、非银行金融机构、非金融机构（主要是企业），在美国还有州和地方政府，不同主体参与交易的目的、作用是不一样的。

大银行和政府证券交易商是回购协议市场的主要资金需求者。银行利用回购协议市场作为其资金来源之一。作为资金获得者，它有着与众不同的优势：首先，它持有大量的政府证券和政府代理机构证券，这些都是回购协议项下的正宗抵押品；其次，银行利用回购协议所取得的资金不属于存款负债，不用缴纳存款准备金。政府证券交易商也利用回购协议市场为其持有的政府证券或其他证券筹措资金。回购协议中的资金供给方很多，如资金雄厚的非银行金融机构、地方政府、存款机构、外国银行及外国政府等。其中资金实力较强的非银行金融机构和地方政府占统治地位。对于中央银行来说，通过回购交易可以实施公开市场操作，所以，回购市场是其执行货币政策的重要场所。

三、回购协议的交易机制

无论在我国还是在西方国家，国债都是主要的回购对象。另外，高品质的企业债券、金融债券也可以成为回购的对象。

当签订回购协议后，资金需求者同意向资金借出者出售政府债券和其他债券以换取即时可用的资金。从表面上看，资金需求者通过出售债券获得了资金，而实际上资金需求者是从短期金融市场上借入了一笔资金。对于资金借出者来说，他获得了一笔短期内有权支配的债券，但这笔债券到时候要按约定的数量如数交回。所以，出售债券的人实际上是借入资金的人，购入债券的人实际上借出资金的人。出售一方允许在约定的日期以原来买卖的价格再加若干利息购回该证券。这时，不论该证券的价格是升还是降，均按约定价格购回。

回购协议市场没有集中的有形场所，交易以电信方式进行。大多数交易在资金供应方和资金获得者之间直接进行，但也有少数交易通过市场专营商进行。这些专营商大多为政府证券交易商，他们同获得资金的一方签订回购协议，并同供应资金的另一方签订逆回购协议。

四、回购市场的风险

尽管回购协议中使用的是高质量的抵押品，但是交易的双方当事人也会面临信用风险。回购协议交易中的信用风险来源如下：如果到约定期限后交易商无力回购政府债券等证券，客户只有保留这些抵押品。但如果适逢债券利率上升，则手中持有的证券价格就会下跌，客户所拥有的债券价值就会小于其借出的资金价值；如果债券的市场价值上升，交易商又会担心抵押品的收回，因为这时其市场价值要高于贷款数额。减少信用风险的方法有两种：一是设置保证金。回购协议中的保证金是指证券抵押品的市值高于贷款价值的部分，其大小一般在 $1\%\sim3\%$。对于较低信用等级的借款者或当抵押证券的流动性不高时，差额可能达到 10% 之多。二是根据证券抵押品的市值随时调整的方法。既可以重新调整回购协议的定价，也可以变动保证金的数额。如在回购协议的条款中规定，当回购协议中的抵押品价值下跌时，回购协议可以要求按新的市值比例追加保证金，或者降低贷款的数额。

回购协议中政权的交付一般不采用实物交付的方式，特别是在期限较短的回购协议中。但为了防范资金需求者在回购协议期间将证券卖出或与第三方做回购所带来的风险，一般要求资金需求方将抵押证券交到贷款人的清算银行的保管账户中或借款人专用的证券保管账户中，以备随时查询，当然也有不做这样规定的。

五、回购市场的利率

在回购市场中，利率是不统一的，利率的确定主要取决于以下四种因素：

（1）用于回购的证券的信用度。证券的信用度越高，流动性越强，回购利率就越低；否则，利率就会相对来说高一些。

（2）回购期限的长短。一般来说，期限越长，由于不确定因素越多，因此利率也应高一些。但这并不是一定的，实际上利率是可以随时调整的。

（3）交割的条件。如果采用实物交割的方式，回购利率就会较低，如果采用其他交割的方式，则利率就会相对高一些。

（4）货币市场其他子市场的利率水平。回购协议的利率水平不可能脱离货币市场其他子市场的利率水平而单独决定，否则该市场将失去吸引力。它一般是参照同业拆借市场利率而确定的。由于回购交易实际上是一种用较高信用的证券特别是政府证券作抵押的贷款方式，其风险相对较小，因而利率也较低。在期限相同时，证券回购利率与其他货币市场利率呈现如下结构：国库券利率<证券回购利率<银行承兑汇票利率<大额可转让定期存单利率<同业拆借市场利率。

回购利率之所以低于银行承兑汇票、商业票据利率，一是因为证券回购是相当于有足额担保的贷款，其风险低于它们；二是因为非金融机构等一般不能进入同业拆借市场交易的投资者，均可参加证券回购市场的交易，这也增加了证券回购交易中资金的供给，使其利率低于同业拆借市场利率。高于国库券利率是因为国库券是政府发行的，几乎没有信用风险，且流动性要高于证券回购。

回购期间如未发生回购债券付息，则回购利率（年利率）计算公式为：

$$回购利率=\left(\frac{到期资金支付额}{首期资金支付额}-1\right)\times\frac{365}{回购期限}$$

首期资金支付额是指正回购卖出证券的价格，到期资金支付额是指买回证券的价格，一般来说前者高于后者价差就是融入资金的利息支出，对于买方来说，就是借出资金的利息收入。由于回购交易有证券作质押，因此利率一般低于同业拆借利率，按天计息，一年按 365 天计。

本章小结

1. 商业票据市场上交易的是由信用等级较高的大公司以贴现方式出售的一种无担保短期融资凭证。

2. 银行承兑票据市场交易的银行承兑票据，是为方便商业交易而创造的，在对外贸易中运用较多。

3. 大额可转让定期存单是银行为逃避利率管制而进行创新的产物，主要用于吸引企业的短期闲置资金。

4. 同业拆借市场是金融机构之间进行短期资金融通活动的场所。

5. 短期政府债券市场是国库券发行及流通所形成的市场。

6. 在回购市场上，短期资金的供求者通过签订证券的回购协议来融通资金。

关键词：

同业拆借市场（Interbank Funds Market）　　回购协议（Repurchase Agreement）

逆回购协议（Reverse Repurchase Agreement）商业票据（Commercial Paper）

银行承兑票据（Bank's Acceptance Bill）　　政府债券（Government Bonds）

大额可转让定期存单（Certifiates of Deposit）

思考题：

1. 货币市场的界定标准是什么？它包括哪些子市场？

2. 同业拆借市场的主要参与者及交易对象是什么？

3. 回购市场的交易原理是什么？其与同业拆借市场的区别有哪些？

4. 商业票据市场和银行承兑票据市场的联系和区别有哪些？

5. 大额存单市场是如何产生的，有哪些特征？

6. 国库券通过拍卖方式发行有哪些优点？

第三章 资本市场

　　2006 年对中国资本市场来说，是欣喜与收获之年。曾几何时，宝钢、中石化、工行、中行、这些昔日的"定海神针"成为推动股市航母"劈波斩浪"的"核动力"，引领沪、深两市稳步上扬。2006 年 12 月 14 日，五年轮回，上证指数重新攀上历史 2245 点的高峰。随后，中国股市一路顺利扬帆远洋，至 2007 年 4 月 30 日沪、深两大市场纷纷创下历史新高（沪市当日最高指数为 3851.35 点，深市当日最高指数为 10893.23 点）。而此时中国的资本市场远不同于五年前的混沌迷茫。股权分置改革一扫多年沉疴，优质蓝筹纷纷重回 A 股，股指期货即将推出，基金发行规模和分红规模屡破记录。漫天飞舞的红色海洋叫每一位市场的参与者都刻骨铭心、激动不已。五年的熊市换来行情的暴发，股市的潮起潮落牵动着每一位投资者的内心，在这个看不见硝烟的战场上，政府与民众、机构与个人都是博弈的主角。而当你准备进入这个市场或者已经进入这个市场，除了勇气与信心，你还需要知识和技巧。如果你想在这个竞争残酷的市场中游刃有余，唯有知己知彼，才能百战百胜。

　　通过本章的学习，将了解资本市场基本工具及资本市场运行机制，同时将理解资本市场的风险和收益机制。

第一节　资本市场的特征与交易主体

一、资本市场的特征

　　在资本市场上融通资金的工具种类繁多，主要有债券、股票和投资基金，与货币市场工具相比，它们有着不同的特点。

　　1. 融资期限长

　　至少在 1 年以上，也可以长达几十年，甚至无到期日。

　　2. 流动性相对较差

　　在资本市场上筹集到的资金多用于解决中长期融资需求，故流动性和变现性相对较弱。

3. 风险大而收益较高

由于融资期限较长，发生重大变故的可能性也大，市场价格容易波动，投资者需承受较大的风险。同时，作为对风险的报酬，其收益也较高。在资本市场上，资金供应者主要是储蓄银行、保险公司、信托投资公司及各种基金和个人投资者；而资金需求方主要是企业、社会团体、政府机构等。其交易对象主要是中长期信用工具，如股票、债券等。资本市场主要包括中长期信贷市场与证券市场。

二、资本市场的功能

1. 资本市场是筹集资金的重要渠道

由于资本市场上的金融工具收益较高，能吸引众多的投资者，他们在踊跃购买证券的同时，向市场提供了源源不断的巨额长期资金来源。

2. 资本市场是资源合理配置的有效场所

在资本市场中企业产权的商品化、货币化、证券化，在很大程度上削弱了生产要素部门间转移的障碍。实物资产的凝固和封闭状态被打破，资产具有了最大的流动性。一些效益好、有发展前途的企业可根据社会需要，通过控股、参股方式实行兼并和重组，发展资产一体化企业集团，开辟新的经营领域。另外，在资本市场上，通过发行债券和股票广泛吸收社会资金，其资金来源不受个别资本数额的限制。这就打破了个别资本有限且难以进入一些产业部门的障碍，有条件也有可能筹措到进入某一产业部门最低限度的资金数额，从而有助于生产要素在部门间的转移和重组，实现资源的有效配置。

3. 资本市场有利于企业重组

企业可以通过发行股票组建股份公司，也可以通过股份转让实现公司的重组，以调整公司的经营结构和治理结构。现代企业的兼并重组离不开资本市场。由于各投资主体直接代表了各方的利益，市场主体的相互约束能形成一个有机统一的制衡整体，有助于提高公司的经营效率和发展能力。

4. 资本市场有利于促进产业结构向高级化方向发展

资本市场是一个竞争性的市场，筹资者之间存在着直接或间接的竞争关系，只有那些发展前途且经营状况良好的企业才能在资本市场上立足。这样，资本市场就能筛选出效率较高的企业，同时也能激励所有的上市公司更加有效地改善经营管理。正是通过这种机制的作用，促成了资源的有效配置和有效利用，从而使产业结构得以优化。另外，在产业、行业周期性的发展、更迭过程中，高成长性的企业和行业通过资本市场上的外部直接融资，进行存量与增量的扩张与重组，得到充分而迅速的发展，率先实现并推动其他产业的升级换代。

三、资本市场的交易主体

从动机来看，金融市场的主体主要包括：投资者（投机者）、筹资者、套利者、套期保值者、调控和监管者五大类。广义的投资者是指希望在市场上持有某个头寸，以赚取差价或股息、利息等收入的实体。按照交易动机、时间长短等划分，它又可分为投资者和投机者；筹资者是金融工具的创造者；套利者是利用市场定价的低效率来赚取无风险利润的主体，以低买贵卖的方式赚取差价；套期保值者是利用金融市场减少他们面临风险的实体，他们希望减少某项金融资产价格的风险；调控和监管者是对金融市场实施宏观调控和监管的中央银行和其他金融监管机构。

根据市场主体的性质，资本市场主体又可以被分为以下六类机构或部门：

（一）政府部门

政府部门在一定的时期会是资金的供应者，如税款集中收进，但还没有支出时。在各国的金融市场上，通常该国的中央政府与地方政府都是资金的需求者，它们筹集资金主要通过发行财政部债券或地方政府债券，用于基础设施建设、弥补财政预算赤字等。另外，不少国家政府也是国际金融市场上的积极参与者。

（二）中央银行

中央银行是金融市场上的一种特殊的主体，它既是金融市场的行为主体，大多又是金融市场上的监管者。从它参与金融市场的角度来看，作为银行的银行，它是金融市场资金的提供者，充当最后贷款人的角色。另外，中央银行为了执行货币政策、调节货币供应量，通常在金融市场上买卖证券，进行公开市场操作。

（三）工商企业

在不少国家，国有或私营的工商企业是资金需求者，它仅次于政府部门，主要有两种方法筹集资金：一种是通过市场筹集短期资金，从事经营，以提高企业财务杠杆比例，增加盈利；另一种是通过发行股票或中长期债券等方式筹措资金，用于扩大再生产和经营规模。并且，工商企业也是金融市场上的资金供应者之一，还是套期保值的主体。

（四）存款性金融机构

存款性金融机构是指通过吸收各种存款而获得可利用资金，并将之贷给需要资金的各经济主体及投资于证券等，以获取收益的金融机构。一般包括储蓄机构、商业银行和信用合作社。它们不仅是金融市场的重要中介，也是套期保值和套利的重要主体。

（五）非存款性金融机构

非存款性金融机构主要有保险公司、养老基金、投资银行、投资基金等。保险公司包括人寿保险公司及财产和灾害保险公司；养老基金是一种类似于人寿保险公司的专门金融组织，其资金来源是公众为退休后生活所准备的储蓄金；投资银行是资本市场上从事证券的发行、买卖及相关业务的一种金融机构；投资基金是向公众出售其股份或受益凭证募集资金，并将所获资金分散投资于多样化证券组合的金融中介机构。

（六）居民个人

居民个人为了存集资金，购买大件商品或是留存资金，以备急需、养老等，都有将手中资金投资，以使其保值增值的要求，是金融市场上的主要资金供应者。因此，个人通过在金融市场上合理购买各种有价证券，来进行组合投资，不仅满足日常资金的流动性需求，还能获得资金的增值。

第二节 资本市场的主要工具

一、股票

（一）股票的概念及特点

1. 股票的概念

股票是股份公司发行的股权投资凭证，它用来证明投资者将资金投资于股份公司从而成为公司股东并取得股权的行为，股票没有到期期限，其目的为企业筹措长期资金。

股票确立了公司与股东的约定关系，即风险共担、收益共享和管理的责任和权利。对于股份公司，发行股票是一种最基本的筹资手段，在股份公司成立时和扩大经营时，都可以靠发行股票来筹集资本。对于投资者，股票作为股价资本所有权证书，是其投资入股并取得收益的凭证。就股票本身性质而言，它是一种资本证券，是一种虚拟资本，也是企业产权的存在形式。它的表现形式既可以是书面的，也可以是电子化的，例如，在证券交易所的电子计算机网络系统发行和交易的股票，都是电子化的、以数据形式存在的股票。

2. 股票的特点

（1）风险性。股票的风险性是指其预期收益的不确定性，及出现经济损失的可能性。股票之所以有着较高的风险性，是因为购买股票的本金是不能返还的，股息收入的多少也是不确定、无保证的，股票收益的高低要看公司经营状况的好坏。此外，影响股价的不仅是该公司的经营业绩，而且包括各种经济的、政治的、市场的、社会的因素。投资者所能做的就是进行各种调查分析和研究，以减少损失的可能性，增加盈利的机会。相比较其他金融工具而言，股票的风险性是很大的。

（2）不可返还性。股票是一种没有返还期限的所有权证书，投资人一旦购买了某公司的股票，就不能向发行股票的公司要求退股及索取购买股票的资金，同时也不能要求到期还本。股票持有者投放在股票上的资金只能通过股票的转让出卖收回。当然，股票的不可返还性并不是绝对的。若股份有限公司经营失败，破产倒闭，此时股票持有者可以得到资金的部分返还。另外，当公司认为资金比较充裕，发行在外的股票太多时，也可以收回一部分股票。

（3）流动性。流动性是指股票可以自由地交易、转让的特性，流动性是股票的生命力，是对股票的不可返回性的补偿。股票的持有人可以根据自己的需要、市场的情况随时卖出股票收回现金，或将股票作为抵押品向银行贷款。只要存在交易活跃的股票转让市场，投资者就可以随时选择拥有某种股票或拥有现金，这就使股票具备了良好的投资工具的基本特征。由于股票有着较强的变现能力，因此被视为流动性仅次于短期票据、现金资产和债券的金融资产。

（4）收益性。投资者购买股票的目的是获取较高的收益。投资收益主要有两种途径：一种是从股份公司领取股息和红利，并且股息和红利的多少取决于股份公司的经营状况和盈利水平；另一种是股票流通市场上差价收入。适当的操作会使市场人气旺盛，促进市场繁荣，但不合理的操作，特别是以欺诈等手段操纵股市进行套利活动，会加剧股市波动，进而影响整个经济的发展。

（二）股票的种类

随着股份制的发展，股票的种类逐渐增多，按照不同的标准，可以从不同的角度分类。常见的分类方法有以下三种：

1. 按股东享有的权益和承担的风险不同，可以将股票分为普通股和优先股

（1）普通股。普通股是最典型的一种股票，公司最先发行且必须发行的股票，是股份有限公司最重要的一种股份，是构成股份有限公司资本的基础。普通股股东具有优先认股权，即当公司增发新的普通股时，现有股东有权按其原来的持股比例认购新股，以保持对公司所有权的现有比例。

普通股的投资风险比较大，预期收益率高。根据其风险特征，普通股又可分成以下七类：

1）蓝筹股。指具备稳定盈利记录，能定期分派股利，大公司发行的，并目被公认具有较高投资价值的普通股。像通用汽车公司发行的普通股，就属于蓝筹股。

2）成长股。指销售额和利润迅速增长，并且其增长速度快于整个国家及其所在行业的公司所发行的股票。

3）周期股。指那些收益随着经济周期而波动的公司所发行的普通股。

4）收入股。指当前能支付较高收益的普通股。

5）防守股。指在面临不确定因素和经济衰退时期，高于社会平均收益，且具有相对稳定性的公司所发行普通股。比如公用事业公司发行的普通股。

6）投机股。指价格极不稳定，或者公司前景难以确定，具有较大投机潜力的普通股。

7）概念股。指适合某一时代潮流的公司所发行的，股价呈较大起伏的普通股。

（2）优先股。相对于普通股，优先股是指其股东在某些方面享有优先权利的股票。它是介于股票和债券之间的一种折中型证券，因为它既是股票的一种，又类似于债券。由于优先股股息是固定的，因此优先股的价格与公司的经营状况关系不如普通股密切，而主要取决于市场利息率，其风险小于普通股，预期收益率也低于普通股。

优先股股东所享有的优先权利主要体现在以下两个方面：

1）优先获取股息。即无论公司的经营状况如何，优先股的股东都可以按照预先确定的股息率先领取股息。

2）优先分配公司剩余财产。如果公司解散或者因经营不善破产清算时，优先股股东可以优先参加剩余财产分配的权利。

2. 按股票和股东名册上是否记载股东姓名，可以将股票分为记名股票和不记名股票

（1）记名股票。记名股票是指在股票票面和股份有限公司的股东名册上记载股东姓名的股票。我国的《公司法》规定，股份有限公司向发起人、国家授权的机构、法人发行的股票，应当是记名股票，并应当记载该发起人、机构或者法人的名称。对社会公众发行的股票，可以是记名股票，也可以是不记名股票。记名股票的转让采取背书的形式，并且需要在公司办理过户手续。

（2）不记名股票。不记名股票是指在股票股面和公司股东名册上均不记载股东姓名的股票。我国的《公司法》规定，股份有限公司发行不记名股票时，只需记载其股票数量、股票编号及发行日期。不记名股票的转让相对方便，其流动性要强于记名股。

3. 按股票是否记载有面额，可以将股票分为有面额股票和无面额股票

（1）有面额股票。面额股票是指在股票的票面上记载有一定金额数值的股票。面额股票的每股金额在公司初创时即已决定，并连同发行总额载明于公司章程。由于股票的面额表示股份的份额，为了记载更为简明，各国均规定，公司所发行股票的每股面额均须相等。我国《公司法》规定，股份有限公司的发行价格可以等于面额，也可以高于面额，但不得低于面额。

（2）无面额股票。所谓无面额股票，是指在票面上不记载固定金额，而只标明每股占资本总额的比例。它划分的标准是公司财产价值的比例，每一股所代表的资产价值，随公司财产的增减而增减。公司发行无面额股票必须在公司章程中说明股票发行数量的总额。这种股票并非没有价值，只是不在票面上注明具体的面值。无面额股票与有面额股票没有本质上的差别，仅在价值的表现形式上有所不同，两者的股东享有的权利是相同的。

（三）股票的发行

股票的发行，是指股票发行公司将股票出售给投资者，是股票市场的基础。股票发行市场也叫一级市场或初级市场。发行公司可以委托承销商进行销售，也可以由发起人或股东直接向发行公司进行认购。

1. 股票发行的目的

企业发行股票的终极目标是筹集资本。除了解决长期资金不足，公司发行股票还可能出于其他具体目的：为了使原有股东获益，企业将会按低于市场价格向老股东配送新股，或将公积金并入资本金，无偿向股东配送新股；为了改善企业资本结构，采取增加股份资本的方法矫正自有资本与负债间不合理的比率，从而维护企业健全经营的原则；为了增加公司的社会信用，公司可能会发行新股以扩大公司规模。

2. 股票发行的方式

（1）公开发行和内部发行。公开发行是指股份公司以相同条件，向社会非特定单位

和个人公开发售股票。公开发行既可以是直接发行，也可以是间接发行。股票公开发行后，发行人可以申请上市。内部发行是指股票不公开销售，而是向特定的少数投资者发行。例如，在我国，向本公司内部职工发售。

（2）自营发行和委托代理发行。自营发行是指集资单位自身组织进行的证券发行方式，无需向大众提供企业的有关资料，保密性好且成本较低。委托代理发行是指集资企业通过委托投资银行或其他证券机构，代其发行证券的一种间接发行方式。承担发行证券的代理机构对委托企业的经营状况不承担经济责任。主要有包销发行、余额包销发行、代销发行和联合发行这四种方式。

3. 股票的发行程序

以向社会公开发行股票为例，介绍股票发行的基本程序。

（1）第一个阶段——公司内部的准备工作。公司发行股票的第一项准备工作，是制定新股发行计划，这是为保证新股发行的顺利进行和发行后取得实效，其主要内容包括：

1）确定发行目的。

2）根据需要筹集的资金数额和当时的股市情况，拟定股票的发行种类、发行数量、发行价格以及作为承销机构的证券公司。

3）对发行目的进行可行性分析。

4）制定新股发行计划后，还需要召开董事会作出决议。

（2）第二个阶段——向证券管理机构提交发行股票的申请。由董事会向管理机构提交股票发行申请书，公司在提交股票发行申请书的同时，还应一并申报公司章程、股票发行章程、股票发行的可行性分析报告等一系列文件。主管证券发行的管理机构在收到公司发行股票的申请后，按有关原则规定进行审批。主管机构审核的内容包括两个方面：首先，审查所报文件是否齐全、符合要求，特别是公司章程和股票发行章程的内容是否全面、属实；其次，按照本国的证券法规审查发行人的资格条件。

（3）第三个阶段——向投资者办理股票销售业务。发售工作的第一步，发行公司应向社会公众公布招股说明书（或股票发行章程），向社会传递发行股票的信息，使投资者了解公司的有关情况，作为认购股票的参考。

发售工作的第二步，承销机构接受发行公司委托的股票承销业务，并向投资者具体办理股票销售业务。在这以前，必须先确定股票的销售价格，称为发行价格。

如果股票只是内部发行，发行公司在取得主管部门的批准后，不必向社会公布招股说明书，并且在具体发行工作中，既可以委托专门机构承销，也可以由发行公司自行办理。

（四）股票的交易

股票交易市场又叫二级市场。股票的交易保证了股票的流动性，维护股票发行市场正常运行。

1. 股票的交易方式

从不同的角度，股票的交易方式可以划分为很多种类，就订约与清算交割期限的关系，划分为现货交易、期货交易和信用交易。

（1）现货交易。现货交易亦称即时交易，是指买卖成交后即时履约的交易方式。

最早的证券交易都采用这种方式，后来由于交易数额增大等多方面的原因，使得当场交割有一定的困难，因此在实际交易过程中采取了一些措施，即成交后允许有较短的交割期限，一般是在成交的次日办理交割，也可以在成交后四五天交割。现货交易的特点是实物交易，卖方必须实实在在地向买方转移股票，没有对冲，交割时买方必须支付现款。

（2）期货交易。期货交易方式有两种：预约成交和远期定时交割。其交易过程表现为买卖双方通过经纪人签订成交协议，按协议签订日的价格作为成交价格，约定一定时日后进行交割。期货交易不同于现货交易，成交与交割在时间上不同步。

（3）信用交易。股票的信用交易是经纪商机构为客户提供信用所进行的股票交易，又称保证金交易和垫头交易。这种方式可以使手头现金不足或没有股票的人，利用保证金的杠杆作用，借入资金或股票来从事股票交易。客户在委托经纪商买卖上市股票时，通过交纳一定数额的保证金，取得经纪商的信用，委托买进股票时由经纪商贷款，委托卖出股票时由经纪商融通股票。

2. 股票交易的程序

股票的交易一般有以下五个过程：开户、委托、竞价成交、清算交割、过户。

（1）开户。开户，即选择一家服务信誉良好的证券经纪商作为自己的经纪人，然后与其签订契约，确定委托代理关系。投资者在开立账户时，必须按规定填写证券买卖契约，并留存印鉴或签名样卡。如果是法人投资者，还必须提供法人证明和法定代表授权证券交易执行人的授权书。开立的账户一般为：

1）现金户。客户买卖股票的现金收付通过这一账户办理。一般不能透支，账上必须有足够的金额才能买入股票。

2）保证金账户。如果客户进行股票期货交易或保证金交易，就需开立保证金账户。按有关法规的规定和开户证券商的要求，交存一定的保证金，可用现金也可用证券（按市价折算现金）交存。

目前在各国证券交易所的股票交易，都通过电脑划账，并不实际收取或交付股票。

（2）委托。开户后，客户即可向证券商发出买卖股票的正式委托。委托的内容应包括：委托买卖股票的名称、数量、价格、委托期限、交割方式以及其他条件和要求等。客户向证券商发出正式委托后，受托的证券商才能依据委托的内容、条件和要求代为买卖股票。委托分为市价委托、限价委托和停止损失委托。我国证券交易所目前只允许发出市价委托和限价委托。

（3）竞价成交。证券商在交易所内的交易员接到指令后，便立即按照投资者的要求，在场内参与买卖竞价，竞价成功后，宣告成交。成交的实现方式有柜台书面竞价、口头唱报竞价、计算机终端申报竞价交易和计算机自动竞价交易（无形席位交易）。

（4）清算交割。清算交割是指买卖证券的投资者，付款收取证券或收款交出证券，结束交易。客户的委托买卖成交后，承办委托的证券商和场内的交易员应立即通知本部业务员，告知委托客户买卖已按要求成交，并要求客户按确定的清算交割日期办理清算交割手续。

（5）过户。目前在证券交易所内的交易，在成交时就完成过户股票，无需专门办理过户手续。但对于记名股票，成交后还要办理变更股东名册登记手续。

二、债券

（一）债券的概念及特征

1. 债券的概念

债券是债务人为了筹措资金，向债权人出具的一种债务凭证。债券是债务的证明书，是发行人依照法定程序发行，并约定在一定期限还本付息的有价证券，它反映的是债权债务关系，投资者是债权人，发行者是债务人。债券的票面因素包括：票面价值、偿还期限、利息率和债券发行者名称。

2. 债券的基本特征

债券作为一种重要的融资手段，与股票相比有着不同的特征：

（1）偿还性。债券的偿还性是其区别于股票的最重要的特征。股票一般是永久性的，因而是无需偿还的；而债券是有期限的，到期日必须偿还本金，且每半年或一年支付一次利息。在一般情况下，债券发行期和最后期限都明确标在债券上。

（2）安全性。债券的安全性表现在两个方面：一是收益相对稳定，不受市场利率变动的影响；二是利息本金的偿还有法律保障。尽管债券与其他投资工具相比有较大安全性，但并非没有风险。投资于债券将面临以下风险：市场风险、利率风险、信用风险、通货膨胀风险等。

（3）流动性。债券是一种流动性较强的投资工具，债券持有者在债券到期日之前可将流通市场上债券的所有权，转让给其他投资者以回收资金。流动性是有价证券的一个基本特性，也是债券以不同于银行储蓄的方式，吸引社会闲散资金的一个重要方面。不仅可以保证证券发行的顺利进行，还可以使投资者手中的债券随时变现，以备不时之需。

（4）收益性。与银行存款相比，债券具有较高的收益率。债券的收益性主要表现在两个方面：一是投资债券可以给投资者定期或不定期地带来利息收入；二是投资者可以利用债券价格的变动，在证券交易市场上买卖债券以赚取价差。

（二）债券的种类

债券种类繁多，可从不同的角度对其进行分类。

1. 按发行主体分类

（1）政府债券。即公债券，是指中央政府和地方政府为筹集财政资金和建设资金而发行的债务凭证。中央政府发行的债券称为国债，地方政府发行的债券称为地方债券。国债发行的目的主要是筹集资金，用于建设公共基础设施，补贴重点建设项目或者弥补国家财政赤字；发行地方政府债券的目的主要是筹集资金用于地方的公共基础设施建设，因此地方政府债券多称为市政债券。

（2）金融债券。是指银行或非银行性金融机构为筹措中长期资金，向社会公开发行的债务凭证。金融债券可通过直接公募发行，申请认购额达不到预计发行额，并不影响发行的正常进行。

（3）公司债券。是指公司依照法定程序发行、约定在一定期限还本付息的有价证券，期限大多为 10～30 年。公司债券的发行一般受到严格的限制，并有时要求有抵押或担保。

2. 按利息的支付方式分类

（1）固定利率债券。即保证投资人在偿还期内可获得固定利息的债券。这种债券的利息率是固定的，在息票上载明付息日期和利息额，不因市场利率实际水平的变动而变动。

（2）浮动利率债券。即债券发行时就将某一金融市场利率作为参照标准，债券的利率随该金融市场利率的变动而变动。一般情况下，要规定一个利率调整的上下区间，这样可使投资者具有安全感，从而增强债券的吸引力。

（3）贴现债券。即券面上不附息票，发行时按规定的贴现率，以低于面额的价格发行，到期按面额偿还本息的一种债券。其发行价格和面额之差即为利息，由于其利息在发行时就已提前支付，因此实际收益率高于票面贴现率。

（4）累进利率债券。即票面利率随持有期限逐年递增的债券。这种债券有利于激发投资者的长期投资热情，减轻投资者可能因通货膨胀而带来的利息损失。

3. 按有无担保分类

（1）信用债券。是指仅凭发行者信用而发行的，既无抵押品作担保，也无担保人的债券。这类债券一般包括政府债券和金融债券。一些信用良好、资本实力雄厚的大公司也可发行信用债券，但必须签订信托契约，对发行者的有关行为进行约束，以保障投资者的利益。

（2）担保债券。包括：

1）抵押债券。是指以土地、设备、房屋等不动产作为抵押担保品所发行的债券。当筹资人不能履行还本付息义务时，债券持有人有权变卖抵押品而抵付。抵押公司债券在现代公司债券中所占比例最大，也是公司债券中最重要的一种。

2）质押债券。是指以其他债券（如政府公债）或股票等有价证券作为担保品所发行的公司债券。发行这种债券的公司须将作为担保品的有价证券，交给作为受托人的信托公司，当筹资人到期不能偿债时，即由受托人质押的证券代为偿债。

3）保证债券。是指由第三者担保偿还本息的债券。担保人可以是政府、银行、母公司等。发行这种债券，可以提高筹资人的信誉，扩大债券销路，并可减轻筹资人的利息负担。

（三）债券的发行

1. 债券发行的参与主体

债券在发行过程中，主要涉及债券交易主体、债券市场中介机构和债券市场管理机构三大部分参与主体。

（1）债券发行市场的交易主体。债券市场的交易活动的主体是买卖双方。卖方是资金需求者，即发行者；而买方是投资者，即认购者。

（2）债券发行市场的中介机构。债券市场的中介机构即债券的承销商，是代发行者办理债券发行和销售业务的中介人。债券的承销业务一般由投资银行、证券公司、商业银行和其他金融机构办理。

（3）债券管理机构。债券管理机构是对债券发行、债券交易行为以及与这些交易行为有关的人员和组织进行管理的机构，其目的是取缔债券交易中的欺诈、内幕交易和价格操纵等不法行为。

2. 债券的发行方式

（1）直接发行和间接发行。直接发行是由发行人自己办理有关债券发行的一切手续，并直接向购券者发售债券的一种形式。直接发行由于没有中介人介入，因此不必向代理机构支付代理发行或承包发行的费用。间接发行又叫委托发行，是指发行人委托金融中介机构，如投资银行、证券公司、投资公司等代理发行事务的一种债券发行方式。间接发行的债券都是公募债券，又可以分为三种不同的方式：推销发行、承销发行、助销发行。

（2）私募发行和公募发行。私募发行是以少数与发行者有密切关系的投资者为债券募集对象的发债方式。私募发行的对象大致有两种：个人投资者和机构投资者。

由于私募发行一般较多采用直接销售方式，因此可以节省承销费用，不必向证券管理机关办理发行注册手续，可以节省发行时间及注册费用，并且因有确定的投资人，不必担心发行失败。与私募发行相比，公募发行的发行者要向众多的投资者募集债券，发售工作量大、难度也大，需要获得承销者的协助，发行者必须向证券管理机关办理发行注册手续，必须在发行说明书中如实披露有关的详细情况，以供投资者作出投资决策。由于公募发行的债券信用度高，因此一般可上市流通。由于公募债券以众多的投资者为发行对象，筹资潜力大，而且发行人一般资信度较高，因此发行人不需要提供特殊的优厚条件。

（3）担保发行和信用发行。担保发行是发行债券者附带有保证还本付息承诺的一种发行方式，即为了增强企业信誉，在发行债券时用本公司或企业的财产作抵押，或请其他信誉好的第三者以其信用作为担保条件、保证到期支付债券本息。信用发行则是一种不需要任何形式为发行债券还本付息提供担保的方式。采用这种方式发行，要求发债人要有极好的信誉。

3. 债券的发行程序

不论采取何种方式发行债券，大致都要经历以下三个步骤：

（1）准备阶段。在准备阶段，要对筹资项目进行可行性分析和评估，对投资项目的经济效益和还本付息的情况进行预测。筹资项目的可行性研究报告的科学性与否是债券发行计划能否被批准的关键性文件，因此在编制时，应力求从实际情况入手，用充分的资料加以详细论证和说明，避免虚假谎报。

此外，企业还必须取得社会公认的证券评级机构，对本企业的资信等级证明，进行债券的信用评级。资信度高的企业所发行的债券需求量大、发行成本低；资信度差的企业则必须以较高的利率来弥补资信上的不足，因此发行成本一般较高。

（2）报批阶段。我国发行债券的审批机构是中国人民银行。任何国家的企业发行债券，都必须经过一定机构的批准，未经批准不得擅自出售任何债券。企业在向银行申请发行时，要按规定报送有关文件，如发行债券申请书、营业执照、上级主管部门的证明、可行性报告、企业信用评级资料、财务报表以及要求的其他资料。经过逐项审查后，中国人民银行根据情况作出批复。

（3）实施阶段。在取得了发行权以后，发行债券者要实施的第一步是选定受托人，受托人一般是大银行或信托投资公司、证券公司。双方确定发行计划和其他有关事宜，并达成协议，规定承销人所承担的责任和义务。发行公司或承销人发出公告书，公告一般包括企业名称及概况、发行债券的目的和条件、债券发行总额及面额等。如果发行债券的企业是股份制企业，还须发布股份公司的财务状况和股权分布状况、股息分配情况等。同时，企业印制债券准备发行并送债券样本至央行认可。债券承销机构可于协定的发行日期，在其所有的营业网点按协定条件同时向社会公开发售债券。

（四）债券的交易

根据债券交易的场所，可以将债券交易分为交易所交易和场外交易。

1. 交易所交易

交易所交易是一种有组织的市场交易。并不是所有债券都可以在证券交易所进行转让和销售，只有被批准上市的债券才可以。债券被允许在交易所交易，称为债券上市。政府债券不必经过审核就可上市交易，而公司债券若要上市则要达到一定的标准，经交易所登记批准方可上市。上市的债券需要符合一定标准和条件，这些条件主要有：公司设立达到一定年限；公司资产净值达到一定标准；债券按票面计算的发行额达到一定数额；期限符合一定标准；债券必须是公开发行；公司的信用等级必须达到一定的级别。

一般人买卖上市债券时，需要委托具有会员身份的证券公司进行预约，由接受预约委托的证券公司在交易所寻找买主，促成买卖交易。证券交易所每日都用各种形式公布买卖成交的债券名称、买卖价格和利率。

2. 场外交易

场外交易，是指在证券交易所外进行的证券交易。场外交易有各种各样的形式，如店头市场、第三市场、第四市场等。店头市场又称柜台市场，是指通过证券公司的柜台进行转手交易的市场；第三市场一般是指已上市证券的场外市场；第四市场是指各种机构和个人不通过证券经纪人，直接进行证券买卖的市场。在证券交易所交易的债券称为上市债券，在场外交易市场交易的债券称为非上市债券。上市债券和非上市债券在债券总量中所占的比例大小与各国上市标准的严格程度有关。

对发行者来说，债券上市有利于吸引投资者的注意力，提升企业的知名度，但上市后必须按要求进行信息披露。有的企业不愿向外界公布其业务及财务状况，即使其债券完全符合上市的标准也不愿上市。所以，在场外交易市场中，仍然存在一些信用程度较高的债券。

三、投资基金

(一) 投资基金的概念

关于投资基金的定义，国内存在两种分歧意见：一种意见认为投资基金是指通过发行基金股份或受益凭证，将投资者小额分散的资金集中起来由专业管理人员分散地投资于股票、债券或其他金融资产，并将投资收益分配给基金持有者的一种金融中介机构，即机构论；另一种意见则认为投资基金是一种由代理投资机构通过发行股份和受益凭证，组成一定规模的信托财产，分散投资于各类资本证券和其他行业的投资工具，即工具论。

实际上，这是从不同侧面考察投资基金的结果，机构论是将基金与基金管理结合在一起来定义投资基金，而工具论则是把基金本身与基金管理分别来考察。而从国际上来看，更受认同的投资基金概念还是投资工具说。

(二) 投资基金的种类

1. 根据组织形式分为公司型基金和契约型基金

(1) 公司型基金。公司型基金是依据公司法成立的、以盈利为目的的股份有限公司形式的基金。基金本身是股份制的投资公司，基金公司通过发行股票筹集资金，投资者通过购买基金公司股票而成为股东，享有基金收益的索取权。

公司型基金又可细分为开放型和封闭型两种。开放型基金是指基金可以无限地向投资者追加发行股份，并且随时准备赎回发行在外的基金股份，因此其股份总数是不固定的，这种基金就是一般所称的投资基金或共同基金。而封闭型基金是基金股份总数固定，且规定封闭期限，在封闭期限内投资者不得向基金管理公司提出赎回，而只能寻求在二级市场上挂牌转让，其中以柜台交易为多。

(2) 契约型基金。契约型基金是依据一定的信托契约组织起来的基金，其中作为委托人的基金管理公司通过发行受益凭证筹集资金，并将其交由受托人（基金保管公司）保管，本身则负责基金的投资营运，而投资者则是受益人，凭基金受益凭证索取投资收益。契约型基金也有开放式和封闭式之分，其分类与公司型相同。我国目前的基金均为契约型基金。

2. 根据投资目标，可分为收入型基金、成长型基金和平衡型基金

(1) 收入型基金。收入型基金是以获取最大的当期收入为目标的投资基金，其特点是损失本金的风险小，但长期成长的潜力也相应较小，适合较保守的投资者。收入型基金又可分为固定收入型基金和权益收入型基金两种，前者主要投资于债券和优先股股票，后者则主要投资于普通股。

(2) 成长型基金。成长型基金是以追求资本的长期增值为目标的投资基金，其特点是风险较大，可以获取的收益也较大，适合能承受高风险的投资者。成长型基金又可分为三种：一是积极成长型基金，这类基金通常投资于有高成长潜力的股票或其他证券；二是新兴成长型基金，这类基金通常投资于新行业中有成长潜力的小公司或有高成长潜

力行业（如高科技）中的小公司；三是成长收入基金，这类基金兼顾收入，通常投资于成长潜力大、红利也较丰厚的股票。

（3）平衡型基金。平衡型基金是以净资产的稳定、可观的收入及适度的成长为目标的投资基金，其特点是具有双重投资目标，谋求收入和成长的平衡，故风险适中，成长潜力也不很大。

3. **按投资对象细分，基金又大致可分为如下八种：**

（1）股票基金。即基金的投资对象是股票，这是基金最原始、最基本的品种之一。

（2）债券基金。即投资于债券的基金，这是基金市场上规模仅次于股票基金的另一重要品种。

（3）货币市场基金。即投资于存款证、短期票据等货币市场工具的基金，属于货币市场范畴。

（4）专门基金。即从股票基金发展而来的投资于单一行业股票的基金，也称次级股票基金。

（5）衍生基金和杠杆基金。即投资于衍生金融工具，包括期货、期权、互换等并利用其杠杆比率进行交易的基金。

（6）对冲基金与套利基金。对冲基金，又称套期保值基金，是在金融市场上进行套期保值交易，利用现货市场和衍生市场对冲的基金，这种基金能最大限度地避免和降低风险，因此也称避险基金。套利基金是在不同金融市场上利用其价格差异低买高卖进行套利的基金，也属低风险、稳回报基金。

（7）雨伞基金。严格说来，雨伞基金并不是一种基金，只是在一组基金（称为"母基金"）之下再组成若干个"子基金"，以方便和吸引投资者在其中自由选择和低成本转换。

（8）基金中的基金。基金中的基金是以本身或其他基金单位为投资对象的基金，其选择面比雨伞基金更广，风险也进一步分散降低。

（三）投资基金的运作

1. **投资基金的设立**

设立基金首先需要发起人，发起人可以是一个机构，也可以是多个机构共同组成。一般来说，基金发起人必须同时具备下列条件：至少有一家金融机构；实收资本在基金规模一半以上；均为公司法人；有两年以上的盈利记录；首次认购基金份额不低于20%，同时保证基金存续期内持有基金份额不低于10%。

发起人要确定基金的性质并制订相关的要件，如果属于契约型基金，则包括信托契约；如果属于公司型基金，则包括基金章程和所有重大的协议书。这些文件规定基金管理人、保管人和投资者之间的权利义务关系，会计师、律师、承销商的有关情况以及基金的投资政策、收益分配、变更、终止和清算等重大事项。发起人准备好各项文件后，报送主管机关，申请设立基金。

在很多情况下，基金是由基金管理公司或下设基金管理部的投资银行作为发起人，在基金设立后往往成为基金的管理人，如果发起人不能直接管理该基金，则需要专门设立基金管理公司或聘请专业的基金经理公司作为基金管理人，几乎所有的大型投资银行都设有基金部或基金管理分公司，它们经常以经理公司的身份出现在基金市场上。设立基金的另一重要当事人是保管人，即基金保管公司，一般由投资银行、商业银行或保险公司等金融机构充当，担任保管公司也是投资银行基金管理的重要业务之一。

2. 投资基金的募集

具备条件的基金发起人向管理机关提交必要的文件，经管理机关批准发起后，就可以进行投资基金的募集工作了。基金募集包括基金发行和基金认购两个环节。

（1）基金发行。基金发行是指基金管理公司或信托投资机构在基金发行申请经主管机关批准之后，将基金证券或受益凭证向个人投资者、机构投资者的推销行为。基金证券的发行是投资基金整个运作过程中的一个基本环节。基金证券的发行市场又称基金一级市场，是基金市场的一个重要组成部分。基金证券发行包括特定的发行对象、发行日期、销售形式、发行价格、发行数额、发行地点的确定。按发行对象和发行范围的不同，投资基金的发行分为私募发行和公募发行两种形式，这在前文投资基金的种类部分已经作了详细介绍，此处不再赘述；而按发行环节的不同，又可分为直接发行和间接发行。直接发行指基金发起人不通过承销商而由自己直接向投资者销售基金，私募基金多采取直接发行方式；间接发行则是发起人通过证券承销商发行基金，其可以采取招标发行、竞价发行等方式。封闭式基金在发行时，除了规定发行价格、发行对象、申请方法、认购手续费、最低认购额外，还需要规定基金的发行总额和发行期限。一旦发行总额认满，不管是否到期，基金就地进行封闭，不能再接受认购申请。

（2）基金认购。基金认购是与基金发行相对应的概念，它是指个人投资者和机构投资者按照基金证券发行公告或规定向基金管理公司购买已经批准发行的基金证券的经济活动。投资者参与基金投资的方式因投资基金的不同类型而有所不同，对于契约型基金来说，投资是通过认购受益凭证来实现的；对于公司型基金来说，投资者则是通过购买基金公司的股票来实现的。投资者认购基金证券的数额一般都有一定限制，如公司型基金可能规定最低投资额，契约型基金也需要规定最低购买单位数。通常情况下，投资者通过认购基金单位，即购买基金的受益凭证向基金进行投资；购买基金受益凭证时，对于不同类型的基金，有不同的认购方式。在发行期内认购基金与认购股票的程序类似。封闭式基金只能在发行期内认购，认购价格按面值计算。而对于开放式基金，基金单位的认购价格在首次发行期内按发行面额计价，发行结束后则按前一营业日或后一营业日的资产价值计算。

3. 证券投资基金的交易

证券投资基金交易是指基金发行以后，在市场上进行的买卖活动。按照国际惯例，基金在发行结束一段时间后，通常为3～4个月，就需要安排基金的交易事宜，以增强基金的流动性从而吸引更多的投资者购买基金。开放式基金一般每个交易日都允许投资者向基金公司赎回其基金单位。封闭式基金类似普通股份有限公司，其证券交易像普通公司的股票一样，不得向公司赎回，只能到证券交易市场部挂牌交易，或到指定的证券商那里进行柜台交易。封闭式基金的单位交易价格以基金单位的资产净值为基础，但主要由市场供求来确定。由于封闭式基金发行的单位数是固定的，而市场需求却在不断变化，因此，封闭式基金单位交易过程中经常出现基金溢价或基金折价现象。

开放式基金的单位交易价格并不是随行就市，而是每天报价，并且每天只有一个买入价和卖出价。开放式基金的基金单位的买入（赎回）与卖出（认购）价格，直接依据基金净资产价格计价。基金单位的买入价，即赎回价，就是基金单位所代表的资产净值扣除赎回费后价格，它不受市场供求关系的影响，不会出现溢价或折价现象，投资者就是按这个价格把基金卖给基金公司的。这里所说的基金单位资产净值指的是基金的总资产扣除借款及应付费用后，除以该基金的基金单位数而得出的价值。这一资产净值由基金管理公司计算并公布出来，作为基金单位买卖的主要依据。

4. 证券投资基金的投资

证券投资基金在设立后，其核心在于基金的运作。因此，基金必须首先决定其投资目标与政策，不同的基金往往采取不同的投资政策。根据对风险收益的判断，可以把基金的投资政策区分为三种类型：

（1）高风险高收益型。这类基金成立的宗旨强调为投资者提供资本增值的机会，在投资组合上则往往将基金资产投放在风险较高的金融商品上。

（2）低风险长期增长及收益型。这类基金的目标是为了让投资者获取比较稳定的长久收益。基金的投资一般集中在高息证券上。

（3）一般风险平衡分散投资型。这类基金的目标介于以上两种投资目标之间，同时强调资本增值及收益稳定。基金经理人在运用基金时，必须遵守法律法规的规定，在基金章程、信托契约所规定的范围内行使自己的权力。

第三节　资本市场交易机制

一、交易机制的主要类型

交易机制是市场微观结构的重要组成部分。现存交易机制可分为三种主要类型：报价驱动机制、指令驱动机制、混合交易机制，前两种机制的混合体，即混合交易机制。报价驱动机制的典型代表是伦敦证券交易所和全美证券交易商自动报价机制；亚洲许多证券交易所采用指令驱动机制；而混合交易机制的典型代表是纽约证券交易所。

（一）报价驱动机制

在报价驱动机制中，做市商在市场交易中具有重要的地位。做市商在交易所的监督下对所做市的证券报出买入价和卖出价，并有义务在既定的交易数量范围内以买卖报价向任何交易对手进行交易。在这种机制下，做市商的报价在交易中具有重要作用，因此称为报价驱动交易机制。以1997年10月改革前的伦敦交易所为例，做市商通过自动报价系统（SEAQ）报出在限定的交易数量下的买卖报价，当客户的交易指令到达经纪人后，经纪人将为客户在不同的做市商中寻找最优的交易价格（最高的买入价格和最低的卖出价格）进行交易。如果客户要求的交易数量超过了做市商报价时的限定范围，经纪人将与做市商直接进行磋商，协定交易价格。这表明，并不是所有的交易都是按做市商的报价进行，事实上，在伦敦证券交易所有 1/3 的交易发生在买卖报价之间。可以看出，在报价驱动制度下，做市商有维持市场有序和稳定的责任，作为补偿，做市商可以在交易中获得价差收益。做市商价差不仅是交易成本重要的组成部分，而且是一个富有信息含量的市场信号：做市商根据所掌握的价值信息、交易信息和自身存货需要来不断调整其报价。这个做市商的"学习过程"对市场是一个强有力的信号。

（二）指令驱动机制

在指令驱动机制中，没有做市商这样的特殊参与人提供证券的买卖报价，处于交易中心地位的是指令簿，指令簿是价格信息中心和交易中心，因此称这样的交易机制为指令驱动机制。在指令驱动机制中，市场参与者可以向指令簿提交买卖指令，这些指令或者与指令簿上的指令进行匹配成交，或者成为指令簿上的新指令等待成交。在正常的交易过程中，只有限价指令才有可能停留在指令簿上等待交易，而其他类型的指令要么被立即执行，要么被拒绝交易。在指令驱动交易机制中，开市是一个十分重要的过程，因为它将决定进入正常交易后市场的深度和广度。开市后，交易簿上将存在一系列买方指令和卖方指令等待交易。当一个可以立即被执行的指令到达后，交易簿上的指令将按价格优先和时间优先的原则进行匹配交易；否则，该指令将成为指令簿上的新指令等待交易或被拒绝交易。同样，新进入指令簿的限价指令也将按价格优先和时间优先的原则等待交易。交易簿上的最优价格（最高买入价和最低卖出价）将随着指令的变动而变动。

（三）混合交易机制

混合交易机制是指报价驱动交易机制和指令驱动交易机制不同程度的融合。全球市值最大的纽约证券交易所（NYSE）是典型的混合交易机制的代表。在纽约证券交易所，专营商具有重要的地位，它有两种角色：一种是经纪人的经纪人，所有佣金经纪人因为当时价格限制不能立即执行的指令都将移交给专营商，由其将这些指令输入限价指令簿，如果随后这些指令得到执行，专营商将从佣金经纪人处获得佣金。在这种情况下，专营商实际上在充当佣金经纪人的经纪人。专营商的另一种角色是做市商，证券的注册专营商有责任提供该证券的买卖报价并维持公正而有序的市场，当买卖指令暂时失衡时，专营商有义务用自己的账户进行交易，以弥补供需缺口，在这种情况下，专营商实际上在充当做市商的角色。

在传统的交易方式下，所有的指令都必须被传输到所交易证券的交易平台进行交易。当一项指令到达客户的经纪人时，经纪人将把指令传给其在交易所的佣金经纪人，后者将指令带到交易平台。如果当时报价差很小（低于一个标准单位），一般来讲该指令将被专营商按报价直接执行；如果当时价差较大，佣金经纪人将在交易大厅内寻找其他佣金经纪人作为交易对象，以求能在其余买卖报价中间成交，获得价格提高。经过大厅的拍卖过程后，未被执行的限价指令将被专营商输入指令簿，同时专营商将改变其报价。

二、不同交易机制对资本市场的影响

(一) 对资本市场透明性的影响

指令驱动机制存在限价指令的汇总机制，而且市场中不存在比如专营商之类的信息优先者，市场参与者在价格竞争中具有平等地位。相对而言，在报价驱动机制和混合机制下，做市商和专营商在价格信息方面具有优势，垄断地位使他们存在极少的发布信息的动机。因此，就市场透明性而言，报价驱动机制和混合机制低于指令驱动机制。

(二) 对交易成本的影响

相对于其他交易机制，指令驱动机制具有较低的交易成本。首先，指令驱动机制下，卖单和买单直接进行匹配交易，缩短了交易环节，节省了用于指令处理的成本；其次，因为没有做市商和专营商的存在，所以一部分公众交易者通过提交限价指令赚取了价差而不是支付价差。因此，作为整体来衡量的交易成本大大降低。国外学者比较了欧洲主要证券交易所的交易成本，在美国和英国同时上市的证券的交易成本，以及伦敦证券交易所的实证研究都支持了上述结论。

(三) 对市场流动性的影响

采用指令驱动机制的市场的一个明显缺点是流动性较差。流动性是指在保持股价波动不大的情况下，买卖成交的速度或者说是市场参与者在既定价格水平上入市或脱手的可能性，买卖大量某种证券而不导致其价格剧烈波动的一种价格平衡能力。在接受市场价格的前提下，买方可以买到他想要的数量，卖方可以卖出他想卖的数量，那么这一市场的流动性就较好。在指令驱动机制中，买单和卖单自动撮合成交，任何一方的暂时失衡都将影响交易，尤其是当某一市场缺乏足够的广度和深度时，要么长时间没有交易发生，损坏了市场的连续性；要么很小的指令引起股价的大幅波动。而在报价驱动机制下，做市商有义务用自己的账户在既定报价基础上进行交易，以弥补供需缺口，抵消或平缓这种暂时不均衡引发的市场流动性问题。

(四) 对市场稳定性的影响

指令驱动机制的另一个缺陷在于使市场缺乏稳定性。从上面对市场流动性的分析可以看出，指令自动撮合成交机制缺乏内在的价格稳定机制，尤其是在市场缺乏广度和深度的时候，很小的交易就可能引起股价的大幅波动。而在报价驱动机制下，做市商将根据证券的价值信息和交易信息来调整报价。在短期看，做市商有助于弥补市场上的供需缺口，抵消或平缓由失真信息和恶意操作所引起的股价波动；从长期看，这种作用将有助于股价更及时准确地反映真实价格。对伦敦证券交易所的实证研究发现，经过从报价驱动机制到指令驱动机制的变革，伦敦证券交易所的市场价格平衡能力大大降低，日内的价格波动和做市商的价差波动均明显提高。

第四节 资本市场投资收益与风险

一、金融投资收益与风险的辩证关系

在市场经济的发展前提下，金融投资一般具有双重性，即投资的收益性和风险性。投资者进行投资的最优化目标是同时取得最大投资收益和最小投资风险，但是因为风险和收益的客观存在性，损益程度会随着时间的变化不断变化，投资的收益和投资的风险是相互依存，相互作用的。

在金融市场中，一般用收益率来衡量金融资产的收益水平。收益率是指可用数学期望进行衡量的，度量投资业务受欢迎程度即投资收益的随机变量。不同的金融工具的收益率不同，一般按照时间可以分为年收益率和月收益率等，收益率最大化，是投资者始终追求的目的。风险是指金融投资者在金融投资活动中可能遭受损失（风险的负面作用）或获利（风险的正面作用），而这种可能的损失或获利是各种不确定因素影响金融投资的结果。根据引起的因素不同，可以将风险分为利率风险和证券市场风险。利率风险是由于利率的变动致使投资品的市场价值下降的风险；证券市场风险是由证券市场价格上下波动引起的一种风险。投资者一般追求的是金融投资工具所带来的风险可以最小。

二、金融投资收益与风险的理论分析

在现代的金融投资分析中，收益率是度量资产的收益水平的有效工具，投资风险从本质上来讲是实际收益率的波动。作为市场经济的随机变量，投资收益率可用其数学期望衡量投资盈利。不同金融工具的投资收益率计算如下：

银行存款储蓄收益率＝（储蓄到期的本利和－储蓄本金）/（偿还期限×本金）

债券工具收益率＝［票面年利率＋（面额－发行价格）/偿还期限］/债券发行价

股票收益率＝股票年收益/股票购买价格

投资者一般在进行金融投资工具的选择时常常会希望投资工具带来的收益较大，而风险是越小越好。但是，两者是不可能分开的，未来收益波动的存在，同时意味着投资存在着相应的风险。投资者可以把握的是自我的风险承受能力，即为了获取一定收益而承担的风险的大小。

金融工具资产的影响因素主要有预期收益水平，风险量和投资者承担了投资风险后要求获得的相应的补偿水平，为了获取最大利益，资深的投资者经常将资金同时分散投入到不同收益和不同风险水平的金融资产上，即所谓的资产多样化，其本质是"不要把鸡蛋放在同一个篮子里"，没有任何一个金融投资工具可以保证投资者的收益最大的同

时承担的风险最小。现代金融投资理论认为，如果将多种收益变化方向不同的金融资产进行混合构成资产搭配，则该搭配中有一部分的资产风险可以相互抵消，使得资产搭配的整体风险小于单独持有该搭配中任何一种单项资产的风险量。因此，投资者在进行选择的时候，应该首先根据自身情况确定出资产的搭配投资方案，采取有效措施防范和规避风险以获取最大可能的收益和承担最小可能的风险。

三、有效规避投资风险的措施

（1）关注大环境，合理选择金融投资工具。金融投资的预期收益经常与其所处的大环境有关，所谓大环境是指金融投资工具所处国家或地区的宏观调控政策，经济环境等影响投资收益的因素。例如，在外汇金融工具的投资中，主要是指银行的实际利率，外汇国家的宏观调控措施和经济发展状况，外汇国家的金融机构的监管政策等；在银行储蓄的投资中，要关注国家的 CPI 指数等。同时，投资者在进行相应的金融投资工具的选择时，一定要注意对各种投资工具的优缺点和投资分析方法，投资技巧进行深入地了解，明确各种金融投资工具的预期收益率和风险，根据自己可以承受的风险程度和自身的资金状况，在进行投资时实行投资工具的多样化，避免因为资金的集中投资所产生的风险，有效分散金融投资的风险。

（2）有效结合成功投资者经验，通过一定的技术分析方法和数学建模的方式对投资工具进行分析，作出正确的投资决策。如在股票的投资中，可以借鉴巴菲特的"零投资理论"，在投资的过程中通过对企业的长期经济特征，企业的现金流通能力，企业管理层的品质和企业的购入价进行详细的分析，选择最熟悉的股票，并进行中长线投资。同时，可以采用查理斯·道创立的道氏理论对股票进行技术分析。该理论认为股票市场的运动可分解为主要趋势、次要变动和日常变动。采用一定的技术分析可以获取股票市场价格的短期变动和长期走势。

本章小结

1. 资本市场的交易主体。从动机看，可以分为投资者（投机者）、筹资者、套期保值者、套利者、调控和监管者五大类；从市场主体的性质，又可被分为机构或部门：政府部门、工商企业、居民个人、存款性金融机构、非存款性金融机构、中央银行。

2. 资本市场通常由股票市场、债券市场和投资基金三个子市场构成。股票是股份公司发行的股权投资凭证；债券是债务人为筹措资金而向债权人出具的一种债务凭证；投资基金是一种由代理投资机构通过发行股份和受益凭证，组成一定规模的信托财产，分散投资于各类资本证券和其他行业的投资工具。

3. 交易机制可分为三种主要类型：报价驱动机制、指令驱动机制、混合交易机制。

4. 金融投资一般具有双重性，即投资的收益性和风险性，两者相互依存，相互作用。

关键词:

股票(Stock)   普通股(Common Stock)

优先股(Preferred Stock)   政府债券(Government Bonds)

金融债券(Financial Bonds)   公司债券(Corporate Bonds)

短期债券(Short-term Bonds)   长期债券(Long-term Bonds)

投资基金(Investment Funds)   报价驱动机制(Quote-driven Mechanism)

指令驱动机制(Order-driven Mechanism)

思考题:

1. 资本市场交易主体有哪几种?

2. 什么是股票?它有哪些特点?

3. 股票交易需要进行什么样的程序?

4. 债券发行过程中涉及哪些参与主体?

5. 投资基金作为一种专为中小投资者设计的金融投资工具,与其他投资方式相比,有着不可替代的独特优势,具体体现在哪里?

6. 不同的交易机制对资本市场的影响有哪些不同?

7. 结合实际分析,如何规避投资风险?

第四章　保险市场

保险市场是金融市场的一个重要组成部分，由于保险市场具有不同于其他市场的特点，它在经济发展中发挥着独特的作用。本章主要介绍现代保险市场的基础知识，阐明保险市场机制中价值规律、供求规律和竞争规律的特殊作用。通过本章的学习，了解现代保险市场的基本框架，掌握其中所包含的基础知识，并以此为基础培养分析保险市场现实问题的能力。

第一节　保险市场概述

一、保险市场的含义及分类

（一）保险市场的含义

市场是商品交换关系的总和，是商品供求关系变化的集中体现。保险市场自然就是保险商品进行交换的场所，是各保险交易主体之间全部交换关系的总和，它由保险产品的供给方、保险产品的需求方和市场的监管方组成。

（1）供给方是保险人，是保险产品的"生产者"——保险公司。其以各种各样的风险为经营标的，向广大社会公众提供保险保障服务。

（2）需求方主要包括投保人、被保险人、受益人和保单持有人。他们用缴纳小额保险费的方式将风险转嫁给保险人，从而换取保险人的保险保障。

（3）市场的监管方是指保险监督管理部门，在我国专指中国保险监督管理委员会，而在有些国家，保险监管部门有时属于整个金融监管部门的一个组成部分，如英国。

在保险市场的交易过程中，除了供给方和需求方之外，为了促成保险交易的达成，往往还有保险中介人的介入。中介人是保险产品的供应商和服务商，主要包括保险经纪人、保险代理人和保险公估人。

（二）保险市场的分类

由于保险经济活动的空间、内容和程序的不同，保险市场依据不同的标准又可以划分成不同的类别。

（1）按照保险交易层次的不同，保险市场可以分为原保险市场和再保险市场。原保险是指保险人与投保人直接签订保险合同，直接将保险产品销售给社会公众的保险业务；再保险也称分保，是指保险人将自己所承保的部分或全部风险责任，向其他保险人进行保险的行为。再保险的基础是原保险，它是由原保险派生出来的，是"保险的保险"。再保险的产生，正是基于原保险人在经营过程中分散风险的需要。因此，原保险市场是保险业的核心，是再保险市场的源泉。当然，再保险市场也是保险市场的重要组成部分，它是原保险市场的重要支撑，二者是相辅相成的。

（2）按照保险标的不同，保险市场可以分为人身保险市场和财产保险市场。人身保险市场是以人的生命和身体健康为保险标的，故可以细分为人寿保险市场、意外伤害保险市场、年金保险市场和健康保险市场。广义的财产保险市场是指寿险市场以外的保险市场，承保的标的是各种财产和责任，提供财产损失险、责任险、信用保证险等。因此，广义的财产保险市场又可以细分为财产险市场、责任险市场和信用保证保险市场等。

（3）按照保险业务与投保人之间的关系，保险市场可以分为直接保险市场和保险中介市场。直接保险市场由直接与投保人或被保险人发生业务关系、承担风险责任的各类保险经营主体组成，包括各种类型的保险公司或其他保险组织形式，如财产保险公司、人寿保险公司、相互保险公司等。保险中介市场主要由保险代理市场、保险经纪市场和保险公估市场组成，它是联系保险公司与投保人和被保险人之间的桥梁。直接保险市场是保险市场的基础，保险中介市场是其辅助力量。但一个成熟的保险市场，保险中介市场也是不可或缺的重要组成部分，它有利于提高保险资源的配置效率，为社会提供更便捷的服务。

二、保险市场特征

（一）非即时结清市场

所谓即时结清市场是指市场交易一旦结束，供需双方立刻就能够确切知道交易结果的市场。例如，一般意义上的商品市场、货币市场、劳动力市场等，都是即时结清市场。而保险交易活动，因风险的不确定，使得交易双方都不能够确切知道交易结果，因此，不能立刻结清。保险单的签发，看似是保险交易的完成，实则是保险保障的刚刚开始，最终的交易结束结果则要看双方约定的保险事故是否发生。因此，保险市场是非即时结清市场。

（二）直接的风险市场

任何市场都存在风险，但一般的商品市场所交易的对象，其本身并不与风险发生联系；而保险企业经营对象就是风险，保险市场所交易的对象是保险商品，其使用价值是对投保人转嫁于保险人的各类风险提供保险保障，所以本身就直接与风险相关联。风险的客观存在和发展是保险市场的基础和前提。没有风险，投保人或被保险人就没有通过保险市场寻求保险保障的必要。"无风险，无保险。"所以，保险市场是一个直接的风险市场。

（三）特殊的"期货"交易市场

由于保险市场的射幸性，保险市场所成交的任何一笔交易，都是保险人对未来风险事故发生所导致经济损失进行赔付的承诺。而保险人是否履约，即是否对某一特定的对象进行赔付，却取决于保险合同约定时间内是否发生约定的保险事故以及这种保险事故造成的损失是否达到保险合同约定的赔付条件。这实际上交易的是一种特殊期货，即"灾难期货"。因此，保险市场是一种特殊的"期货"交易市场。

三、保险市场组织形式

保险市场的组织形式是指在一个国家或一个地区的保险市场上，保险人采取何种组织形式经营保险。一般经营保险业务的组织，由于财产所有制关系不同，有以下六种组织形式。

（一）国营保险组织

国营保险组织是指由国家或政府投资设立的保险经营组织。它们可以由政府机构直接经营，或者由国家规定某个团体间接经营。

在有些保险市场上，国营保险组织完全垄断了一国的所有保险业务，是一种完全垄断型国营保险组织，通常这种组织既是保险管理机关，又是经营保险业务的实体。1988年以前的中国人民保险公司就属于这一性质的国营保险组织。有些国家为了保证国家某种社会政策的实施，将某些强制性或特定保险业务专门由国营保险组织经营，这是一种政策性保险组织，如美国联邦存款保险公司就是属于这一类。另外，许多国家的国营保险组织同其他组织形式一样，可以自由经营各类保险业务，并与之展开平等竞争，这是一种商业竞争型的国营保险组织，如我国目前保险市场格局下的中国人民保险公司、中国人寿保险有限公司就属于这一性质。

（二）私营保险组织

私营保险组织是由私人投资设立的保险经营组织，多以股份有限公司的形式出现。股份有限公司是现代保险制度下最典型的一种组织形式。

（三）合营保险组织

合营保险组织是指政府和私人共同投资设立公司或本国政府、组织与外商合资经营的保险公司，即中外合资形式。目前我国已有多家这样的保险组织形式，如太平洋安泰人寿保险公司和安联大众人寿保险有限公司等。

（四）合作保险组织

合作保险组织是由社会上具有共同风险的个人或经济单位，为了获得保险保障，共同筹资设立的保险组织形式。在西方国家的保险市场上，合作保险组织分为消费合作保险组织与生产者合作保险组织。前者是由保险消费者组织起来并为其组织成员提供保险的组织，它既可采取公司形式，如相互保险公司，又可选取非公司形式，如互相保险社与保险合作社。

（五）个人保险组织

个人保险组织是以个人名义承保保险业务的一种组织形式。迄今为止，这种组织形式只有英国的"劳合社"，它是世界上最大的也是唯一一家个人保险组织。

（六）行业自保组织

行业自保组织是指某一行业或企业为本系统或者本企业提供保险保障的组织形式。欧美国家的许多大企业集团都有自己的自保险公司，我国也有属于这一性质的保险组织，如中华联合财产保险公司。

由于社会经济制度、经济管理体制和历史传统等方面差异，保险人以何种组织形式进行经营，各个国家都有特别限定。例如，美国规定的保险组织形式是股份有限公司和互相保险公司两种；日本规定的保险组织形式是股份有限公司、互相保险公司和保险互济合作社三种；英国较为特殊，除股份有限公司和互相保险社以外，还允许个人保险组织形式经营保险，即允许"劳合社"采用个人保险组织形式；中国台湾的保险组织形式有股份有限公司和保险合作社两种。根据《中华人民共和国保险法》规定，我国保险公司应当采取股份有限公司和国有独资公司两种形式。

各国实践表明，国有独资保险企业在经营中存在政企不分、缺乏激励机制、效率低下等弊端，因此，对国有独资保险企业实行股份制改制已成为这类企业占主体的国家的共识和潮流。

第二节　保险市场模式及资金运作

一、保险市场四种不同模式

根据进入市场的经营者的数目和规模、产品差别及进出市场的难易程度，市场可划分为自由竞争市场、垄断市场、垄断竞争市场和寡头市场等不同的模式。同样，保险市场模式也可参照这四种类型划分为自由竞争型、垄断型、垄断竞争型和有控制的竞争型。

（一）自由竞争型市场（完全竞争型市场）

自由竞争型市场指没有任何垄断因素与成分，竞争不受任何阻碍地在每一个竞争者之间平等进行的市场。一般来说，形成一个自由竞争市场必须具备以下条件：

（1）大量的卖者和买者。很多厂商生产相同的产品，产品的价格不受他们的经营行为和消费者的购买行为的影响，完全由市场的供求状况来决定，买者和卖者只能接受这种已形成的市场价格。

（2）资源可以自由流动，生产要素可以在各行业间不受任何限制地自由组合。厂商也可以自由地进入或退出市场，不受任何限制，每一个厂商都可以以同等的条件获得最好的市场机会。

（3）产品具有同质性，具有完全的替代性，各厂商提供给市场的产品和劳务是相同的，不存在任何差别。

（4）市场信息充分公开。无论是卖者还是买者，都具有完全的信息，对价格、成本、收益、利润等市场信息作了充分了解，可以根据市场行情作出理性的决策。

根据以上这些条件，我们可以看出：保险市场自由竞争模式是指在一个保险市场上存在数量众多的保险公司，任何公司都可以自由地进出这个市场，他们对市场信息充分了解。当然，这种完全自由竞争型的保险市场模式在当今已不具有任何现实性，因为现在没有一个国家或地区的保险市场能够满足自由竞争模式所需要的条件，所以这种模式只具有理论上的研究价值，没有任何现实性。

（二）垄断型市场（完全垄断市场）

垄断型市场是指某种商品只有唯一经营者的市场。产品价格可由这唯一的经营者来决定，不受市场供求状况的影响，没有任何竞争因素存在。

形成完全垄断市场的原因主要是：

（1）某些投资很大的商品，利润率高，经营者的效益十分显著，他们的实力非常雄厚，别的厂家不可能与之竞争，进入市场异常困难。还有一些产品，一家厂商的产量就可以满足市场需求，其他厂商的进入会造成资源的浪费。

（2）专利权。对技术的完全控制是形成垄断市场的又一因素。

（3）对特殊原材料的控制使资源不能自由转移，其他厂商不易进入市场。

完全垄断市场大多存在于公用事业、国防、能源等部门。完全垄断既可以是政府垄断，也有私人垄断。

依此类推，垄断型的保险市场是指在保险市场上只有一家保险公司，这家公司垄断所有保险业务，保险市场上不存在任何竞争。完全垄断保险市场的保险公司，既可以是国营保险公司，也可以是私营保险以司。1998 年以前，我国保险市场就是由中国人民保险公司独家经营的完全垄断型市场。目前，在阿富汗等国家仍然实行完全垄断型保险市场模式。

完全垄断模式还有两种变通形式。一种是专业型完全垄断模式，即在一个保险市场上同时存在两家或两家以上的保险公司，各公司垄断不同的业务，其相互间的业务不交叉，从而保持完全垄断模式的基本性质，如波兰、古巴、朝鲜等国，它们都设有两家保险公司，一家专营国内保险业务，一家专营涉外保险业务和再保险业务。另一种变通形式的完全垄断模式是地区型完全垄断模式，即在一国保险市场上同时存在两家或两家以上的保险公司，分别垄断不同地区的保险业务，相互间的业务也没有交叉。例如，捷克和斯洛伐克，分设捷克国家保险公司和斯洛伐克国家保险公司。

（三）垄断竞争型市场（半竞争型市场）

垄断竞争型市场是指市场上存在许多销售者，它们出售的产品都十分接近，并且是基本上可以相互代用的替代品，每个厂商对商品价格的影响是有限的。一个垄断竞争型市场必须具备以下条件：

（1）产品之间有差别。这种差别表现在质量、外观、包装、产品之间的差别造成了商标、产销条件、销售方式等方面垄断，而各种商品之间的相互替代性又产生了竞争。

（2）厂商进入或退出某一行业都比较容易。

（3）厂商的数目比较多。

（4）单个厂商对商品价格具有一定的影响力。

垄断竞争型保险市场是指在保险市场上有众多保险公司，竞争在保险市场上普遍存在，这种保险市场模式目前为大多数发达国家所采用。在这种模式下，市场上大小公司并存，少数大公司在市场上取得垄断地位。大垄断公司之间、垄断公司与非垄断公司之间、非垄断公司之间存在着激烈的同业竞争，形成"大鱼吃小鱼，小鱼吃虾米"的竞争格局。如英国，在 1983 年，保险市场上的 849 家保险公司，其中的 12 家最大的公司垄断了非寿险业务的 80％以上。

（四）有控制的竞争型市场（寡头市场）

有控制的竞争型市场是指某一商品在市场上只有为数不多的几个销售者。这种市场的特点是：

（1）厂商数目有限。原有厂商在资金、技术、规模、市场信息等方面占有优势，使得新厂商难以进入市场。

（2）厂商之间相互依存。几家大厂商势均力敌，任何一个厂商进行决策时都不得不考虑到竞争对手的反应。

（3）厂商行为不确定性。厂商的决策引起竞争对手做何反应是事先难以确定的。

有控制的竞争型保险市场就是指在一个保险市场上，只存在少数几家相互竞争的大保险公司。对于保险市场模式，即国家保险管理机关对市场规模控制得非常严格，新公司难以进入市场，结构较为稳定。采用有控制竞争型保险市场模式的国家有伊朗、日本等。

有人把一个保险市场上有且只有两家保险公司相互竞争的市场模式特别称为"双头垄断模式"。这种模式实际上是有控制的竞争型市场结构的一种特殊模式。实行双头垄断模式的国家有利比亚、匈牙利等。

二、保险市场模式的比较

（一）保险基金的运动方向不同

在完全垄断保险市场模式下，保险市场上只有一家经营者，不存在保险人之间的分保业务，保险基金的运动是上、下级公司之间的上缴与下拨，而没有横向的资金运动。而在有控制的竞争市场模式下，由于市场中存在不同的保险公司，各公司之间的横向联系加强，保险基金通过各公司间的分保业务而发生横向运动。

（二）保险费率水平不同，利润水平产生差异

在完全垄断市场中，由于缺乏竞争，垄断性极强。保险公司垄断竞争模式下，竞争机制的作用使价值规律得到实现，保险费率要受市场供求状况的影响，保险公司不能靠

人为地维持高费率而获得超额利润。从长期看，保险公司只能获得正常的利润，保险费率在市场的作用下更趋于合理。

（三）竞争的程度不同

在完全垄断模式下根本无竞争可言。在有控制的竞争模式下，竞争机制开始发挥作用，但由于公司间共同利益的存在以及公司的数目有限，它们之间在行动上还易于协调，行业的自我控制能力较强。尤其是在双头垄断模式下，仅有的两家保险公司更易达成协议，削弱竞争激烈程度，避免"两败俱伤"。在半竞争模式，竞争的激烈程度进一步加强，由于从业者的增加，行业自我协调和控制的难度增加了。在完全竞争模式下，竞争已不受任何限制，更为激烈。

（四）对市场反映的灵敏度不同

在完全垄断模式下，保险市场上没有竞争，投保人不能自由选择保险人，只能向仅有的一家保险人购买保险。因此，保险人的业务量是有保障的，对于改进和增加险种、提高服务质量没有紧迫感，这就导致保险公司对市场变化不敏感，反应迟钝。相反，在非完全竞争模式——垄断模式、半竞争模式和有控制的竞争模式下，市场基本饱和之时，业务量的增长则主要靠开辟新险种。因此，随着竞争程度的加强，保险人提供的险种数目会增加，服务质量成为竞争取胜的主要立足点。保险人对市场变化较敏感，会迅速根据市场变化改变经营决策，不断开拓新险种，改善旧险种。

（五）保险业管理的工作量不同

在市场经济条件下，政府对保险业管理的主要内容有：核定资本、审批开业、检查偿付能力和准备金的提留，实行财务监督、投资监督等。一般来说，对保险业管理的工作量必然随保险公司数目的增加而增大。所以在完全垄断模式下，对保险业的管理并不需要太大的工作量，管理起来较为容易。在有控制的竞争模式下，由于保险公司的数目增加，保险管理的工作量必然增加，管理难度加大。在半竞争模式下，保险业管理工作最繁重，难度也最大。

三、保险资金运用于资本市场的方式

随着我国保险资金运用于资本市场的渠道的放宽，保险资金参与资本市场运作，多元化资产配置的框架已经初步形成。目前，我国保险资金运用于资本市场的渠道可以分为：国债、金融债、企业债、基金与股票。

（一）保险资金投资股票与债券策略

保险资金投资股票与债券的方式分为两种：一种是作为一般的机构投资者，直接在二级市场上进行股票、债券买卖；另一种是作为战略投资者，认购新发行股票或者债券。

1. 在二级市场直接投资

这种方式是目前发达国家和地区所普遍采用的方法，具体由保险公司的资产运用和管理部门对保险资金进行运作，将其中一部分资金投资于股票和债券。许多国家和地区还允许保险公司以机构投资者的身份接受其他机构和中小投资者的委托，进行委托资产管理，从事证券投资。

2. 作为战略投资者进行直接投资

新股收益在我国国内股市属于低风险收益，因为我国独特的非全流通现象，使得流通股的价格较高，新股的价格必然低于同类股票的二级市场价格，因此新股上市后一般会出现较大幅度的上涨。历史数据表明，投资一级市场一般可获得可观的收益。保险资金具有安全性要求较高、资金规模大的特点，一级市场是其理想的投资渠道。

（二）保险资金投资基金策略

近年来，保险公司的投资基金占总资产的比例在不断放宽，甚至一些保险公司投资型保险产品的投资基金比例已放宽至100%。基金的优势在于避免风险过度集中于某一行业或特定公司，可以充分地分散化投资，这对于一些中小规模的保险公司具有一定的吸引力。在我国保险资金运用的特定时期，对保险资金间接进入股票市场起到了重要作用。随着保险资金直接入市的放宽，一些具有较强投资管理能力的保险公司，将会逐步调整投资基金的比例，逐渐扩大对证券投资基金和股票的投资。

由于证券投资基金具有投资方式组合性、经营管理专业性、投资工具流动性和经济效益稳定性的基本特征，保险公司通过在一、二级市场上投资证券投资基金可以有效地减少由于缺乏投资人才和投资经验所带来的风险。

（三）其他投资方式

1. 资金拆借

根据1999年中国人民银行颁布的《关于批准保险公司在全国银行间同业市场办理债券回购业务的通知》通知规定，作为全国银行间同业拆借市场的成员，保险公司可与其他成员进行债券回购交易，交易券种包括中国人民银行批准的国债、政策性银行金融债券、商业银行债券等债券。保险公司在运作过程中，首先要选择好拆借对象，除保险公司以外，同业拆借市场主体还有银行、信托公司和证券公司等，从资金进入股市的角度来讲，保险公司宜加强与信托公司和证券公司的拆借。在选择对象时，应严格把关信托公司和证券公司的经营业绩和资金实力，以降低风险。应该看到，虽然我国有资金拆借这方面的规定，但是保险公司在实际运作中没有付诸实践，但不排除以后有运用的可能。

2. 设立证券投资基金

由保险公司发起设立证券投资基金，并由保险公司自己成立的基金管理公司来进行基金管理和运行是国外一种普遍的做法。目前，我国还没有这方面的实践，但其优点不容忽视，主要体现在：通过组建证券投资基金，既能保证资金的安全性又可提高资金的收益水平。基金运行过程透明度高，运行机制和组织机构、法律框架都已比较规范，权力约束机制科学规范，能较好地保证保险资金的安全性。同时基金管理公司具有科学的投资决策机制和程序，专业证券投资机构的信息、知识、技术和人才优势，这些都为正确的投资决策提供了保证，而且还可以享受国家支持基金的发展的多种优惠政策，进一步为提高保险资金的收益水平奠定了基础。所以，未来我国保险资金运用可以考虑这种方式。

四、保险资金运用方式的比较

从资金运用的安全性角度来讲，资金拆借由于采取了抵押的方式，增加了资金偿还的安全性，证券投资基金风险完全取决于基金管理公司的资产运作情况，可控性较差，选择优秀的基金公司尤为重要；从流动性的角度来讲，利用拆借市场投资，由于拆借一般期限较短，又有抵押，不存在到期无法支付的问题，因此流动性较好，通过基金入市的流动性也很好；再从资金运用的收益性角度分析，相对于购买基金而言，拆借市场的收益率较低。根据保险资金运用的安全性、流动性、收益性，对各种资金运用方式对于保险公司的影响进行比较分析，结果如表4-1所示。

表4-1　保险资金三种运用方式的比较

入市方式	具体方式	安全性	流动性	收益性	对保险公司的正面影响
直接入市	直接投资股票债券	最差	最佳	一般	最差
	认购新股或债券	较好	较差	最佳	最佳
间接入市	资金拆借	最佳	较好	较差	最佳
	通过基金入市	一般	较好	一般	较差
设立保险基金（国外）	开放式基金	较好	较好	较好	较好
	封闭式基金	一般	一般	较好	较好

可见，保险资金直接入市、间接入市与设立保险基金这三种方式各有利弊，保险公司应该根据其自身特点，选择一种或多种投资方式。

（一）保险资金通过基金间接入市的局限性

我国保险资金进入资本市场运作的时间还不长，当前我国保险资金与资本市场连接的方式主要还是通过购买基金间接入市。保险资金通过证券投资基金间接进入资本市场的方式，理论上讲具有一定的合理性，证券投资基金管理公司作为专门从事资本市场投资的机构，进行多元化投资，采用有效的投资组合来降低风险，一般而言其收益不会因单个企业经营状况的好坏和单个股票供求状况的变化而受到较大影响，在安全性上有一定保障。

但是，这种方式也存在一定的局限性，表现在：

1. 证券投资基金的规模局限

目前我国资本市场上投资基金数目少，规模也比较小，能容纳的资金有限。截止到2006年12月31日我国资本市场上有开放式基金116只，封闭式基金51只，总规模大约为850亿元。而2006年年底我国保险公司可运用资金余额在17000亿元以上，证券投资基金的规模远远小于保险业的可用资金。

2. 证券投资基金模式的局限

证券投资基金按照管理方式不同，可以将其分成封闭式和开放式两种。对追求平稳收益的保险资金而言，开放式基金是比较合适的方式。虽然近两年我国连续发行了多只开放式基金，但是当前我国的证券投资基金还是以封闭式基金为主。封闭式基金的基金单位不能及时被追加或者赎回，基金的投资人和管理人之间的约束机制和激励机制不对称，也不完备。

3. 证券投资基金投资渠道狭窄，收益不确定

证券投资基金同样会面临系统性风险和非系统性风险，尤其是在我国，投资基金大部分投资于股票和国债，特别是股票，使得投资面临巨大的市场风险。在股票市场整体波动的情况下，即使最稳健的股票也难免遭受损失。由于缺乏专业人员，投资基金的管理风险和投资失误风险也不容忽视。尽管现有的投资基金有成长型、价值型、稳健型、优化型等类型划分，但从运行的结果来看几乎都是成长型，投资风格存在着很强的趋同性，无法满足保险投资多样化的需求。这些投资风险可能成为保险公司整体经营发展的阻碍因素，会加大经营管理成本。如果在投资中不能很好地处理风险，就会严重影响保险公司正常经营，甚至出现危机。总之，保险资金通过购买基金间接入市这一方式所依托的外部委托投资模式，既不符合效益性原则，也不符合安全性原则。保险资金间接入市为外部的专业投资公司进行"黑箱"操作提供了机会，从而造成保险公司的资金损失。保险公司间接入市要求有相当的委托投资规模，并且要支付一定的管理费用，加大保险公司的经营成本。在基金市场尚未成熟、基金公司管理较差的情况下，保险资金间接入市可能导致其他行业的风险转嫁给保险公司。

（二）保险资金直接入市

1. 保险资金直接入市的作用分析

随着资本市场的发展和保险资金运用渠道的放宽，保险公司的资金运用越来越重视直接入市，保险资金直接入市具有如下的作用：

（1）保险资金直接入市能拓宽保险资金运用渠道，构建合理的保险投资结构，优化资产配置，分散投资风险，逐步培养和形成保险资金运用新的投资能力，提高保险业的盈利能力和偿付能力。

（2）保险资金直接入市为保险公司的产品创新扩展了空间，有利于新险种在保证收入来源和资金运用结构上的进一步匹配，从而提高产品竞争力，更好地与外资保险公司竞争。近年来保险业尤其是人寿保险业进行了积极的产品创新，推出了兼具保险保障功能和投资理财功能的分红保险产品、万能保险产品和投资连接保险等产品。随着投资渠道的放宽，这些产品对于证券投资基金可以实现100%的投资。同时这些产品运用于股市，参与股市运作，可以提高投资收益率，使得产品能很好地实现其设计的功能。

（3）作为一个重要的机构投资者，保险资金直接入市将改善投资者结构，提升价值投资理念，同时完善资本市场的公司治理，证券市场长期稳定发展的基石也将更加坚固。

（4）可以为资本市场的发展提供长期的、稳定的资金支持，实现保险市场与货币市

场、资本市场的有机结合与协调发展，不仅有利于金融资源优化配置，提高金融市场运行效率，而且有利于维护经济运行和金融市场的健康稳定，防范和化解系统风险。

2. 为保险公司提供了投资主导型产品设计的激励

从实际情况来看，我国保险公司确实存在投资管理落后于产品的设计，投资能力较差，资产负债组合不相匹配的不足。同时，保险产品的设计基本以投保人市场为导向，没有充分体现出资产管理的思想。

保险资金直接入市后追求收益的特点，决定了其应采取负债主导与资产主导相结合的方式来设计产品，即保险公司在建立资产负债管理体系时应该不断加强对投资组合的管理，同时在产品设计中，将投资收益率水平作为产品定价的重要参数，尽可能回避或减少资产负债不匹配的可能性。在这种模式下，保险公司根据自身的情况在两者之间平衡，对于投资能力相对较强或业务增长速度较快的公司，则可以注重投资主导的产品开发；而对于投资能力相对较差的公司，则应更注重资产负债的匹配。在资本市场和金融衍生工具逐渐成熟、保险公司的投资渠道逐渐增多、投资管理能力不断提高的情况下，保险公司的资产负债管理模式可以逐步过渡为投资主导的资产负债管理模式，保证保险资金运用的"收益性"和"流动性"。

第三节　保险市场营销

一、保险市场营销的概念及功能

（一）保险市场营销的概念

保险市场营销是在变化的保险市场环境中，以保险为商品，以市场为中心，为了满足被保险人风险保障需要、实现保险企业的经营目标和为社会安定谋福利而进行的保险商务活动的全过程。从整体来看，保险市场营销活动由三个阶段组成，即分析保险市场机会、研究和选择目标市场、制定营销策略。

保险市场营销是以保险市场为起点和终点的活动，它的对象是目标市场的准保户。保险市场营销的目标不仅是为了推销保险商品获得利润，而且还是为了提高保险企业在市场上的地位或占有率，在社会上树立良好的信誉。

保险市场营销研究的内容可包括保险市场营销的管理、保险市场营销环境的分析、保险市场营销目标的选择和保险市场营销策略的制定等。

（二）保险市场营销的功能

保险市场营销的作用是指其所产生的客观效果；保险市场营销的功能则强调保险营销机制本身所具有的效能。保险市场营销的功能包括：

1. 导向功能

保险市场营销对保险企业经营方向具有"导向功能"。所谓导向功能，是指保险企业通过对保险市场进行认真调查研究后，会充分掌握客户对保险需求的意向、市场的供求态势、各家竞争对手的情况和所形成的竞争态势等。这样就能为保险企业决策人员制定战略决策、安排工作计划以及适时开发适销对路的新产品等，提供可靠的依据。并且，在错综复杂的市场中为本企业的经营方向，起到导向的作用。

2. 便利功能

便利功能是指保险市场营销能给保险交易双方带来交易上的方便和利益。它一方面使保险人能准确地了解客户的需求情况，从而开发出适销对路的产品；另一方面使投保人能通过保险中介人、广告等渠道对各家保险公司的资信情况及其保险商品的功能特点等进行比较与鉴别，顺利地作出正确的投保决策。

3. 交换功能

投保人与保险人是买卖交换的关系。保险营销的交换功能是指它所具有的使投保人与保险人买卖交换顺利实现的功能。投保人与保险人的交换，是权利、义务的等价有偿的平等交换。投保人要从保险公司购买保险商品，使自己获得保险保障的权利，就必须履行向保险公司缴纳保险费的义务；保险公司从投保人处收取了保险费，就要向被保险人承担保险事故发生时履行保险金的赔偿或给付的义务。双方的交换涉及保险商品的价格，因此费率的科学厘定就成了交换功能的题中应有之义。

二、保险市场营销环境

（一）市场营销环境

保险市场营销环境是指与保险企业有潜在关系，能够影响到保险企业的发展和维持与目标市场所涉及的一切外界因素和力量的总和。保险与国民经济紧密相连。一方面，保险能稳定社会再生产，安定人民生活，促进技术进步；另一方面，国民经济对保险业具有决定作用，即国民经济的发展水平和速度决定着保险业的发展水平与速度。同时，保险公司作为一个经济实体，并非生存于真空中，其营销行为既受到自身条件的制约，又受到外部环境的限制。它既是宏观经济环境的一部分，又深受宏观环境的影响。保险公司必须认识环境，积极参与环境变化，并做出相应的对策和反应。一句话，即是要能动地适应环境。

（二）保险公司的微观环境

1. 保险中介人的影响力

保险中介，即保险代理人、保险经纪人和保险公估人与保险企业构成协作关系：保险企业提供保险商品，为投保人提供服务所必备的各种设备等；保险中介人则向社会提供保险咨询、推销保险单等多种服务，这对保险企业服务目标顾客能力的最终形成具有重大影响。

2. 保险购买者的影响力

投保人是保险市场营销中最重要、最关键的营销因素。投保人作为保险企业的服务对象，是保险企业经营活动的出发点，又是经营活动的落脚点。保险企业的一切营销活动都以投保人为中心，以满足投保人的需求为核心。

3. 竞争对手的影响力

有竞争才有发展，在竞争中求生存、求发展，这是保险企业发展的必然规律。任何一家保险企业要想在竞争中立于不败之地，就必须研究竞争对手，把竞争对手的策略同自己的策略进行详细对比，做到知己知彼，从而去开发新的优于竞争对手的险种或对原来的策略进行完善和改进，以维持原有投保人，吸引新的投保人。

4. 社会公众的影响力

保险企业应力求给公众树立良好的形象，努力塑造并保持良好的信誉和公众形象，这是保险企业适应和改善环境的一个重要方面。

(三) 保险公司宏观环境

1. 人口环境

(1) 人口总量。人口总量是决定保险容量的一个重要因素。通过分析一个国家或地区的人口总量以及国民收入水平，或者调查一个国家或地区的人口总量和居民可支配的实际货币量，就可以大致了解到保险市场容量的大小以及有效需求的大小，以不断发掘新的市场潜力。

(2) 人口结构。人口结构是指人口的年龄结构，它和人口出生率的升降以及老龄化的发展程度有密切的联系。年龄差别的存在必然导致不同的需求的产生，形成各具特色的市场。

(3) 人口地域分布。分布在不同地域的人口面临不同的风险，因此其保险需求也不同，对险种的选择也不同。保险市场营销需要根据各种不同的需求，推出具有特色的保险险种，以适应各个不同的市场。

(4) 人口的流动性。人口的流动在一定程度上改变了原有的市场，有可能导致保险市场的扩大，有些也可能导致保险市场的萎缩。这是保险市场营销所不能忽视的。

2. 经济环境

(1) 社会制度环境。在资本主义生产资料私人占有的情况下，整个社会经济的盲目性较大，企业经营目的就是获得高额的经济利润。因此，作为保险业，其经营的目标以及方式是完全从自身考虑出发的。社会主义条件下的保险企业，生产资料公有制决定了其利益是同国家和人民群众紧密联系的。

(2) 经济发展水平。保险是经济发展的产物，其随着商品经济的发展而不断发展。不同的经济发展水平造成了不同的市场营销环境。

(3) 收入水平。收入水平也是保险市场营销环境的一个基本因素。保险交易活动的实现，不仅取决于市场对保险的自然需求，更主要取决市场对保险的有效需求。因此，研究收入水平就成为必然。

3. 社会文化环境

每个人都生活在一定的社会文化环境中，因此，每个人都要受到其影响和制约。一般来讲，社会文化环境包括的因素有：全社会文化教育水平、宗教信仰、传统习俗、价值观念、生活方式等，其中全社会文化教育水平是影响保险市场营销的重要因素。

4. 科学技术环境

技术是一把双刃剑。它既可以使我们的生活更加舒适，更加方便，又增加了我们生活中的风险。对保险市场营销而言，技术一方面使保险公司能利用计算机强有力地支持分析预测风险发生的概率，计算出更为合理的保费，设计出更为复杂的保险产品。同时，技术的发展使保险公司防灾防损能力增强，保险服务简洁、方便，营销方式发生变化。另一方面，技术的变化如新工艺、新材料的应用，新的医疗技术的发明等，会使风险性质发生变化。

5. 政治法律环境

一个国家的方针、政策、法定、法规的制定及其调整变化会影响保险企业的营销活动。保险企业作为社会经济的一个团体，其营销活动必然受到政治方向、法律环境的影响和制约。各种保险营销活动必然遵守国家的方针政策、法定法规，并以其为营销活动的准绳，不得背离。保险专业的营销目标和策略，要随着国家某项政策或法令的调整而进行相应的调整。

三、保险市场营销策略

(一) 目标市场策略

目标市场策略是指选择适当的保险消费者作为保险企业的目标市场。所谓目标市场是指经过保险企业细分后所要服务的一群保险消费者。

1. 选择目标市场的步骤

选择目标市场包括三个步骤：

(1) 细分市场。按照消费者对险种和营销组合的不同需求，将市场划分为不同的消费群体。

(2) 选择目标市场。制定衡量细分市场的标准，选择一个或几个要进入的细分市场。

(3) 确定营销险种及营销组合策略。即确定保险企业向每个目标市场提供的险种和营销组合策略，以保证本企业在市场上的竞争地位。

2. 选择目标市场的依据

(1) 目标市场的规模与潜力。潜在的目标市场必须具有适度的规模和潜力。因为只有具有一定的购买力，目标市场才有实际意义；有了足够的营业额，目标市场才具有开发的价值。此外，保险企业在选择目标市场时，还要考虑是否有尚未满足的需求和尚未充分发展的潜力。

(2) 目标市场的吸引力。目标市场的吸引力受以下五种因素的影响：同行业竞争者的影响；潜在的新竞争者的影响；替代产品的影响；购买者议价能力的影响；供应商议价能力的影响。

（3）保险企业的目标和资源。某一细分市场要想具有较大的吸引力，就必须符合保险企业的长远目标，充分挖掘可用资源，并保证资源的合理有效地利用。

3. 目标市场策略的选择

（1）无差异性市场策略。也称作整体市场策略。这种策略是保险公司把整体市场看做是一个目标市场，只注意保险消费者对保险需求的同一性，而不考虑他们对保险需求的差异性，以同一种保险条款，同一标准的保险费率和同一营销方式向所有的保险消费者推销同一种保险。

无差异性市场策略适用于那些差异性小、需求范围广、适用性强的保险险种的推销。这种策略的优点是：减少保险险种设计、印刷、宣传广告等费用，降低成本；能形成规模经营，使风险损失率更接近平均的损失率。缺点是：忽视保险消费者的差异性，难以满足保险需求的多样化，不适应市场竞争的需要。

（2）差异性市场策略。差异性市场策略是指保险企业选择了目标市场后，针对每个目标市场分别设计不同的险种和营销方案，去满足不同保险消费者的保险需求的策略。

差异性市场策略的优点是：使保险市场营销策略的针对性更强，有利于保险企业不断开拓新的保险商品和使用新的保险市场营销策略；适用于新的保险企业或规模较小的保险企业。缺点是：提高了营销成本，增加了险种设计和管理核算等费用。

（3）集中性市场策略。亦称密集性市场策略。保险企业选择一个或几个细分市场为目标市场，制定一套营销方案，集中力量争取在这些细分市场上占有大量份额，而不是在整个市场上占有小量份额。

集中性市场策略的优点是：能够集中力量，迅速占领市场，提高保险商品知名度和市场占有率，使保险企业集中有限的精力去获得较高的收益；可深入了解特定的细分市场，实行专业化经营，适用于资源有限、实力不强的小型企业。缺点是：如果目标市场集中，经营的保险险种较少，经营风险较大，一旦市场上保险需求发生变化，或者有强大的竞争对手介入，就会使保险企业陷于困境。

（二）营销组合策略

1. 险种策略

（1）险种开发策略。新险种开发的程序包括构思的形成、构思的筛选、市场分析、试销过程和商品化。

（2）险种组合策略。

1）扩大险种组合策略。扩大险种组合策略有三条途径：一是增加险种组合的广度，即增加新的险种系列；二是加深险种组合的深度，即增加险种系列的数量，使险种系列化和综合化；三是险种广度、深度并举。

2）缩减险种组合策略。

3）关联性小的险种组合策略。

（3）险种生命周期策略。

1）投入期的营销策略。险种投入期是指险种投放保险市场的初期阶段，其特点是：

第一，由于对承保风险缺乏了解，所积累的风险资料极为有限，保险费率不尽合理；第二，由于承保的保险标的数量极为有限，风险分散程度较低；第三，由于保险费收入低而投入的成本较高，保险企业利润很少，甚至会出现亏损。

因此，保险企业通常采用的营销手段有：快速掠取策略；缓慢掠取策略；迅速渗透策略；缓慢渗透策略。

2）成长期的营销策略。险种成长期是指险种销售量迅速增长的阶段，其特点是保险企业已掌握风险的出险规律，险种条款更为完善、保险费率更加合理，保险需求日益扩大，风险能够大量转移，承保成本不断下降，等等。

因此，保险企业应采取营销策略包括不断完善保险商品的内涵，广泛开拓营销渠道，适时调整保险费率，确保售后服务的质量，以尽可能地保持该险种在保险市场上长久的增长率。

3）成熟期的营销策略。险种成熟期是指险种销售量的最高阶段，其特点是险种的利润达到最高峰，销售额的增长速度开始下降，市场呈饱和状态，潜在的消费者减少，更完善的替代险种开始出现。

因此，保险企业应采取的营销策略有：开发新的保险市场；改进险种；争夺客户。

4）衰退期的营销策略。险种衰退期是指险种已不适应保险市场需求，销售量大幅度萎缩的阶段。这一阶段的特点是，保险供给能力大而销售量迅速下降，保险企业的利润也随之下滑，保险消费者的需求发生了转移，等等。

因此，保险企业要采取稳妥的营销策略，有计划地、逐步地限制推销该险种。此外，还应有预见性地、有计划地开发新险种，将那些寻求替代险种的消费者再一次吸引过来，使险种衰退期尽量缩短。

2. 费率策略

（1）低价策略。它是指以低于原价格水平而确定保险费率的策略。实行这种定价策略的目的是迅速占领保险市场或打开新险种的销路，更多地吸引保险资金。但是，保险企业要注意严格控制低价策略使用的范围。

（2）高价策略。它是指以高于原价格水平而确定保险费率的策略。保险企业可以通过实行高价策略获得高额利润，有利于提高自身的经济效益，同时也可以利用高价策略拒绝承保高风险项目，有利于自身经营的稳定。但是，保险企业要谨慎使用高价策略。

（3）优惠价策略。它是指保险企业在现有价格的基础上，根据营销需要给投保人以折扣费率的策略。主要有以下几种：统保优惠；续保优惠；趸交保费优惠；安全防范优惠；免交或减付保险费。

（4）差异价策略。地理差异价是指保险人对位于不同地区相同的保险标的应采取不同的保险费率。险种差异价是指各个险种的费率标准和计算方法都有一定的差异。

竞争策略差异的主要做法包括：第一，与竞争对手同时调整费率，以确保本企业在保险市场占有的份额；第二，在竞争对手调整费率时，保持原费率不变，以维护本企业的声誉和形象；第三，采取跟随策略，即在已知竞争对手调整费率时，先不急于调整本公司的费率，待竞争对手的费率对市场销售产生较大影响时，才跟随竞争对手调整相关费率。

第四节　保险经营风险及防范

一、保险经营风险的含义及特征

(一) 保险经营风险的含义

保险经营风险是指保险经营过程中所有预期直接与实际结果发生偏差而出现异常损失的风险。保险经营风险直接来源于保险公司的经济活动和经营决策制定的全过程，与此同时，间接来源于保险市场和资本市场的风险以及社会环境的变化。因此，保险经营风险既包含经营活动和管理过程的风险，又有经济因素、政治因素和随机因素导致的风险。

(二) 保险经营风险的特征

保险公司是集散风险的中介，它通过收取保险费，分散风险的同时把客户的风险集中在自己的身上，当风险事故发生时，履行赔付义务或给付义务。保险公司这一特有的运行机制决定了其经营风险有如下特征：

1. 射幸性

保险的风险是一种不确定的风险，这种风险的发生在时空上和损害程度上都是不确定的。因此，就单个保险合同而言，有时保险公司收取了保险费用而用不着赔偿（履行终止的寿险合同除外），有时则要上百倍、上千倍地进行赔付。保险合同的这种射幸性既给保险公司创造了盈利机会，又给保险公司经营带来了极大的风险。

2. 非控性

保险标的是风险作用的对象，而保险标的又是在投保人和被保险人控制之中，保险人所要承担的风险责任基本上都是外在的风险，诸如自然灾害、道德风险、意外事故、伤病死亡等，这些风险都不是保险公司所能控制的。保险公司的防险防灾固然重要，但只能对保险标的的安全起外在的警示或监督作用，推动投保人或被保险人加强风险管理。而且，有些风险具有不可抗力，如自然资源、突发性疫病等，都是不可控的。

3. 突发性

保险事故的发生都是意外和偶然的，因此都是具有突发性。有些巨灾风险积累到一定程度，其出险已是不可避免。其事前也是难以预料的，对保险事故来说也是意外的。突发的保险事故，损失严重者，往往要求保险公司持有的资产必须具有充分的流动性。

4. 联动性

由于保险公司的保险业务和融资业务具有相互渗透、互动发展的关系，因此保险公司的投资风险与承保风险也就具有了一定的联动关系。例如，一方面，保险公司为了获取可供投资的资金来源，不惜降低费率以增加保费收入；另一方面，抵补承保利润的损失或承保业务的亏损，追寻高收益投资，从而增加了融资的风险倾向，而融资风险倾向的强化则可能对保险基金的安全性和流动性造成威胁甚至伤及保险公司的偿付能力。

二、保险经营风险的类型

保险经营过程和管理决策中的纯粹风险，所表现出来的主要形态有：承保风险、费率厘定及其运用风险、自留与分包风险、资金运作风险以及巨灾风险等。任何一个保险公司的硬件活动，无论规模大小，资本充足程度怎么样，总会面临如此的风险。只会因不同时期、不同地域、不同资本量等因素，其经营风险所体现的强弱程度，相对程度以及损失幅度大小存在差异而已。

保险经营风险从直观上来看似乎单指保险公司承保业务的风险，但是，由于保险公司承保业务的风险与融资业务风险具有相互渗透的联动关系，而且保险公司在费率开价时往往渗有对投资收益预期的因素，即所谓的保险与金融的相互渗透，因此，保险经营的风险也就包括了保险公司的投资风险。

（一）承保风险

1. 财务风险

财务风险是指保险公司因偿付能力不足或流动性不足所导致的支付危机。偿付能力不足的原因主要与以下几个方面有关：承保金额超过公司的承保能力；市场价格竞争导致赔付率上升；通货膨胀对资本金和总准备金的腐蚀；投资亏损或坏账。

2. 逆选择

保险合同是平等互利、等价有偿的经济合同。经济合同是在要约承诺双方合意的基础上签订成立的，一般情况下，双方选择的机会是均等的。但是，保险合同却存在着投保人做出对保险人不利的逆选择现象。形成原因在于保险合同双方当事人掌握承保标的风险信息的不对称。

3. 道德风险

道德风险的表现形式有以下三种：①制造保险事故。故意引发保险事故，以便向保险公司诈取保险金。②捏造保险事故。保险事故并未发生，却佯装现实中已经发生，以诈取保险金。③恶意利用保险事故。恶意利用已经发生的保险事故或冒用保险事故，以诈取保险金。

4. 竞争风险

保险业同业竞争几乎可以说是无差异竞争，因此，价格竞争成为最有效的手段，也是最残忍的手段。主要有以下四个方面：①在同等承保责任条件下降低费率或提高返还率。②在同等费率条件下扩大承保责任范围或提高保险额。③放宽承保条件，疏于对保险标的的选择。④提高代理回扣或中介佣金以揽保。价格竞争的结果必然是提高保险公司的业务费用和赔付率，甚至造成承保业务的亏损，从而强化了保险经营风险。

（二）投资风险

1. 系统性风险

系统性风险又称不可分散风险，是指由于某些因素对证券市场上所有证券都带来损失的风险，一般与一国的总体经济状况、政策变化、法规制定密切相关，无法通过分散化进行规避。

（1）市场风险。市场风险是指由于证券交易通常不按面值买卖，而以市场价格来交易，因此市价的波动会给投资者带来投资收益的变化。证券市场价格波动是难以预料的，尤其是股票价格变化莫测，因此保险入市的市场风险较大。

（2）利率风险。利率风险是保险公司特别是寿险公司资金运用中存在的主要风险。当利率上升时，一方面保险公司的固定利息债券价值下跌，长期资产大幅缩水；另一方面行业间替代效应导致保险业务量萎缩，可运用资金减少，而退保与保单贷款业务增长，现金流出加快，保险公司甚至不得不折价销售部分资产，使财务稳定性和盈利能力受到影响。当利率下降时，虽然部分固定利息资产价值上升，但大量保单所有人会通过各种保单选择权增加资金流入，保险公司不得不购入价格较高的资产，再加上到期资产和新增业务资金，保险公司面临较大的再投资压力；与此同时，原有保险产品的预定利率如果过高，还有可能造成巨额的利差损失。

（3）通货膨胀风险。通货膨胀风险也称购买力风险，主要体现于价格总水平变动而引起的金融资产总购买力变动的可能性。通货膨胀风险对债券等固定收益类投资的影响程度最为明显。具体而言，由于通货膨胀一般很少在短期内发生急剧变化，因此短期投资所面临的贬值风险低于长期投资；具有浮动利率的中长期债券由于加入了通货膨胀补偿，则降低了由通货膨胀而引起的贬值风险。由于不同商品价格变动受通货膨胀的影响程度不同，购买力风险对不同股票的影响也会有差别。在某些行业，当通货膨胀严重时，上市公司的盈利可能会随其产品价格的上涨而增加，并带动股份上涨，这有可能提高股票投资收益。

（4）政治风险。政治风险是一般性社会环境变动对投资活动带来的直接或间接风险。如战争、政变及其他政治动荡的影响，以及社会风俗变动、社会消费观念变化、社会不安定因素带来的影响。这类风险因素对投资活动的影响范围广泛，影响效果复杂并具有长期性。

2. 非系统性风险

非系统性风险又称可分散风险，是指因某些因素对单个股票造成损失的风险，一般与股票所代表的公司所处的行业状况和公司的经营状况、财务状况相联系，可以通过分散化的投资方式进行规避。

（1）经营决策风险。经营决策风险即保险公司在投资运用中因投资决策失误、经营不善、经营水平差、成本高等原因而产生的内生性风险。产生决策风险的具体情况包括：经营策略不当，面对超过风险承受能力的风险水平，投资业务过于集中于某一品种或市场，形成风险单一化；重大项目决策失误，可能造成巨额损失；决策层在经营思想上存在偏差，违规进行投资运用；对宏观经济走势预测失误，导致业务结构等的错误调整等。

（2）操作风险。在投资业务中，操作风险一般是由于规章制度存在漏洞或工作流程中有脱节，使得业务部门操作不当，如投资部门越权经营、超风险限额投资、违章调度使用资金，业务部门虚报信息等，都会诱发投资业务中的操作风险。因此防范、控制这类风险的主要措施在于加强并完善制度建设。管理风险的内生性质，决定了保险公司能够对其进行有效约束，因此，应把防范、控制管理过程中的风险作为风险体制工作的基础。在实际中，建立包含自上而下的风险控制、监督与自下而上的风险咨询、反馈的多层次双向管理模式，强化对决策系统、执行系统和考核监控系统的风险控制，有效地规避和化解管理风险。

（3）流动性风险。流动性风险是保险公司因资产与负债的流动性不一致，从而遭受损失的可能性。保险公司为了满足最低限度的赔偿和给付及财务稳定的需要，资产必须保证最低的变现力，否则将会导致流动性负债超过流动性资产，产生流动性不足。当现金不够支付时就产生了流动性风险，这时就要以低价变卖一部分资产，如未到期债券或到市场上临时筹集高成本的资金以应付给付之需，从而给企业的稳定经营产生严重影响。流动性风险大小主要取决于二级市场的发育程度和投资工具的流动性。

（4）信用风险。信用风险是合同签约者不能按事先约定履行其责任及义务的可能性。在投资活动方面，如果保险公司持有债券的发行人经营状况恶化，信用评级降低，则公司持有的相应资产价值将大幅下降；如果保险公司购买的债券不能按期收回本金和利息，将引起一系列不利于其财务状况的恶性反应，非常严重时将导致保险公司的偿付能力受到极大的影响，甚至会造成保险公司的破产。

三、保险经营风险的防范

保险经营以大数法则为数理基础。有效保额越均匀，有效合同件数越多，保险经营的数理基础越稳定，有利于保险公司发挥损失预估和分散功能，实现保险经纪补偿或给付。但是，解约或退保，乃投保人的一项权利。解约太多，将动摇经营数理基础，业务经营的稳定就难以保证。所以，解约风险及其防范是保险经营风险机制的必要部分。此外，理赔是保险经营环节的终点，也是保险经营风险新一轮的起点。理赔质量的好坏，关系到保险经营信誉和保险有效合同率的维持。防止和减少保险理赔中的乱赔、错赔、误赔等，加强理赔风险管理也是经营中的重要环节。

（一）解约风险及其防范

1. 解约风险的原因

投保人解约的原因因人而异，但就我国保险解约状况来看，主要有以下五个主要原因：

（1）通货膨胀，物价上涨，货币贬值，造成受益人实际保障率降低。投保人对未来经济不稳定、通胀状况的担忧，使其退保而进行超前消费，购买保值商品或转入银行储蓄或成为手中持有的现金。

（2）银行存款方式的多样化，存款利率偏高，使投保人感到不划算。并且储蓄是中国人民长期养成的习惯。

（3）金融市场的不健全和发展不完善，投保人投资机会增加。除了传统储蓄，还可以参加集资、购买国债、投资股票等，当投保人觉得其他的投资方式比保险更有利的时候，就可能解约。

（4）投保人的侥幸心理和其他的不正常心理。身体健康的被保险人，在保费需要投保人继续支付的情况下，投保人极易产生侥幸心理，认为保险事故不会发生而退保，还有的投保人意志不坚定，易受他人影响而退保。

（5）投保人对保险认识不足，意识不够。我国保险虽然已发展十多年，但人们对保险认识仍较片面，保险意识不强，致使投保不是很踊跃。

2. 防范措施

（1）抑制通货膨胀对保险业的冲击和影响。大力地发展新型险种，加强资金运作和管理，增设和完善现有的保单条款，力争逐步解决受益人保障不随着通胀而受到影响或减少影响。目前，克服通胀对保额的影响，可逐步实行由预定死亡率、预定利率和预定费用率与实际死亡率、利率和费用率之差产生的"保单红利"对保险人的返还。进一步发展指数型调整保单。

（2）降低银行存款利率，促进保险业务回升，大力发展市场经济，加速保险公司健全和企业化。作为宏观金融政策，调低银行存款利率，不仅可能抑制银行存款，是城乡居民运用现金刺激消费，促使企业资金循环和周转，而且有助于缩小存款利率与寿险预定利率之差，促使投保人对寿险投保的回升。此外，市场经济快速发展，人民生活富裕，保险也就具备了坚实的物质基础。

（3）对于现有保单，除了加强服务外，保险公司还应加强信息联系，增加现有保险条款，如规定不丧失解约价值选择，包括：购买激情保险，展延保险和解约价值存入保险公司到期获本息。对于解约的投保人，应深入实际，提供周到的服务，鼓励复效。此外，加强保险人解约权自律，虽然有权利解除保险合同，但一定要实事求是。

（二）理赔风险产生和防范

1. 理赔风险的产生

保险理赔是指保险在承保的保险标的的发生事故，被保险人提出索赔的请求后，保险公司必须根据保险合同的规定，对遭致物质上的损失或灭失，或人身伤害，进行一系列的调查处理。理赔风险就是保险公司处理有关保险赔偿责任过程中发生损失的可能性。

理赔风险有可能在以下环节发生：

（1）审核被保险人提交的各种有关单据。如保险公司接受了未签发过的保险单，为此发生一系列调查等费用支出，或者接受了不具法律效力、效力已经终止的保险单。

（2）委托理赔代理人。从事理赔工作的代理人为理赔代理人，其权力由保险公司赋予，若理赔代理人越权理赔，滥用权力，或者过于迁就被保险人的不合理要求，就会给保险公司带来不利影响。

（3）现场查勘与估算损失。在现场查勘中，保险公司可能对出现时间、地点等进行误查，使之脱离保险单规定或指明范围，对造成保险事故有直接影响力的受损数量、规格价值等查勘有误。

（4）确定赔偿金额。保险公司确定理赔金额的依据主要是保险合同的原则，主要有：损失补偿原则、保险利益原则、近因原则、损失分摊原则、代位求偿原则、最大诚信原则等。若理赔人员不能正确理解和领会这些原则的精髓，就会出现不应有的错误。

（5）通融赔付。通融赔付是指保险公司根据保险条款或有关法律规定，权衡经营业务的得失后，对没有责任赔付给保险人损失，放宽赔偿责任而支付赔款的理赔行为。这一条款极易给予理赔人员赔偿弹性，对没有责任赔付的损失进行赔偿。

2. 理赔风险的防范

理赔风险的产生和后果，会对保险经营产生巨大影响。削弱自留责任准备金的稳定性，减少自留责任准备金规模，进而使运用于投资的资金规模下降，影响保险投资收益，不利于保险公司偿付能力的壮大。可能滋长投保人或被保险人利用保险获利的心态，产生更多的道德风险和心理风险以及逆选择行为，造成社会上众多的保险欺诈事件的发生。

鉴于理赔风险对保险经营的不利影响，保险公司应采取如下防范措施：

（1）以《保险法》及实施细则为理赔指南，严格按照保险理赔程序和工作内容。

（2）规范保险合同的有关条款，减少模棱两可的条文和词句，避免理赔双方产生利益冲突。

（3）培养理赔人员的责任心，加强职业道德教育，用法律武装头脑。

（4）建立系统规范的理赔章程和惩罚手段，对理赔工作监督检查。

（5）建立电脑系统与人工操作相结合的核赔制度，加强专业人员的配备，逐步推行理赔理算师制度，使理赔工作程序化、正规化和制度化。

本章小结

1. 保险市场是保险商品进行交换的场所，是各保险交易主体之间全部交换关系的总和。它由保险产品的供给方、保险产品的需求方和市场的监管方组成。

2. 保险市场组织主要有以下几种：国营保险组织、私营保险组织、合营保险组织、合作保险组织、个人保险组织、行业自保组织。

3. 保险市场有四种不同的模式：自由竞争型市场、垄断型市场、垄断竞争型市场、有控制的竞争型市场。

4. 我国保险资金运用于资本市场的渠道可以分为：国债、金融债、企业债、基金与股票。

5. 保险市场营销是在变化的保险市场环境中，以保险为商品，以市场为中心，为了满足被保险人风险保障需要、实现保险企业的经营目标和为社会安定谋福利而进行的保险商务活动的全过程。

6. 保险公司的微观环境有：保险中介人的影响力、保险购买者的影响力、竞争对手的影响力、社会公众的影响力；保险公司宏观环境有：人口环境、经济环境、科学技术环境和政治法律环境。

7. 加强退保风险和理赔风险是保险经营风险机制的重要组成部分。

关键词：

保险市场（Insurance Market）　　　　保险模式（Insurance Model）

垄断型市场（Monopoly Market）　　　保险市场营销（Insurance Marketing）

垄断竞争型市场（Monopolistic Competition-based Market）

保险市场资金（Insurance Market Funds）　　经营风险（Operational Risk）

保险中介人（Insurance Intermediaries）　　承保风险（Underwriting Risk）

投资风险（Investment Risk）

思考题：

1. 保险公司的经营风险主要有哪些特征？

2. 保险市场的组织市场有哪些？

3. 保险市场有哪些模式？各有什么不同？

4. 保险资金运用于资本市场的方式有哪些？各有什么不同？

5. 结合实际分析保险市场的营销环境。

6. 简述保险市场营销策略。

7. 保险公司的经营风险主要有哪些特征？

8. 如何进行保险经营防范？

第五章 外汇与黄金市场

在当代世界经济中，商品、劳务和资本跨国界流动的规模与范围日益扩大，外汇市场随之形成了 24 小时连续运作的全球统一市场，其交易规模非常巨大。外汇市场每天的成交量超过 3 万亿美元，是纳斯达克每天成交量的 100 倍以上。商业银行、客户、外汇经纪人和中央银行通过外汇买卖，一方面实现了购买力与资本在国际间的转移；另一方面也一定程度地规避了汇率风险，有利于促进国际贸易与投资的良性发展。

黄金市场与外汇市场一样也是金融市场的重要组成部分。在当代，伴随着黄金非货币化的进程，黄金在货币金融市场的功能有所下降，但黄金作为一种特殊的商品，在经济领域中起着不可替代的作用。目前以黄金作为标的物的各种衍生投资品种也已发展成为一种活跃的力量，同时黄金因其价值的稳定性在今天也被作为最重要的保值工具之一。

通过本章的学习，识记、理解国际金融市场、外汇、汇率和黄金市场的概念；了解外汇、汇率和黄金市场的分类；掌握汇率的标价方法；了解外汇市场的功能与参与主体；了解外汇市场的主要交易方式；掌握世界黄金价格影响因素；了解世界主要外汇、世界主要外汇市场、世界主要黄金市场。

第一节 外汇与汇率

一、外汇

（一）外汇的含义

世界上的每个国家都有自己独立的货币和货币制度，各国货币相互之间不能流通使用，因此，国际间债权债务的清偿，必然要产生国际间的货币兑换，由此产生外汇和汇率的概念。

外汇（Foreign Exchange），是国际汇兑的简称，这一概念有动态和静态两种表述形式，而静态的外汇又有广义和狭义之分。

动态的外汇是指人们将一国货币兑换成另一国货币，以清偿国际间债权债务的经济活动，这种意义的外汇等同于国际结算。最初的外汇概念是指它的动态含义。现在人们提到外汇时，更多的是指它的静态含义。

广义的静态外汇是指一切用外币表示的资产。这种含义的外汇概念通常用于国家的外汇管理法令之中。如我国的《外汇管理条例》中定义："外汇是指下列以外币表示的可以用作国际清偿的支付手段和资产，具体包括：①外国货币，包括钞票、铸币。②外币支付凭证，包括票据、银行存款凭证、邮政储蓄凭证。③外币有价证券，包括政府债券、公司债券、股票、总票等。④特别提款权，欧洲货币单位。⑤其他外汇资产。"

狭义的静态外汇是指以外币表示的可用于进行国际间结算的支付手段或工具。按照这一概念，只有存放在国外银行的外币资金，以及将对银行存款的索取权具体化了的外币票据才构成外汇。具体来看，外汇主要包括以外币表示的银行汇票、支票、银行存款等。人们通常所说的外汇就是指这一狭义的概念。

（二）外汇的特征

（1）外币性，即外汇必须是以外国货币表示的金融资产。任何以本国货币表示的信用工具、支付手段、有价证券等对本国人来说都不能称为外汇。例如，美元资产是国际支付中应用最广的一种外汇资产，但这是针对美国以外的其他国家而言的。

（2）可偿性，即外汇必须是在国外能得到清偿的债权。外汇的持有人拥有对外币发行国商品和劳务的要求权，但是缺乏充分物质偿付保证的"价值符号"，如空头支票、遭拒付的汇票等均不能视为外汇。

（3）可兑换性，即外汇必须能自由兑换成其他形式的或以其他货币表示的金融资产。以不可兑换的货币表示的支付手段，不能作为外汇，这是外汇的最基本特征。

（三）外汇的种类

按照不同的标准，我们可以把外汇分为不同的种类：①根据是否可以自由兑换，外汇可分为自由外汇和记账外汇。②根据外汇的来源和用途，外汇可分为贸易外汇和非贸易外汇。贸易外汇是指通过出口有形商品取得的外汇。非贸易外汇是指通过出口无形商品取得的外汇。③根据外汇管理的对象，外汇可分为居民外汇和非居民外汇。

二、汇率

（一）汇率的含义

外汇作为一种资产，它可以同其他商品一样进行买卖，只不过货币买卖是用货币购买货币，这就涉及外汇的买卖价格，即汇率的问题。汇率（Exchange Rate）是指两国货币的相对比价，即用一国货币表示另一国货币的价格，或以一个国家的货币折算成另一个国家的货币的比率，也称汇价、外汇牌价或外汇行市。

（二）汇率的标价方法

汇率的表达方式有三种：直接标价法（Direct Quotation）、间接标价法（Indirect Quotation）和美元标价法（US Dollar Quotation）。

直接标价法是固定外国货币的单位数量，以本国货币表示这一固定数量的外国货的价格，又称应付标价法（Giving Quotation）。例如，1 美元＝6.3785 元人民币。这种标价法的特点是：外国货币的数额固定不变，其折合成本国货币的数额随本币与外币的相对价值变化而变动。目前，除英镑、欧元、美元等货币外，世界上绝大多数国家的货币都采用直接标价法。

间接标价法是固定本国货币的单位数量，以外国货币表示这一固定数量的本国货币价格，从而间接地表示出外国货币的本国价格，又称应收标价法（Receiving Quotation）。例如，1 元人民币＝0.1568 美元。间接标价法的特点是：本币的数额固定不变，其折合成外币的数额随本币与外币相对价值的变化而变动。目前，世界上使用间接标价法的国家和地区主要有英国、美国、新西兰、加拿大、澳大利亚、爱尔兰和欧元区等。

假定 A 货币是本国货币，B 货币是外国货币，那么用公式表示：

外币的直接标价法：汇率＝A 货币/B 货币

外币的间接标价法：汇率＝B 货币/A 货币

可以看出，在直接标价法下，汇率的数值越大，意味着一定单位的外国货币可以兑换越多的本国货币，也就是本国货币的币值越低；在间接标价法下，这一关系则相反。

美元标价法是以一定单位的美元为标准来计算能兑换成其他货币的数额。在这种标价法下，美元的单位始终不变，美元与其他货币的比值是通过其他货币的量的变化来表现的。目前，世界各金融中心的国际银行所公布的外汇牌价，都是美元对其他主要货币的汇率。非美元之间的汇率则通过各国对美元的汇率套算，作为报价的基础。

（三）汇率的分类

按照不同的标准，汇率可有基本汇率和套算汇率，固定汇率和浮动汇率，即期汇率和远期汇率，单一汇率和复汇率，买入汇率、卖出汇率和中间汇率，官方汇率和市场汇率，电汇汇率、信汇汇率和票汇汇率等不同分类。在这里，我们选择几种进行介绍。

1. 基本汇率和套算汇率

设有 A、B、C 等多种外币，一国在折算其本国货币汇率时，若先计算出本币与某一种外币（假定为 A 币）之间的汇率，再根据 A 币与 B 币、C 币的汇率折算出本币与 B 币、C 币的比价，则我们称本币与 A 币之间的汇率为基本汇率，本币与 B 币、C 币等之间的汇率为套算汇率。我国在计算人民币汇率时，曾长时间以美元为媒介来折算人民币与其他外币（比如英镑、日元等）之间的比价。因此，人民币与美元的汇率为基本汇率，而人民币与英镑、日元等之间的汇率为套算汇率。

例：已知 USD/RMB=6.3812，CAD/RMB=6.2506。求：USD/CAD。

解：1 USD = 6.3812 RMB　　1 RMB= 1/6.2506 CAD

因此 1 USD = 6.3812/6.2506 CAD = 1.0209 CAD

所以 USD/CAD = 1.0209 即为套算汇率。

2. 固定汇率和浮动汇率

固定汇率是指政府用行政或法律手段选择一个基本参照物，并确定、公布和维持本国货币与该单位参照物之间的固定比价。浮动汇率制是指汇率水平完全由外汇市场上的供求决定，政府不加任何干预的汇率制度。

3. 单一汇率和复汇率

单一汇率是指一种货币（或一个国家）只有一种汇率，这种汇率通用于该国所有的国际经济交往中。复汇率是指一种货币（或一个国家）有两种或两种以上汇率，不同的汇率用于不同的国际经贸活动。复汇率是外汇管制的一种产物，曾被许多国家采用过。

4. 即期汇率和远期汇率

即期汇率和远期汇率是按时间来划分的。即期汇率是指目前的汇率，用于外汇的现货买卖。远期汇率是指将来某一时刻的汇率，比如1个月后的、3个月后的或6个月后的汇率，用于外汇远期交易和期货买卖。

5. 买入汇率、卖出汇率和中间汇率

对于经营外汇的银行或其他金融机构来说，它们买入某一外汇时使用的汇率称为该外汇的买入汇率，它们卖出某一外汇时使用的汇率称为该外汇的卖出汇率。这两个汇率是不相等的，总是卖出汇率高于买入汇率，其差价就是外汇银行买卖该外汇赚取的盈利。买入汇率与卖出汇率的平均值，即为中间汇率。

例：某银行报价 USD/RMB=6.3778/82，表示银行的买入汇率为1美元=6.3778元人民币，银行的卖出汇率为1美元=6.3778元人民币，中间汇率为1美元=6.3780元人民币。

第二节　外汇市场概述

一、外汇市场的含义

所谓外汇市场，是指由各国中央银行、外汇银行、外汇经纪人和客户组成的买卖外汇的交易系统。外汇市场不像商品市场和其他的金融市场那样，一定要设有具体的交易场所，它主要是指外汇供求双方在特定的地区内，通过现代化的通信设备及计算机网络系统来从事外汇买卖的交易活动。

二、外汇市场的分类

（一）有形市场和无形市场

按外汇交易的方式来划分，外汇市场有有形市场和无形市场之分。有形市场是有固定场所集中进行外汇交易的市场，如外汇交易所，又称为大陆式外汇市场。目前，欧洲大陆除了瑞士之外，大多数都采用这种在有形市场内交易的方式。这类外汇市场主要有法国巴黎、德国法兰克福、比利时布鲁塞尔等。这些外汇交易所有固定的营业日和开盘、收盘时间，外汇交易的参加者于每个营业日规定的营业时间集中在交易所进行交易。这种交易方式主要用于调整即期的外汇头寸，因此不是外汇市场的主要形式。无形

市场是没有固定交易场所，而是通过电话、电报、电传、电子计算机等通信工具所组成的网络进行外汇交易，通常也称为英美式外汇市场。这种外汇市场不仅没有固定的交易场所，也没有固定的开盘、收盘时间。这种外汇市场形式普遍流行于伦敦、纽约、东京、中国香港、新加坡、苏黎世等地，现在世界上绝大多数的外汇交易都是通过这种无形市场进行的。无形市场的营业日已打破了世界各地时差对外汇交易的限制，由于西欧、美国纽约、日本东京等地的外汇市场营业时间相互衔接，从而构成一个 24 小时连续运转的全球外汇市场。

（二）狭义的外汇市场和广义的外汇市场

按照外汇交易参与者的不同，外汇市场可以具体分为狭义的外汇市场和广义的外汇市场。狭义的外汇市场，又叫外汇批发市场，它是特指银行同业之间的外汇交易市场，包括外汇银行之间、外汇银行与中央银行之间以及各国中央银行之间的外汇交易。广义的外汇市场，除上述狭义外汇市场之外，还包括银行同一般客户之间的外汇交易。

（三）国内外汇市场和国际外汇市场

按照外汇市场经营范围的不同，外汇市场有国内外汇市场和国际外汇市场之分。国内外汇市场一般适用于发展中国家，该种市场主要进行的是外币与本币之间的交易，其参加者主要限于本国居民，并且所进行的外汇交易要受制于国内金融制度；而国际外汇市场是指各国居民都可以自由参加多种货币的自由买卖，交易不受所在国金融制度的限制。这种外汇市场是一个基本上完全自由的市场，是一种发达的外汇市场。

三、外汇市场的参与者

（一）中央银行

各国的中央银行是外汇市场上的一个重要的参与者。各国的中央银行都持有相当数量的外汇余额作为国际储备的重要构成部分。中央银行经常通过购入或抛售某种国际性货币（在大多数情况下是兼之）的方式来干预外汇市场，以便把本国的货币稳定在一个所希望的水平上或幅度内，从而实现本国货币金融政策的意图。中央银行的这种干预外汇市场的活动通常也是通过外汇经纪人或授权外汇银行进行的。在一般情况下，中央银行在市场上的交易数量并不很大，但是其影响非常广泛。这是因为外汇市场上的其他参与者都密切关注着中央银行的一举一动，以便能及时获取政府宏观经济政策的有关信息，所以中央银行即便在外汇市场上有一个微小的举动，有时也会对一国货币的汇率产生重大影响。当然，这并不排除中央银行大规模地对外汇市场进行干预的可能。有时，甚至几个国家的中央银行联合起来干预外汇市场。由此可见，中央银行实际上是外汇市场的领导者。

（二）外汇银行

外汇银行是指由各国中央银行或货币当局指定或授权经营外汇业务的银行。它们直接对客户买卖外汇，并通过银行间外汇市场的交易来调节自己持有的外汇头寸。它们是外汇市场的主体，其业务经营是外汇市场交易活动的极其重要的部分。

外汇银行是外汇市场上最重要的参与者，是外汇市场的主体，是外汇交易的中心。外汇银行通常包括：专营与兼营外汇业务的本国商业银行、在本国的外国商业银行分行及其他金融机构。

（三）外汇经纪人

外汇经纪人是指介于外汇银行之间、外汇银行与其他外汇市场参加者之间为外汇交易牵线搭桥的中间商。外汇经纪人必须经过所在国中央银行或授权部门的批准才能进入市场，他们与银行及客户有着密切的联系。外汇经纪人本身不直接参与外汇交易，而只是接受银行与客户委托，提供咨询、信息、代理买卖以及其他服务，使外汇买卖的双方能在适当的交易价格上找到适当的交易对象，并从中收取佣金，所以，他们在任何时候都不承担外汇风险。

（四）顾客

顾客是指与外汇银行进行外汇买卖的客户，主要包括居民个人、跨国公司以及进出口企业等。按照参与外汇交易的目的不同，顾客可以区分为一般客户和外汇投机者。一般客户指外汇市场上除外汇银行之外的企业、机关、团体，它们是外汇的最初供应者和最终需求者，主要是为了实施某项经济交易而买卖外汇。一般客户总是与外汇银行之间进行交易，因为外汇银行的国际经营活动的范围特别广，它往往在国外设置分支行或同外国银行建立代理行关系，特别适合成为进出口商人、跨国公司及其他外汇供求者的交易对象。外汇投机者是通过预测汇率的涨跌趋势，利用某种货币汇率的时间差异，低买高卖，赚取投机利润的市场参与者。外汇投机者在不同的外汇市场上频繁地买卖外汇，使各外汇市场的汇率趋于一致，汇率更接近外汇供求状况，但是外汇投机者的交易活动也加剧了外汇市场的动荡。

以上是从横向上对外汇市场的参与者进行分类。如果从纵向上进行观察，上述参与者可分为四个层次：第一层次（也是最低层）是进出口商，他们是外汇的最终使用者和供应者。第二层次是外汇银行，它们在外汇供应者和使用者之间起着媒介作用。第三层次是外汇经纪商，外汇银行通过他们平衡银行内部外汇的流入与流出。第四层次（也是最高层次）是中央银行，它在一国总的外汇供求失衡时，运用国家外汇储备，起着"最后贷款者"的作用。

四、当代外汇市场的特点

20 世纪 70 年代以来，随着国际货币制度的改革以及现代科学技术的发展，当代国际外汇市场更加迅猛地发展，新的交易工具和交易方式不断涌现，呈现出以下五个典型的特征：

（一）宏观经济变量对外汇市场的影响作用日趋显著

尽管外汇市场的参与者大都是出于微观经济的目的来进行外汇买卖的，但这个市场的交易总量及本国货币相对于外国货币的价格（汇率）对一国的国民收入、就业量、物价指数和利率水平等宏观经济变量却起着重大作用；与此同时，外汇交易及本国货币汇率也受到上述种种宏观经济变量的影响。当然，国民经济的所有部门都会彼此影响，各种类型的市场之间都存在着有机联系，但这种相互作用的现象在外汇市场上显得尤为突出、尤为重要；特别是对一个开放型的小国经济（如瑞士、新加坡等）来说情况更是如此。外汇市场不仅对本国经济的宏观变量极为敏感，而且还容易受别国经济盛衰的影响。更准确地说，外汇市场受国内外宏观经济变量的相对水平的影响。例如，本国国民收入的增加会增加对外币的需求，而世界上其他国家的国民收入增加则会扩大外币的供给（对本币的需求增加），假如这两者的变动是同比例的，那么外汇市场上的价格（汇率）将维持不变；否则，有关货币的汇率将出现升降。至于通货膨胀和利率等经济变量，情况也是如此，即影响汇率的只是国内外的相对水平。

（二）全球外汇市场已在时空上联成一个国际性外汇大市场

（1）自20世纪70年代起，亚太地区外汇市场逐渐得到发展，由于时差的关系，使世界各地的外汇市场的营业时间得以衔接，如每天由东京、中国香港等亚太地区的外汇市场首先开市，在即将收盘时，伦敦等欧洲的外汇市场开市了；交易后不久，纽约等美洲外汇市场也开市了；在纽约外汇市场收盘后不久，东京、中国香港等外汇市场又开市了。从而使外汇市场交易24小时连续不断地进行。

（2）现代化通信设备和电脑的大量运用，使各个外汇市场相互间的联系更加紧密。外汇交易者不仅可以远隔重洋进行交易，而且可每天24小时全天候进行交易（见表5—1）。全球外汇市场就是这样相互衔接、重叠交合，在时间上和空间上连成了一个统一的整体。

表5—1　主要外汇市场的交易时间

市场	北京时间
惠灵顿	04：00～13：00
悉尼	06：00～16：00
东京	08：00～15：00
中国香港	10：00～17：00
法兰克福	14：30～23：00
伦敦	15：30～（次日）0：30
纽约	21：00～（次日）4：00

（三）外汇市场动荡不安

自1973年布雷顿森林体系瓦解，西方国家普遍开始实行浮动汇率制后，外汇市场的动荡不安就成为一种经常现象。尤其是进入20世纪80年代以来，由于世界经济发展不平衡加剧以及国际资本流动进一步趋向自由化，世界外汇市场上各国货币汇率更加涨落不定，动荡剧烈，尤其是美元与日元的汇率更是大起大落。如1980年4月初，1美元可兑换257日元；1989年年初，1美元仅兑换130日元，9年间美元汇率贬低49.4%。毫无疑问，外汇市场如此动荡不稳，必然会给各国的对外经济贸易活动带来极大的风险。

（四）政府对外汇市场的联合干预日趋加强

20 世纪 80 年代以来，由于全球外汇市场的一体化发展，一国外汇市场汇率的变化往往波及全球，这样仅靠一国中央银行干预外汇市场显得势单力薄。因此，在目前浮动汇率制下，中央银行干预外汇市场的一个重要特征是多国"联合干预"。例如，1985 年 9 月，西方五国（英、美、日、法、德）联合干预外汇市场已取得一定成效。1986 年 5 月，在东京举行的七国（上述五国加上意大利和加拿大）首脑会议上，美国提出，在主要货币出现"危险水平"时，七国要联合干预。由此可见，联合干预今后仍将是中央银行干预外汇市场的重要特征。

（五）金融创新层出不穷

自 1973 年国际货币体系进入浮动汇率制后，汇率频繁波动，外汇风险增大，各种防范汇率风险的金融创新不断应运而生。例如，货币互换及其与利率互换相结合的混合互换、货币期货交易、货币期权交易等。并且，这些外汇交易与资本市场交易日益结合，使金融创新更加深入，从而使外汇市场交易更加丰富多彩。

五、外汇市场的作用

（1）实现购买力的国际转移，即国际结算的作用。国际经济交往的结果需要债务人（如进口商）向债权人（如出口商）进行支付，这种购买力的国际转移是通过外汇市场实现的。

（2）为国际经济交易提供资金融通，即国际媒介的作用。外汇市场作为国际金融市场的一个重要组成部分，在买卖外汇的同时也向国际经济交易者提供了资金融通的便利，从而使国际借贷和国际投资活动能够顺利进行。

（3）避免或减少外汇风险，即保值作用。外汇市场通过各种形式的外汇交易活动，如远期外汇买卖、外币期货交易、外币期权交易等，可以减少或消除汇率风险，促进国际贸易的发展。

（4）为套汇交易提供了市场，使世界各地外汇市场上同一货币的价格趋于一致。

（5）为外汇投机活动提供了便利，外汇投机者可以利用各种外汇交易形式在外汇市场上进行投机活动。

六、世界主要的外汇市场

（一）伦敦外汇市场

伦敦外汇市场是世界上建立最早、规模最大的国际外汇市场。它所在的时区位于东京和纽约之间，连接着亚洲和北美市场。伦敦外汇市场是一个典型的无形市场。在伦敦外汇市场上，有 250 多个指定经营商，他们与外币存款经纪人共同组成外汇经纪人与外币存款经纪人协会。伦敦外汇市场的外汇交易分为即期外汇交易和远期外汇交易。汇率报价采用间接标价法，交易货币种类众多，最多达 80 多种，经常有三四十种，其中规模最大的是英镑对美元的交易，其次是英镑对欧元及日元的交易。由于拥有一批专业素质好的工作人员，同时具有世界上最先进的技术设施，该市场的交易处理速度很快，工作效率很高。伦敦外汇市场上外币套汇业务十分活跃，自从欧洲货币市场发展以来，伦敦外汇市场上的外汇买卖与"欧洲货币"[①] 的存放有着密切联系。

（二）纽约外汇市场

纽约外汇市场是第二次世界大战后发展起来的国际性外汇市场，是一个完全自由的外汇市场。该市场是一个无形市场，其日交易量仅次于伦敦，交易都可通过纽约地区银行同业清算系统和联邦储备银行支付系统进行。纽约外汇市场于 1970 年建立了银行间清算系统（CHIPS），这一系统将纽约外汇市场上各家银行置于庞大而复杂的电子网络中，对世界上 90％以上的美元收付进行结算。交易货币主要是欧洲大陆、北美、加拿大、中南美洲、日本等国货币。纽约外汇市场的参与者主要是各大商业银行、外国银行的分支机构和外汇经纪商，以商业银行为主，包括 50 多家美国银行和 200 多家外国银行在纽约的分支机构、代理行及代表处。

纽约外汇市场上的外汇交易分为三个层次：银行与客户间的外汇交易、本国银行间的外汇交易以及本国银行和外国银行间的外汇交易。其中，银行同业间的外汇买卖大都通过外汇经纪人办理。纽约外汇市场交易活跃，但和进出口贸易相关的外汇交易量较小，相当部分外汇交易和金融期货市场密切相关。

（三）东京外汇市场

东京外汇市场是 20 世纪 50 年代以来，随着日本政府对外汇管制的逐步放松而发展起来的。东京外汇市场也是一个无形市场，其参加者有五类：一是外汇专业银行，即东京银行；二是外汇指定银行，指可以经营外汇业务的银行，共 340 多家，其中日本国内银行 243 家，外国银行 99 家；三是外汇经纪人 8 家；四是日本银行；五是非银行客户，主要是企业法人、进出口企业商社、人寿财产保险公司、投资信托公司、信托银行等。

在东京外汇市场上，银行同业间的外汇交易可以通过外汇经纪人进行，也可以直接进行。日本国内的企业、个人进行外汇交易必须通过外汇指定银行进行。汇率有两种：一是挂牌汇率，包括了利率风险、手续费等的汇率。每个营业日是 10：00 左右，各家银行以银行间市场的实际汇率为基准各自挂牌，原则上同一营业日中不更改挂牌汇率。二是市场连动汇率，以银行间市场的实际汇率为基准标价。在东京外汇市场上挂牌交易的外汇种类虽然不少，但实际交易主要集中在美元与日元的交易上。据统计，日元与美元的交易额占东京外汇市场总额的 95％，其他外汇交易量很少。东京外汇市场目前是亚洲最大的外汇市场，在世界上排第三名，仅次于伦敦和纽约。

（四）中国香港外汇市场

中国香港外汇市场是 20 世纪 70 年代以后发展起来的国际性外汇市场。自 1973 年中国香港取消外汇管制后，国际资本大量流入，经营外汇业务的金融机构不断增加，外

---

① 欧洲货币是指在货币发行国以外的地区流动的该国货币资金。

汇市场越来越活跃，发展成为国际性的外汇市场。中国香港外汇市场是一个无形市场，没有固定的交易场所，交易者通过各种现代化的通信设施和电脑网络进行外汇交易。中国香港的地理位置和时区条件与新加坡相似，可以十分方便地与其他国际外汇市场进行交易。

中国香港外汇市场的参与者分为商业银行、存款公司和外汇经纪商三大类型。商业银行主要是指由汇丰银行和恒生银行等组成的汇丰集团、外资银行集团等。市场交易绝大多数在银行之间进行，约占市场全部业务的 80%。存款公司作为独特的金融实体对香港外汇市场的发展起到一定的积极作用。在暂停申请新银行许可证时期（1975~1978年），存款公司是在中国香港设立银行的间接方式。中国香港外汇市场上有 1 家外汇经纪商，它是中国香港外汇经纪协会的成员，会员资格使它得到了中国香港银行公会的认可。中国香港 166 家持有许可证的银行只允许与中国香港外汇经纪协会的会员进行交易。该外汇市场上多数交易是即期交易买卖，远期交易和掉期交易约占 20%。

70 年代以前，中国香港外汇市场的交易以港币和英镑的兑换为主。70 年代后，随着该市场的国际化及港币与英镑脱钩与美元挂钩，美元成了市场上交易的主要外币。

第三节　外汇市场的交易方式

外汇市场上的各种交易可按不同的标准作不同的种类划分。若按合同的交割期限或交易的形式特征来区分，可分为即期外汇交易和远期外汇交易两大类；若按交易的目的或交易的性质来区分，那么除了因国际结算、信贷融通和跨国投资等所引起的一般商业性外汇交易以外，外汇买卖还可分为套利交易、掉期交易、互换交易、套期保值交易、投机交易以及中央银行的外汇干预交易等。此外，随着国际金融业的竞争发展与金融工具的创新，外汇市场上还出现了许多新的交易方式，如外汇期货、期权交易。本节主要介绍即期、远期、择期、掉期、套汇等传统外汇市场上常见的外汇交易。

一、即期外汇交易

即期外汇交易，又称现货交易或现汇交易，是外汇市场上最常用的一种交易方式，占据了外汇交易总额的大部分。即期外汇交易是交易双方以当时外汇市场的价格成交，并在成交后的两个营业日内办理有关货币收付交割的外汇交易。所谓工作日则须将假期除外，外汇买卖交割日如遇国家公共假日则须顺延至下一个工作日。例如，2011 年 10 月 13 日（星期四）纽约花旗银行和日本东京银行通过电话达成一项外汇买卖业务，花旗银行愿意按 1 美元兑 77.0070 日元的汇率卖出 100 万美元，买入 7700.70 万日元；而东京银行也愿意按同样的汇率卖出 7700.70 万日元，买入 100 万美元。10 月 14 日（星期五），花旗银行和东京银行分别按照对方的要求，将卖出的货币汇入对方指定的账户内，从而完成这笔交易。对外汇市场的参与者来说，即期外汇交易是外汇市场上最常见、最普遍的交易形式，是所有外汇交易的基础。进出口商通过进行即期外汇交易满足对不同币种的需求；银行要进行即期外汇买卖来平衡外汇头寸；投机者根据自己对外汇市场供求及汇率走势的判断，进行即期外汇交易来获取利润。路透社作为全球两大电子即时汇率报价系统之一，其外汇汇率报价就是即期汇率。

例：设某日，中国香港某出口商收到一笔出口货款金额为 100 万美元的出口货款国外汇款，要求其开户银行兑换成港元存入其港元存款账户，若当日报价行报出即期汇率为 USD/HKD＝7.2710/78。问：A 公司存款账户增加了多少金额？

解：A 公司卖 100 万美元现汇给银行，相当于银行买入 100 万美元现汇，采用买入价。因而 A 公司收到的港元金额为：100 万美元×7.2710＝727.1（万港元）。

二、远期外汇交易

远期外汇交易是指外汇买卖双方在成交后，约定在未来某一特定时间以一定的价格（汇率）和数额进行外汇交割的交易。约定的清算时间即交割日期，可以是在即期交割日（成交第二个营业日）之后的任何一个时间。在远期外汇市场上，常见的远期外汇交易的交割期一般为 1 个月、2 个月、3 个月或 6 个月，也有长达 12 个月。人们进行期汇交易的具体目的是多方面的，但不外乎是为了套期保值的动机，具体包括三个方面：①进出口商和外币资金借贷者为避免商业或金融交易遭受汇率变动的风险而进行期汇买卖。②外汇银行为平衡其远期外汇头寸而进行期汇买卖。③外汇投机者为谋取投机利润而进行期汇买卖。由于远期外汇买卖兼有保值、避免汇率风险、资金周转灵活等优点，使其成为国际上行之有效的固定进出口成本、避免外汇风险的办法。

例：3 月 3 日，法国出口商出口价值 200 万英镑的商品到英国，双方商定两个月后付款。市场条件如下：即期汇率：GBP/EUR＝8.7050/90；2 个月远期汇率为：GBP/EUR＝8.7110/70。问：该出口商应如何操作？

解：法国出口商应操作如下：

3 月 3 日，与银行签订 2 个月卖出 200 万英镑的远期合同，汇率为 8.7110，交割日为 5 月 5 日，则交割时收到 8.7110×200 万英镑＝1742.2（万欧元）。

这样，出口商利用远期外汇交易锁定了 2 个月后的出口收入。

三、择期外汇交易

择期外汇交易可以看作一种特殊形式的远期外汇交易形式。它是指外汇交易的买方可以在合约的有效期内的任何一天，以约定价格实行交割的一种外汇交易方式。在国际贸易中，进出口商在很多情况下不能准确地知道付汇或收汇的时间，只能估计在某一段时间内，所以进出口商就与银行签订择期业务，由进出口商在一段时间内选择交割日，这样进出口商就处于有利地位，银行则处于被动地位。银行确定择期远期汇率时一般掌握的原则是：当银行卖出择期外汇时，若远期外汇升水，银行选择最接近择期期限结束时的汇率；若远期外汇贴水，选择最接近择期开始时的汇率。当银行买入择期外汇时，若远期外汇升水，选择最接近择期期限开始时的汇率；若远期外汇贴水，选择最接近择期结束时的汇率。

四、掉期外汇交易

掉期外汇交易是指外汇交易者在买进或卖出一定数额的一种交割日的某种货币的同时卖出或买进另一种交割日的同等金额该种货币的外汇交易。掉期外汇交易实际上由两笔外汇交易组成，一笔为即期外汇交易，另一笔为远期外汇交易。这两笔交易金额相同，货币相同，但买卖的方向相反。掉期交易可以避免短期国际资本流动中的外汇风险，也可以改变外汇币种。掉期外汇交易按掉期期限可分为即期对远期、即期对即期、远期对远期交易。即期对远期是在买进或卖出一笔即期外汇的同时，卖出或买进一笔同等金额同样币种的远期外汇。这是掉期交易最常见的形式。即期对即期是指在买进或卖出一笔即期外汇的同时，卖出或买进另一笔同等金额同样币种的即期外汇，两笔交易的交割日不一致。这种掉期交易用于银行同业间的隔夜资金拆借。远期对远期是指买进或卖出某种较短或较长的远期外汇的同时，卖出或买进某种较长或较短的远期外汇。

五、套汇交易

套汇交易是套利交易在外汇市场上的表现形式之一，是指套汇者利用不同地点、不同货币在汇率上的差异进行贱买贵卖，从中套取差价利润的一种外汇交易。由于空间的分割，不同的外汇市场对影响汇率诸因素的反应速度和反应程度不完全一样，因此在不同的外汇市场上，同种货币的汇率有时可能出现较大差异，这就是为异地套汇提供了条件。套汇交易又可分为直接套汇和间接套汇。利用两个外汇市场之间某种货币汇率的差异进行的套汇，称为直接套汇，也叫两点套汇或两地套汇。间接套汇又称三点套汇或三角套汇，是指套汇者利用三个不同外汇市场中三种不同货币之间交叉汇率的差异，同时在这三个外汇市场上贱买贵卖，从中赚取汇率差额的一种套汇交易。

第四节 黄金市场概述

黄金市场从其诞生以来就一直是金融市场的重要组成部分。黄金作为一般等价物开创了货币的鼎盛时期，黄金市场的发展也极大地促进了国际金融市场的发展，有力地支撑了社会经济的繁荣。

一、黄金的含义

黄金从古至今都被人们看做是财富的象征，实际上"金银天然不是货币，货币天然是黄金"，黄金就其使用价值来讲，与一般劳动产品一样，仅仅是可被人所利用的商品。由于黄金特有的属性，比如数量较少，生产成本较高，价值昂贵，又具有良好的延展性，不易腐蚀，便于分割和携带等，决定了黄金成为商品社会中最适宜充当一般等价物——货币的商品。

黄金在当代社会经济生活中扮演着非常重要的角色。因为黄金是一种资产，是一种投资的对象和保值的手段。黄金的稀有性和价值的稳定性使得黄金成为人们储藏财富的理想手段，所以黄金得到了人们的格外青睐。

黄金也是一种商品。黄金的民用功能，包括各种黄金首饰和黄金器具，是黄金最基本的用途。现在每年世界黄金需求量的80％以上来自黄金首饰制作业。另外，在电子工业、医用及其他工业上，黄金也具有重要的用途。

黄金具有货币的作用。在人类历史上，黄金一直发挥着商品交换媒介作用。黄金市场上的黄金交易具有两重性：一方面属于国际金融性质；另一方面属于国际贸易性质。凯恩斯曾指出："黄金在我们的制度中具有重要的作用。它作为最后的卫兵和紧急需要时的储备金，还没有任何其他的东西可以取代它"。因此，现在的黄金仍然被视为一种准货币。

二、黄金市场的概念

黄金市场是专门集中进行黄金买卖的交易中心或场所。一般而言，黄金交易与证券交易一样，都有一个固定的交易场所，世界各地的黄金市场就是由存在于各地的黄金交易所构成。

黄金交易所一般都是在各个国际金融中心，是国际金融市场的重要组成部分。在国际金融体系中发挥着重要的作用。黄金市场一般按照有关的法律制度，经所在当地政府的批准或认可才可能设立和运行。

三、黄金市场的分类

根据不同的标准，黄金市场可以被分为不同的种类。

（一）根据交易结算的期限，黄金市场可分为现货黄金市场和期货黄金市场

现货黄金市场是交易者达成协议后两个营业日内进行交割的市场，如伦敦、苏黎世等地的市场。期货黄金市场是指交易双方在交易时先签订合约并交付一定押金，并根据合约指定的未来某个日期办理交割的市场，如美国纽约、芝加哥等地的市场就是典型的期货市场。期货黄金市场是黄金投机商进行投机买卖和套期保值的理想场所。

（二）根据有无固定场所，黄金市场可分为无形黄金市场和有形黄金市场

无形黄金市场的交易方式类似于外汇市场，是指银行间利用电话、电传等现代化的通信网络进行同业交易的市场，像伦敦、苏黎世等。有形市场是指黄金买卖在专门设立的交易场所内进行的市场，如纽约、芝加哥等。

（三）根据对国际黄金交易的影响程度，黄金市场可分为主导性黄金市场和区域性黄金市场

主导性黄金市场是对国际黄金交易起主导作用的国际性黄金交易市场。其特点是黄金交易量大，市场价格的形成和变化对其他黄金市场的价格和交易量会产生重大的影响。这类黄金市场主要有伦敦、纽约、芝加哥、苏黎世和中国香港五大黄金市场。区域性黄金市场是指交易规模较小且交易者主要集中在本地区，其价格形成和交易量的变动对其他市场影响不大的市场。五大黄金市场之外的大多数黄金市场都属于这一类，比较有名的像巴黎、东京和新加坡等地的黄金市场。

（四）根据交易管制程度的不同，黄金市场可分为自由黄金市场和管制黄金市场

自由黄金市场是指政府对市场管制较低，黄金可以自由输出和输入、居民和非居民都可以自由买卖的市场。管制黄金市场是指市场管制程度相对较高，黄金不准自由输出和输入，严格限制黄金交易者的市场。

（五）根据交易标的物的不同属性，黄金市场可分为黄金货币商品市场和黄金饰品市场

黄金货币商品市场交易的标的物是金条或金块，交易者将金条或金块视为金融资产而进行投资。黄金饰品交易市场上交易的标的物为黄金首饰、黄金纪念章等装饰物。

四、国内外主要黄金市场介绍

目前，世界上最为著名和有影响力的黄金市场是伦敦黄金市场、苏黎世黄金市场、美国黄金市场、东京黄金市场和中国香港黄金市场。

（一）伦敦黄金市场

伦敦黄金市场历史悠久，其发展历史可追溯到距今 300 多年前。1804 年，伦敦取代阿姆斯特丹成为世界黄金交易的中心，1919 年伦敦黄金市场正式成立，每天进行上午和下午的两次黄金定价，具体时间分别是 10：30 和 15：00。伦敦的金价与世界最大产金国南非的联系密切。

伦敦黄金市场的特点之一是交易制度比较特别。交易主要是通过无形的方式。狭义地说，伦敦黄金市场主要是指伦敦银行市场协会（London Bullion Market Association，LBMA），该市场不是以交易形式存在，而是 OTC 市场。伦敦黄金市场的另一个特点是有很强的交易灵活性。黄金的纯度、重量等问题都可以进行选择，伦敦黄金交易市场交收的标准金成色为 99.5%，重量为 400 盎司。若客户要求在较远的地方交收，金商还会报出运费以及保费等，也可以按客户要求报出期货价格。最通行的买卖伦敦黄金的方式是客户无须交收现金，即可买入黄金现货，到期只需按约定利率支付即可，但此时客户不能获取实物黄金。当然伦敦黄金市场这一特殊的交易体系也有若干不足：一是由于各个金商的价格都是实价，有时市场黄金价格比较混乱，当金商都不知道市场合理价格时，就会停止报价，伦敦黄金的买卖也会随之停止；二是伦敦市场对客户信息绝对保密，因此缺乏有效的黄金交易头寸的统计。

（二）苏黎世黄金市场

苏黎世黄金市场是第二次世界大战后发展起来的国际黄金市场，其在国际黄金市场上的地位仅次于伦敦黄金市场。苏黎世黄金市场没有正式组织结构，而是由瑞士三大银行——瑞士银行、瑞士信贷银行和瑞士联合银行负责清算结账，三大银行可为客户代行交易，黄金交易是这三家银行的主要业务。苏黎世黄金总库（Zurich gold pool）建立在瑞士三大银行非正式协商的基础之上，不受政府管辖，作为交易商的联合体与清算系统混合体在市场上起中介作用。苏黎世黄金市场无金价定盘制度，在每个交易日的任何一个特定时间，根据供需状况议定当日交易金价，这一价格为苏黎世黄金官方价。全日金价在此基础上波动而无涨停板限制。

（三）美国黄金市场

在当今世界黄金市场的格局中，美国市场同欧洲市场具有同等重要的地位，共同垄断着全世界 80% 以上的黄金交易量。美国黄金市场由纽约商品交易所（NYMEX）、芝加哥国际商品交易所（IMM）、底特律、旧金山和水牛城共五家交易所构成。其中，纽约黄金市场已成为世界上交易量最大和最活跃的黄金市场，主要是因为美国财政部和国际货币基金组织（IMF）也在纽约拍卖黄金。

美国黄金市场以做黄金期货交易为主，其所签订的期货合约可长达 23 个月，黄金市场每宗交易量为 100 盎司，交易标的为 99.5% 的纯金，报价是美元。

（四）东京黄金市场

东京黄金市场于 1981 年 4 月成立，1982 年开设期货。它是日本政府正式批准的唯一黄金期货市场，为投资日本的黄金交易者提供了一个具有透明度和有效率的交易平台。2004 年，黄金期权获准上市，日本的黄金期货市场变得更加活跃。在 24 小时的黄金交易市场中，东京市场成为伦敦、纽约交易时间外的亚洲时段的重要交易市场。东京黄金市场与欧美市场的不同之处在于，欧美的黄金市场以盎司/美元计而日本市场以日元/克计，每宗交易合约为 1 千克，交收纯度为 99.99% 的金锭，在指定的交割地点交割。

（五）中国香港黄金市场

中国香港黄金市场距今已有 100 多年的历史，其形成以 1909 年中国香港金银贸易场的成立为标志。1974 年，中国香港政府撤消了对黄金进出口的管制，此后中国香港金市发展极快。由于中国香港黄金市场在时差上刚好填补了纽约、芝加哥市场收市和伦敦开市前的空当，可以连贯亚、欧、美时间形成完整的世界黄金市场。其优越的地理条件引起了欧洲金商的注意，伦敦五大金商、瑞士三大银行等纷纷进港设立分公司。它们将在伦敦交收的黄金买卖活动带到中国香港，逐渐形成了一个无形的当地"伦敦黄金市场"，促使中国香港成为世界主要的黄金市场之一。

目前，中国香港有三个黄金市场：

（1）以华资金商占优势，有固定买卖场所，黄金以港元/两定价，交收标准金成色为 99%，目前仍然采用公开叫价、手势成交的传统现货交易方式，没有电脑网络反映实时行情的金银业贸易场。

(2) 黄金期货市场，是一个正规的市场。其性质与美国的纽约和芝加哥的商品期货交易所的黄金期货性质是一样的。交投方式正规，制度也比较健全，可弥补金银贸易场的不足。

(3) 由外资金商组成在伦敦交收的黄金市场，同伦敦金市密切联系，没有固定交易场所，一般称为"本地伦敦金市场"，中国香港的黄金交易主要集中于中国香港金银业贸易场地及无形的伦敦市场内进行，它们均属现货市场。

专栏 5—1

上海黄金交易所

上海黄金交易所从 2002 年 10 月 30 日起开始正式运行。上海黄金交易所的正式开业是我国黄金管理体制改革的重大突破，是当今我国金融市场建设的新篇章。

上海黄金交易所是经国务院批准，由中国人民银行组建，履行《黄金交易所管理办法》规定职能，遵循公开、公平、公正和诚实信用的原则组织黄金交易，不以营利为目的，实行自律性管理的法人。

上海交易所实行会员制组织形式，会员在中华人民共和国境内注册登记，从事黄金业务的金融机构，从事黄金、白银、铂等贵金属及其制品的生产、冶炼、加工、批发、进出口贸易的企业法人，并具有良好资信的单位组成。

上海交易所的交易方式是：标准黄金、铂金交易通过交易所的集中竞价方式进行，实行价格优先、时间优先撮合成交。非标准品种通过询价等方式进行，实行自主报价、协商成交。会员可自行选择通过现场或远程方式进行交易。交易所实行标准化撮合交易方式。

上海黄金交易所的基本职能包括：提供黄金、白银、铂等贵重金属交易的场所、设施以及相关服务；制定并实施黄金交易所的业务规则，规范交易行为；设计交易合同、保证交易合同的履行；组织、监督黄金、白银、铂等贵金属交易、清算、交割和配送；生成合理价格，发布市场信息；制定并实施风险管理制度，控制市场风险；监管会员交易业务，查处会员违反交易所有关规定的行为；监督指定仓库的黄金、白银、铂等贵金属业务；中国人民银行规定的其他职能。

黄金 T＋D 业务是上海黄金交易所中常见的，T＋D 就是由上海交易所统一制定的、规定在将来某一特定时间和地点交割一定数量标的物的标准化合约。这个标的物，又叫基础资产，是 T＋D 合约所对应的现货。其特点是：以分期付款方式进行买卖，交易者可以选择当日交割，也可以无限期的延期交割。T＋D 合约内容包括：合约名称、交易单位、报价单位、最小变动价位、每日价格最大波动限制、交易时间、交割日期、交割品级、交割地点、最低交易保证金、交易手续费、交割方式、交易代码等。

五、国际黄金市场的特点

（一）黄金市场是一个多层次的体系

若按照组织化、公开化程度的高低，世界黄金市场可分为：

（1）从事黄金期货/期权交易的期货交易所，如 NYMEX、TOCOM、CBOT、巴西商品交易所等。银行和机构投资者的参与提高了市场流通性，并为黄金企业提供风险管理服务。

（2）从事世界性的现货－远期黄金批发业务的市场，伦敦金银市场协会（LBMA）是世界上最大的黄金 OTC 市场，它既是世界现货黄金有形的定价中心，又是联系世界黄金无形市场的最大枢纽。LBMA 的会员有跨国矿业公司、黄金经纪商、各国中央银行、国际金融组织等。

（3）纽约、苏黎世、东京、中国香港等地的区域性现货市场的特点是以银行、黄金经销商、综合性财团为市场主体，受各自所在国中央银行的监管，在本地区组织黄金买卖。

（4）在黄金主要生产国的黄金市场，如南非的黄金市场，长期以来由国家特许黄金银行和黄金公司专营，最近出现市场自由化的趋势。

（5）在欠发达地区的黄金市场，如中东迪拜、印度孟买。由当地特许经营权的财团经销黄金，现在进行改革，趋向更加公开的市场。

（二）黄金市场有不同的分工，相互衔接

期货交易所提供的黄金期货、期权交易，提高了整个世界黄金市场的流动性，黄金银行和黄金经纪可以借助这些工具以管理黄金脱离世界货币体系后的价格风险。黄金的现货定价仍然集中在伦敦黄金市场，为生产商、冶炼商、黄金银行之间的大宗现货交易服务。特别是伦敦世界金融中心的地位和发达的银行业务，为黄金场外衍生交易、融资安排，以及中央银行的黄金操作带来便利。国际黄金市场是国际分工不断深化的服务体系，没有特色的孤立市场会被逐步取代。

（三）黄金的实物流向基本上是由官方机构流向私人持有者

20 世纪 70 年代中后期，美国和 IMF 曾经多次拍卖库存黄金，一些黄金主要被私人机构买入。80～90 年代中期，主要西方工业国的黄金官方储备稳定，几乎没有减少。但 90 年代后期官方售金活动明显活跃。

（四）各类黄金业务相互交叉、渗透

交易所内交易的和场外交易的衍生工具之间的功能界限越来越模糊，两类交易之间的替代性越来越强。场内期货/期权的标准性，通过会员和黄金银行转化成更加灵活多样的场外合约交易；而场外的活跃交易又增强了场内合约的流动性。

六、黄金市场的功能

(一) 价格发现功能

黄金同时具有商品属性和黄金属性。一般来说，商品的价格主要受供求规律影响，而金融产品的价格主要根据无套利原则确定，其受宏观经济条件以及相关金融产品影响较大。黄金的价格对供求规律敏感性较差，它主要受国际政治、经济环境的影响。黄金市场为人们发现黄金价格提供渠道。

(二) 资源配置功能

黄金市场价格是信息传递的综合反映，它不仅包含了黄金的供求状况，也包括了国际政治动荡、经济金融危机等信息。通过黄金市场传递的价格信息，黄金生产者和需求者以及投机者能够不断调整生产、消费以及投机的规模，使市场趋于均衡状态，从而实现资源配置的效率。

(三) 投资避险功能

黄金具有投资价值，它的价格变动往往与美元汇率变动以及其他投资品的价格变动呈现出负相关性。黄金与大多数投资品之间的负相关性使其成为一种重要的分散投资工具。当出现战争、经济危机等重大事件的时候，黄金往往成为规避风险的可靠选择；而当经济出现严重通货膨胀时，黄金也是保值增值的最佳投资品之一。

第五节 黄金市场价格

一、黄金价格

黄金价格是指黄金市场上买卖黄金商品的单位交易价格。目前，世界上黄金市场上的主要价格类型有三种：市场价格、生产价格和准官方价格。

(一) 市场价格

黄金的市场价格是指买卖双方达成交易时的即时价格，又被称作市场行情。包括现货和期货价格，受供求等各种因素的制约，价格确定机制非常复杂。黄金的市场价格包括了现货价格和期货价格两种形式，这两种形式价格既有区别又有联系。

由于现货价格和期货价格所受影响的因素类似，因此两者的变化幅度和方向基本上是一致的。但是由于市场走势的收敛性，基金的基差（黄金的现货价格和期货价格之差）会随期货交割期的临近而不断减小，到了交割期，期货价格和交易的现货价格大致相等。从理论上说，期货价格应稳定地反映现货价格加上特定交割期的持有成本，因此，黄金的现货价格应低于期货价格，近期的期货价格应低于远期的期货价格，基差为负。

（二）生产价格

生产价格是根据黄金生产的成本计算的价格标准，它反映了黄金的内在价值，是确立各种黄金价格的最基本的标准。随着黄金找矿、开采、提炼技术的进步，黄金的生产成本有逐步下降的趋势。

（三）准官方价格

准官方价格是指被中央银行用作与官方活动而采用的一种价格，分为抵押价格和记账价格。

二、影响黄金价格的因素

20世纪70年代以前，黄金价格基本由各国政府或中央银行决定，国际市场上的黄金价格比较稳定。70年代以后，黄金价格不再与美元挂钩，黄金市场价格逐渐市场化，黄金价格的变动也更加频繁。

（一）国际地缘政治、军事局势

黄金价格对国际政治气候及军事局势的变化十分敏感。

国际地缘政治、军事局势主要是指国际政治局势的变化或国际性政治事件的爆发以及由此引起的国际关系格局的变化、各种国际性经贸组织的建立、有关商品协议的达成、政府干预经济采取的各种政策和措施等。

在信用货币时代，一旦国际地缘政治形势发生重大变化，该国政府发行的信用货币代表的债务清偿能力和购买能力将要被重估，将导致黄金价格（信用货币与黄金的比价）产生波动。历史上几次国际地缘政治事件对黄金价格都产生了较大的影响。在1973～1974年的第四次中东战争期间，黄金价格就出现了大幅上涨，其后随着事件的平息，黄金价格又大幅回落。1979～1980年，伊朗伊斯兰革命、苏联入侵阿富汗和两伊战争爆发等国际重大地缘政治事件的密集发生，使得黄金价格在1980年创下了850美元/盎司的历史高点。在"9·11"事件后，随着地缘政治的动荡，黄金价格开始持续上涨。2003年3月，伊拉克战争使得金价继续上扬。进入2011年，世界局势依然不稳定，利比亚、叙利亚等国政治起伏动荡，给黄金市场的走向增添了更多的不确定性因素。

（二）国际经济、金融形势

国际经济、金融形势的变化，如货币载体的转换、货币汇率机制的改变等因素都会对黄金价格产生中长期影响，而利率变动、货币供应量的变化等因素则将会对黄金价格产生短期影响。

国际经济形势稳定并且发展良好，说明其他领域充满投资机会，黄金市场的资本存量和流量在短期内会减少，黄金价格呈下降趋势。如果国际经济面临通胀风险或是进入衰退，则黄金市场的资本存量和流量在短期内会增加，黄金价格呈上升趋势。

除了上述国际经济形势的变化会对黄金价格产生影响之外，近年来频频出现在人们视野中的国际游资也会对黄金价格产生较大的影响。国际游资是指与实际生产、交换没有直接联系而以货币金融形态存在于国际的、以追逐风险利润为目的的投机性短期流动资本。国际游资会在全球的股票、外汇、黄金、商品期货等金融及衍生产品市场中不断地调整存量和流量的结构，从而导致股票指数、货币汇率、商品期货和黄金价格在不同方向进行波动调整，因此国际游资在黄金市场上的存量变动与流量变动也将影响黄金价格走势。

20世纪90年代以来，随着全球范围内出现的金融创新浪潮以及资本账户的自由化，国际游资成为国际金融领域乃至国际经济领域中最为活跃的现象。据国际货币基金组织估计，目前以银行短期存款和其他短期存放形式在全球货币市场间流动的短期资本大约有7.5万亿美元，而美国一国就至少有4200家套利基金。其资本总额超过3000亿美元。现阶段，由于国际基本金属、能源、农产品等大宗商品价格大幅上涨，国际热钱正从美国股市与债市流向能源、贵金属等商品市场。

我国是全球能源和贵金属的重要消费大国，库存量较低，市场对人民币升值充满预期，因此大量资金持续流入我国内地，带来了通胀压力。一些境外投机性资金假借贸易或投资等渠道变相流入我国房地产市场和证券市场。随着国际游资对世界经济影响的广度和深度不断增加，其对黄金价格的影响也越来越大。国际游资会根据国际政治及经济形势迅速改变方向，因此我们在分析黄金价格的未来走势时必须考察国际游资的动向。

（三）供给与需求关系

无论是作为商品还是货币，供求关系一直都是影响黄金的价格的重要因素。当供大于求时，价格下跌；反之，价格就会上升。如果黄金的产量大幅增加，金价就会因供给增加而下降。如果出现黄金产量减少，金价就会在供小于求的情况下升值。

供给因素包括：经常性供给、调节性供给及偶发性供给。

1. 经常性供给

经常性供给的来源是世界主要产金国，这类供给是稳定的、经常性的。经常性供给量同产金国的生产能力、产量以及生产成本有直接关系。

2. 调节性供给

这是一类不规则的供给，主要来自中央银行的黄金抛售行为。中央银行是世界上黄金最大的持有者，在某些情况下为了达到特定的经济目的而在国际黄金市场上抛售黄金，如抑制国际金价或改善本国国际收支。

3. 偶发性供给

这一类供给是由于外界因素刺激作用而导致的供给，比如黄金生产国的政治、军事和经济的变动情况，导致金价变动，进而使得黄金的供应量发生显著的变化。

需求因素包括：黄金的工业与民用需求、投资性或投机性需求以及央行黄金储备的需求。

1. 黄金的工业与民用需求

随着全球经济的发展，黄金的民用与工业用量不断加大，例如在电子、通信、航空航天、医疗等领域需求量逐渐增加。

2.投资性或投机性需求

投资性黄金需求包括两个方面：一方面，在通货膨胀情况下，投资黄金可以达到保值的目的；另一方面，在不同经济形势下，可在黄金与其他投资工具之间互相选择。投机性需求是指黄金交易者利用金价的波动，入市赚取投机利润的行为。最为常见的情况是，投机者根据国内形势，利用黄金市场上的金价波动，加上黄金期货市场的交易机制，大量"沽空"或"补进"黄金，人为地制造黄金需求的假象。

3.央行黄金储备的需求

第六节　黄金市场交易的主要品种

在经历了几百年的发展之后，黄金市场形成了种类较为多样的投资品种。一般来讲，黄金交易从交易形态上说有凭证形式和实物形式。

一、凭证形式的交易品种

(一) 黄金账户

黄金账户是商业银行为黄金投资者提供的一种黄金交易品种，又称为黄金请求账户。黄金投资者选择黄金账户通过商业银行进行黄金买卖交易时，可在指定的资金账户上进行资金运作，在黄金账户上作交易记录，而无需进行黄金实物的提取交收。因此，黄金账户具有周转速度快、存储风险小、交易费用低的优点。

(二) 纸黄金

纸黄金又称为黄金凭证，纸黄金交易是一种权证交易方式。投资者的买卖交易记录在个人预先开立的"黄金存折账户"上体现，而不涉及实物金的提取。采用纸黄金进行交易，可以节省黄金实物交易中所必须的保管费、储存费、保险费、鉴定及运输费等费用支出。相对实物金，其交易更为方便快捷，交易成本也相对较低。纸黄金的盈利模式即通过低买高卖，获取差价利润。

(三) 黄金基金

黄金基金是黄金投资共同基金的简称，即专门以黄金类证券或黄金类衍生交易品种作为投资媒体的一种共同基金。黄金基金的投资风险较小、收益比较稳定，与我们熟知的证券投资基金有相同的特点。

(四) 黄金股票

黄金股票就是黄金矿业公司发行的上市或不上市的股票。由于买卖黄金股票不仅是投资黄金矿业公司，而且还间接投资黄金，因此这种投资比单纯的黄金投资或股票投资更为复杂。投资者不仅要关注黄金矿业公司的经营状况，还要关注黄金市场的行情。

二、实物形式的交易品种

（一）金币

金币分为投资金币和纪念金币。投资金币又称作纯金币，一般由各国政府或中央银行发行。纯金币的价值基本与黄金含量一致，价格也随国际金价波动。纯金币投资是具有良好而安全的保值方式。

纪念金币是各国政府或中央银行，为了纪念某一事件或者人物而限量发行的铸金货币。由于纪念金币具有相应的纪念意义，因此其价格构成了纯金币的价格要素以外，还应当考虑其历史价值、艺术价值和收藏价值。

（二）标金

标金是按规定的形状、规格、成色、重量等要素精炼加工成的标准化条状金，即俗称"金条"。标金是市场最重要的交易品种。按国际惯例，用于黄金市场实物交割的标金，在精炼厂浇铸成型时必须表明成色、重量，甚至精炼厂的编号及名称。标金的最大优点就是流通性强，可以立即兑现，可在世界各地转让，还可以在世界各地得到报价。从长期看，金条具有保值功能，是应对通货膨胀的理想投资工具。

目前，国际黄金市场上比价常见的标金规格有 400 盎司标金、1 千克标金、111 克标金、1 盎司标金等。各国黄金市场上的标金成色也各不相同，有 99.5%，也有 99% 和 99.99%。

（三）黄金饰品

黄金饰品具有广义和狭义之分，广义的黄金饰品是泛指含有黄金成色的装饰品，如金杯、金质奖章等纪念品。狭义的金饰品是专指以成色不低于 58% 的黄金材料制成的装饰物。

从投资理财的角度看，金饰的实用价值大于投资价值。因此，从严格意义上讲，金饰品只是一种保值手段。

本章小结

1. 外汇是国际汇兑的简称，这一概念有动态和静态两种表述形式，而静态的外汇又有广义和狭义之分。动态的外汇是指人们将一国货币兑换成另一国货币，以清偿国际间债权债务的经济活动，广义的静态外汇是指一切用外币表示的资产。狭义的静态外汇概念是指以外币表示的可用于进行国际间结算的支付手段或工具。人们通常所说的外汇就是指这一狭义的概念。外汇的特征包括外币性、可偿性和可兑换性。

2. 汇率是指两国货币的相对比价，即用一国货币表示另一国货币的价格，或以一个国家的货币折算成另一个国家的货币的比率，也称汇价、外汇牌价或外汇行市。

3. 外汇市场是指由各外汇市场参与者组成的买卖外汇的交易系统。按照外汇交易参与者的不同，外汇市场有狭义和广义之分。

4. 当代外汇市场已成为全球一体化的市场，宏观经济变量对外汇市场的影响作用日趋显著，汇率波动日趋剧烈，各种防范汇率风险的金融创新不断应运而生，各国中央银行的联合干预已成为外汇市场的重要特征。

5. 外汇市场的主要作用是实现购买力的国际转移，为国际经济交易提供资金融通，为外汇保值和投机提供交易场所。

6. 外汇市场的参与者主要包括外汇银行、外汇经纪人、顾客、中央银行。相应地，外汇市场的交易可分为三个层次，即银行与顾客之间、银行同业之间、银行与中央银行之间的交易，外汇经纪人则在其中起中介作用。

7. 传统的外汇市场交易主要包括：即期外汇交易、远期外汇交易、择期交易、掉期交易和套汇交易。

8. 黄金从古至今都被人们看做是财富的象征。黄金是一种资产，黄金也是一种商品，黄金具有货币的作用。

9. 黄金市场是集中进行黄金买卖的交易场所。黄金交易所一般都是在各个国际金融中心，是国际金融市场的重要组成部分。

10. 根据不同的标准，黄金市场可以被分为不同的种类。根据交易结算的期限，黄金市场可分为现货黄金市场和期货黄金市场；根据有无固定场所，黄金市场可以分为无形黄金市场和有形黄金市场；根据对国际黄金交易的影响程度，黄金市场可分为主导性黄金市场和区域性黄金市场；根据交易管制程度的不同，黄金市场可分为自由黄金市场和管制黄金市场；根据交易标的物的不同属性，黄金市场可以分为黄金货币商品市场和黄金饰品市场；根据交易管制程度的不同，黄金市场可分为自由黄金市场和管制黄金市场；根据交易标的物的不同属性，黄金市场可以分为黄金货币商品市场和黄金饰品市场。

11. 目前，世界上较为著名和有影响力的黄金市场主要是伦敦黄金市场、苏黎世黄金市场、美国黄金市场和东京黄金市场。我国主要就是香港黄金市场和上海黄金交易所。

12. 国际黄金市场的特点：黄金市场是一个多层次的体系；黄金市场有不同的分工，相互衔接；各类黄金业务相互交叉、渗透；黄金的实物流向基本上是由官方机构流向私人持有者。

13. 黄金市场的功能：价格发现功能、资源配置功能、投资避险功能。

14. 黄金价格是黄金市场上买卖黄金商品的单位交易价格。目前，世界上黄金市场上的主要价格类型有三种：市场价格、生产价格和准官方价格。影响黄金价格的因素：国际地缘政治、军事局势；国际经济、金融形势；供给与需求关系。

15. 在经历了几百年的发展之后，黄金市场形成了种类较为多样的投资品种。一般来讲，黄金交易从交易形态上说有凭证形式和实物形式。凭证形式的交易品种包括：黄金账户、纸黄金、黄金基金、黄金股票。实物形式的交易品种包括：金币、标金、黄金饰品。

关键词:

外汇（Foreign Exchange）　　　　汇率（Exchange Rate）

直接标价法（Direct Quotation）　　间接标价法（Indirect Quotation）

美元标价法（US Dollar Quotation）　外汇市场（Foreign Exchange Market）

即期交易（Spot Exchange Transaction）　远期交易（Forward Transaction）

掉期交易（Swap）　　　　　　　　黄金市场（Gold Market）

市场价格（Market Price）　　　　　生产价格（Price of Production）

黄金账户（Gold Account）

思考题:

1. 试分析外汇的含义和特征。

2. 外汇市场有哪些特点？

3. 外汇市场的交易主体及其交易动机是什么？

4. 世界主要外汇市场有哪些？

5. 简述远期外汇交易的特点。

6. 黄金市场可以分为哪些类？

7. 试着阐述一下你所了解的一些黄金市场。

8. 试分析黄金价格的决定及其影响因素。

9. 黄金市场上交易的主要有哪些交易品种？

练习题:

1. 下列银行报出了 GBP/USD 和 USD/DEM 的汇率，你想卖出英镑，买进马克。

银行	GBP/USD	USD/DEM
A	1.6853/63	1.6858/68
B	1.6855/65	1.6859/69
C	1.6852/64	1.6860/70
D	1.6856/66	1.6857/67
E	1.6854/68	1.6856/66

请问：

（1）你将向哪家银行卖出英镑，买进美元？

（2）你将向哪家银行卖出美元，买进马克？

2. 下表列举的是银行报出的 GBP/USD 的即期与远期汇率：

	银行 A	银行 B	银行 C
即期	1.6830/40	1.6831/39	1.6832/42
3 个月	39/36	42/38	39/36

请问：你将从哪家银行按最佳汇率买进远期英镑？

3. 已知外汇市场即期汇率如下：

	GBP/USD
伦敦	1.5815/25
纽约	1.5845/55

有一个投资者分别以100万美元和100万英镑在这两个市场进行投资，请计算其投资收入。

第六章 信托与基金市场

信托，常见于经济生活、社会往来中，更频频出现在金融活动中，不仅国外司空见惯，在国内的使用也日见增多。特别是近年来，更是成为经济生活中的热点话题，成为理财投资领域非常受关注的焦点。投资基金，是一种利益共享、风险共担的集合投资制度，即通过向社会公开发行一种凭证来筹集资金，并将资金用于证券投资。

通过本章的学习，将了解到理财市场的基本原理和规则，同时能够理解如何运用这些基本原理设计金融产品。

第一节 信托的职能与作用

信托，顾名思义可理解为信任委托。它是指委托人为了一定的目的，将自己的财产或有关事务委托他人代为经营管理或处理的经济行为。它是源于英美法系的信托制度，正在被世界各国接受，日本、韩国、中国等大陆法系国家也都以立法的形式确立了自己的信托制度。由于具有财产管理、资金融通的功能，在市场经济发达的国家，信托业已成为与银行业、保险业、证券业并举的金融业四大支柱之一。以信托产品为交易对象的信托市场的发展对金融市场体系的构建和发展起到了重要的促进作用。中国自改革开放以来，信托业历经五次整顿，信托市场已初步建立。近年来随着经济景气度上升，中国信托市场出现了供求两旺的局面。

信托市场是专门经办各种信托产品交易的场所及其运行机制的总称，由于信托本身的多样性和丰富性，信托市场上经营交易的信托产品种类也是极其丰富的，它们构成了市场交易的客体。信托市场主体中最主要的角色有两类：首先是信托公司，也有称信托银行，它们是市场交易客体的策划者和出售者；其次是各类委托者，包括各类法人和自然人，他们是信托产品的购买者。信托市场不仅经营传统的信托业务，而且从事资本市场投资，进行直接投资或提供中长期资金融通。世界各国把信托市场列为资本市场的重要组成部分。

一、信托市场的职能

在信托市场中，信托是接受他人信任委托，代为经营管理财物或代为办理经济事务，为特定的人谋利益的行为。信托业者在这种当事人的关系中，处于十分关键的位置。受他人之托，又为人谋取利益，是两者的纽带或桥梁。他既为委托人服务，又为受益人服务，是信托关系中的主体。这种主体地位的确立是以营利为基础的，经办的事务必须是有偿营业信托。同时，凡以个人名义经办营业性信托者，也不能称为信托业者，经办营业性信托的必然是团体法人，只有团体法人经办营业性信托的才是信托业者。集众多的信托业者，才称信托行业或简称"信托业"。由信托业发行设立的信托产品交易转让的行为构成信托市场的主要内容，信托产品一般分为两类：财产信托产品和资金信托产品。因此，信托市场具有如下职能：

（1）信托市场是一种财产管理行业集中的市场，具有管理财产的职能。信托机构通过开办各种业务为市场主体或财产所有者发挥管理、运用、处理、经营财产的作用。为财产所有者提供广泛有效的服务是信托业的首要职责和唯一服务宗旨，并且把财产管理职能体现在其开办的一切业务之中。

（2）信托市场又是资金融通市场，具有融通资金的职能。信托机构通过自营业务和信托资金的运用，融通了资金，从而具有金融机构的性质，发挥着金融职能。但应该指出的是，并非所有信托业务都能发挥融资作用。信托业发挥融资职能的条件是：当信托财产或受益表现为资金时；当受益权能够流通时。

二、信托市场的作用

（一）信托市场的节税作用

信托市场中的财产信托成为节税新选择。随着个人财产不断积累，人们在日常消费之余开始理财，追求财产的保值、增值。而投资净收益除了要考虑表面收益率，还应该考虑相关税费。财产所有人避税最理想的方式是成立信托，通过信托的设立，信托财产不受信托人死亡的影响，并可在合法渠道下节省可观的费用。如美国、加拿大、中国香港、中国台湾、英国等很多国家和地区，遗产的转移均需课征遗产税，并需在财产移转前付清，税率一般高达50%左右。所以财产信托通常被视为合理节税的一个重要渠道。由于目前国内没有课征遗产税和赠与税，财产信托的合理节税主要是一种税务成本的比较。通过增值税和营业税的差额，以及所得税的部分转移等手段，是可以合理节省税费的。财产信托在获得信托权益时，将个人财产委托给信托公司，根据各个信托机构的不同，可以将财产增值税不同程度地转移给信托机构，形成信托机构的营业税，节省的税额是财产增值税与信托机构的营业税之差。同时，在财产信托期满变现或信托凭证转让时，获得的收益需缴纳所得税，一般也少于个人直接进行投资所获收益需缴纳的所得税。个人财产信托在实际运作上极富弹性，在符合法令的要求下，其目的、范围或存续期间等均可依委托人的个别需要而制定，进而达到保存财产、投资增值、合理节税等多样化目的。因此，财产信托是理财节税的一项供选工具。

（二）信托市场的发展有利于促进市场经济的发展

从现代金融信托业的早期发展来看，信托业最早诞生于英国绝非偶然。信托作为财产管理的一种手段并逐步行业化，显然需要有相当数量的社会财富作基础。英国是最早进行工业化和产业革命的国家，并具有最大规模的海外殖民地，这可以解释英国现代信托业的早期繁荣和海外投资信托业的创立。金融信托业在美国得到了迅速成长并成为金融业的一大支柱，也依赖于 19 世纪以来美国经济的发展。大型矿山、钢铁企业的建设和铁路、港口的开发需要相应的资金，信托机构作为金融中介机构发挥了巨大的作用。在日本，这一特点更为明显，日本在 20 世纪初经济发展相对落后，因此信托业务集中于"金钱信托"；同时，金钱信托为日本的现代化筹集了大量的长期资金。

从信托市场的发展和信托创新的角度看，一定的经济发展水平决定了一定的信托业务活动。经济生活中的很多现象是与经济发展的一定层次相联系的。例如，日本在 20 世纪 50～60 年代，由于人们的资产多以货币资金为主，因此金钱信托和贷款信托构成了信托业务的绝大部分。进入 80 年代以后，人们的金融资产呈现多元化的格局，各种动产、不动产和有价证券所占比重不断上升。正是在这一基础上，日本才有可能开创出动产信托、不动产信托、有价证券信托及证券投资信托等业务。

从产业发展序列的角度看，信托是传统银行信用在业务领域上的创新发展，是一种适应商品经济的产业创新。它适应了资本集聚和形成进程加速的需要，把闲散财富有效地转化为生产资本，从而为商品经济高速发展提供了最为重要的物质基础。同时市场经济的发展也带来了信托的深化，并使之发展到一个新阶段，成为现代信用制度的支柱之一，成为市场经济的有机组成部分。目前，在成熟的市场经济中，信托业在金融产业中具有与银行业、保险业、证券业并驾齐驱的平等地位，信托市场也构成了资本市场的重要组成部分。

（三）信托市场的发展有利于市场主体效率的提升和投资需求的满足

信托业的发展是市场经济发展的必然结果，信托市场是市场体系中的组成部分，它丰富和完善了市场体系。它的发展也是社会分工和专业化发展的结果。信托功能中体现的价值取向是扩张自由和效率提升，能够满足市场经济对效率的价值追求。在市场经济和社会分工的条件下，市场主体对财产的管理、处理等完全自给进行是不可想象的。市场主体利用信托制度来管理、处理财产不仅可以满足自己对财产处理的目的，而且可以有更多的时间和空间寻求更大的发展或满足自己对其他发展的需求。同时，由于信托业市场集中了大量专业理财机构，因此，能够使委托者和受益人的目的得到充分实现。

储蓄转化为投资是促进经济的主要动力之一。而储蓄向投资转化实际上是一个筹资与投资方式或机制的问题。它应该服从于效益性、安全性、流动性的要求，并且满足多样性、比较性和选择性的要求。从微观角度看，一方面，投资方式应该满足效益性、安全性、流动性的要求；另一方面，要有多样化的投资工具或投资产品可供选择，以适应投资者不同的风险报酬偏好。从宏观角度看，除了以微观要求为基本条件外，还应当要求：首先，有利于社会储蓄最大限度的形成并最大限度地向投资转化；其次，有利于投资资源的合理配置，促使社会生产力的最大发展；最后，有利于投资风险的降低和分散。信托市场的发展正是有利于市场主体效率的提升和投资需求的满足。信托可以作为储蓄转化为投资的有效手段和工具。集合性的资金信托业务以及其高级形式投资基金更能体现信托的这种优势。

（四）信托市场的发展促进了金融体系的发展与完善

由于社会财富的日益增长和分散，造成了社会财富所有者的多元化、民众化。民众不仅成为自身劳动力的所有者，也成为部分社会财富的所有者，进而也就要求成为投资者，他们在社会扩大再生产中既要求按劳分配，又要求按资分配。同时，由于诸多社会的、经济的、技术的因素，要求专业性的投资代理服务人出现，即要求受人之托，代人理财，提供服务的信托业者出现。社会扩大再生产的内在要求，决定了要把分散的民众剩余资产集中起来，转化为生产资本。集中的方式从大类上分只有两种：一是委托或代理投资式；二是债权债务式。从提供服务的金融机构上分，即出现了商业银行与信托机构两类不同性质的金融机构。

在信托市场未充分发展以前，社会金融的经营与服务中心主要是商业银行，商业银行主要是指以债权债务方式从事货币的存、贷与结算业务的金融机构。随着资金供给者要求投资与服务的多样化，以及资金需求者获得资金方式的多样化，为适应资金供求双方对风险与收益的不同偏好，逐步产生了有别于商业银行债权债务经营方式以外的金融业务和金融机构，其中主要是信托机构。如前所述，信托机构的业务活动有别于商业银行：第一，投资由资金管理者代理经营、代理服务、提供咨询等，不是由资金供给者借款，不构成借贷式的债权债务关系；第二，投资的风险与收益都由资金供给者承担与享受，收益事后计算且变动，而商业银行则承担风险且收益事先确定，即到期必须支付存款本息；第三，委托投资人与代理人之间的分配关系十分明确，代理人既不承担风险，也不参与利润分配，只向委托人收取服务费与咨询费（同时还有部分与代理经营效果挂钩的奖励）。

信托业务是发达社会与发达市场经济阶段的产物，它是经过金融创新、投资方式创新与社会的多样化需求结合创造出来的新的业务品种。这类信托品种一方面为那些愿意冒风险者提供专业服务；另一方面又为那些想降低风险者提供专业服务，尤其是出现了为中小投资者提供集合信托服务的集合投资信托以后，体系更加丰富、壮大与完善。

完整的金融机构体系应是，中央银行领导与管理下的商业银行、信托机构、证券机构、公益性银行（包括政策性银行）、保险机构、公益基金会等（不以营利为目的，为社会公益经济福利而经营货币的金融机构）并举的统一体。在市场经济初级阶段，商业银行业务占全部金融业务的绝大部分。随着经济发达程度的提高，信托机构业务不断上升。在美国，现已形成银行资产、基金资产与保险资产三足鼎立之势。而且后两者发展迅猛，大有超过商业银行之势。所以说，投资基金信托对促进信托业自身业务体系发展完善，并使之在金融机构体系中占有重要地位发挥了相当的作用。

第二节　信托业务的现状及其创新

自 2001 年《信托投资公司管理办法》以及《信托法》出台以来，我国的信托业务正步入规范发展期，并在财产管理和中长期金融服务方面促进着国民经济的发展。

一、信托业务的现状

我国目前信托业务的现状及特点如下：

（一）以法人信托业务为主

在我国现代信托业的发展历程中，委托者与受托者多为法人，信托业务以法人信托为主。在信托业恢复之初，居民个人没有可用于信托的财产，不存在对个人信托业务的实际需求。随着改革开放政策的深入，人们富裕起来之后，但由于缺乏信托意识，加上有关信托法规的限制，我国个人信托业务的发展极为缓慢，信托业务仍以法人信托为主。这主要与新中国信托业的恢复背景密切相关。经济体制改革后，地方、企业可自主运用的预算外资金规模加大，客观上要求发展与之相适应的更为灵活的融资服务方式，在银行的间接信用方式已不能适应要求的情况下，信托应运而生。在中国人民银行下达《关于积极开办信托业务的通知》后，中央和地方政府、企业主管部门及银行纷纷成立信托投资机构开办信托业务，受托者是以法人的身份出现的。而此时的委托者也多为预算外资金有剩余的财政部门、企事业主管部门、劳动保险机构、科研单位及各种学会等法人。我国的信托业务主要是法人信托业务，个人信托业务所占比重很少。

（二）金融信托业务较为发达

我国的信托业务以资金信托业务为主，动产、不动产等非金融信托业务开办较少。新中国信托业恢复后，信托投资机构主要提供多渠道的融资方式。因此，信托投资机构主要从事委托存款、委托贷款、委托投资、信托贷款、信托投资等金融信托业务。资本市场壮大后，信托投资机构又主要从事代理有价证券发行、交易等有价证券业务，动产、不动产等非金融信托业务开办较少。

（三）信托机构与其他金融机构分立

中国人民银行下达《关于积极开办信托业务的通知》后，中央和地方政府、企业主管部门及银行纷纷成立信托投资机构开办信托业务。此时，信托投资机构与银行在机构上兼营，但信托投资机构实行独立经营、独立核算，与银行业务实行分业经营。1995年《商业银行法》颁布后，同年国务院批准《中国人民银行关于中国工商银行等四家银行与所信托投资公司脱钩的意见》，信托投资机构与银行脱钩，脱钩工作于 1996 年结束。信托投资机构与银行在机构上分别设立，在业务上实行分业经营。

（四）信托业在金融市场中地位低下

我国信托业起步比保险业、证券业早，但由于诸多原因一直处在不断地调整过程中。在金融市场上，信托业一直在银行业与证券业的夹缝中畸形成长，因此也不可能与银行业、证券业、保险业比肩形成金融的四大支柱产业，在金融市场中信托业的地位比较低下。

二、资金信托

资金信托可以分为传统资金信托和现代资金信托。传统资金信托包括信托存款、信托贷款、信托投资委托贷款以及委托投资等；现代资金信托包括贷款信托、证券投资信托、养老金信托等。本节主要介绍传统资金信托，另外还介绍私人理财的相关内容。

（一）信托存款

信托存款属融资性资金信托业务，指信托机构在特定的资金范围内，以信托方式吸收的存款。具体地说，信托存款就是由机关、团体、企事业单位或个人将自己有权自主支配的资金委托信托机构加以管理和运用的存款。信托存款分普通信托存款和特约信托存款。前者存款人不指定存款用途，由信托机构负责运用管理。后者是存款人指定资金的运用范围、对象以及收益的方法，由信托机构除收取的手续费外，所有损益由存款人负责。

（二）信托存款的主要种类

1. 单位信托存款

单位信托存款是指委托单位将各种预算外资金和自有资金委托信托机构代为管理和运用，以获取相应收益。

凡具有法人资格的企事业单位、机关团体、科研单位、学校等都可将自主支配的资金，如各种经费结余和专用基金，委托信托机构按相关规定代为管理与运用。在各种信托业务中，委托人一般不指定信托存款的用途，信托机构可按有关政策规定，自由选择用款对象。

2. 公益基金信托存款

公益基金信托存款是各单位将为了举办和发展社会公益事业、福利事业而专门提取、筹集或接受捐赠形成的公益基金，委托信托机构代为管理和运用生息，并将收益用于社会公益事业的资金。

公益信托存款的存期较长，在存期内，一般不动用存款本金部分，只领取信托收益。

3. 个人特约信托存款

个人特约信托存款是指信托机构受理个人储蓄性质的资金，并按委托人的特定要求代为办理某项特约经济事务的存款。

4. 劳保基金信托存款

劳保基金信托存款是指企事业单位主管部门、街道办事处或劳动部门出面组织所属企事业单位委托信托机构办理的一项劳保福利基金信托业务。参加单位与信托机构订立有关信托协议后，便每月从单位的福利公益金和职工工资中按一定比例提取资金，以定期存款形式存入信托机构，形成专项劳保基金，信托机构按协议规定，分期支付委托单位职工的退休金和其他劳保福利费用。

（三）信托贷款

信托贷款的含义：

信托贷款指信托机构运用自有资金、信托存款或依法筹集的资金，以贷款方式向自行审定的用款对象或项目贷放资金。

信托贷款的种类：

1. 按资金信用的性质分为固定资金贷款、流动资金贷款和临时周转贷款

固定资金贷款是指用于支持以技术改造为主的固定资产项目而发放的贷款；流动资金贷款是指信托机构用于解决企业在购买原材料以及商品购销中流动资金不足而发放的信托贷款；临时周转贷款是指信托机构为解决非投资企业生产经营活动中的临时资金需要而发放的信托贷款。一般情况下，临时周转贷款期限不超过 3 个月。

2. 按借款单位的信用和担保要求分为担保信托贷款、信用信托贷款和抵押信托贷款

担保信托贷款是指信托机构在发放贷款时要求借款人提供有相应经济实力的法人为其做经济担保，担保人负有连带责任；信用信托贷款是指借款单位凭借自身长期稳定的良好信誉和预期的财务收益向信托机构申请的贷款；抵押信托贷款是指借款人提供必要的财产作为抵押品，向信托机构办理贷款。一般要求贷款数额为抵押品价值的 70%。

3. 按贷款支持的具体对象分为补偿贸易信托贷款、联营信托投资贷款、住宅建设信托贷款、耐用消费品信托贷款

补偿贸易信托贷款是指信托机构对企业在从事补偿贸易活动中缺乏预付资金而发放的贷款；联营信托投资贷款是为了支持地区间、部门间、行业间利用各自的优势，相互协作、实现联合投资而发放的贷款；住宅建设信托贷款是以建设住房为内容的信托贷款，由个人或单位把为建房、购房、修房而积累的资金一次或几次存入信托机构，待达到所需金额 50% 以上后，不足部分由信托机构发放贷款；耐用消费品信托贷款是信托机构为了引导消费者购买价格较高、消费者一时不能付清全部价款的耐用消费品而发放的贷款。

（四）信托投资

信托投资是金融信托机构用自有资金和自行吸收的资金进行的投资。

以投资者身份直接参与对企业的投资是目前我国金融信托投资机构的一项主要业务。信托投资的资金来源是金融信托机构的自有资金及稳定的长期信托资金，信托投资过程中，金融信托投资机构直接参与投资企业经营成果的分配，并承担相应的风险。

信托投资的原则：

（1）项目选择必须符合国家产业政策和投资方向。信托机构必须对投资对象的资信情况、生产经营能力、经济效益、社会效益、债务等情况进行调查，投资比例和投资额度必须控制在符合国家金融政策规定及自身风险承受能力的范围之内。

（2）不能忽视对投资企业的经营管理和财务监管、考核。发现问题尽快制定补救措施，保证投资项目获得较好的经济效益。

（3）投资期限与资金来源期限相适应。主要是为了防止资金周转出现困难，避免信托机构陷入经营困境。

（4）必须与其他投资人共同订立投资合同或协议。在投资协议或投资合同中明确投资总额、各投资人的出资比例、投资期限、盈利分配和亏损承担、清算、投资对象的组织形式等条款，防止贷款化的做法，避免责权部分。

（五）委托贷款

委托贷款是委托单位可以自主使用的资金交存金融信托机构，委托其按指定的项目、对象和用途发放贷款，监督使用并到期收回本息的业务。

金融信托机构开办委托贷款业务，可以改变主管部门与所属企业单位之间无偿拨款或无息借款的方式，而且通过金融信托机构对贷款监督的使用，可促使贷款使用单位改善经营管理，提高资金的使用效益，同时，也便于委托单位按期、高效收回借出的资金。

委托贷款与信托贷款的区别如下：

1. 对信贷计划的影响程度不同

委托贷款属于金融信托机构代委托单位运用资金，对信贷规模的扩张影响较小。而信托贷款类同于银行贷款，贷款发放经过一定期限收回后可以周转使用，贷款金额大小、周转次数多少直接影响贷款规模的大小，因此对整个综合信贷计划的影响较大。

2. 资金的使用方式和性质不同

从资金的使用方式上和性质上看，委托贷款是信托机构代委托单位运用资金，它并没有改变资金的本来用途，而只是改变了资金的运用方式。而信托贷款是由信托机构自主选择贷款对象，具有银行贷款的一般特征，既改变了资金的性质和用途，又具有扩大信用规模的特征。

3. 承担的风险不同

金融信托机构在办理委托贷款业务时，如发生非管理上的经济损失和风险，则由委托人承担。而办理信托贷款所发生的损失和风险一般要由信托机构来承担。

（六）委托投资

委托投资是指金融信托机构接受委托单位委托，将委托单位的资金，按其指定的对象、用途进行投放，并对资金的使用情况、投资企业的经营状况及利润分红等进行管理和监督的一项金融信托业务。

委托投资与信托投资的区别如下：

1. 资金来源不同

委托投资的资金来源是委托人事先存入的委托存款。信托投资的资金来源于委托人存入的信托存款及信托机构的自有资金。

2. 投资管理方式不同

委托投资的投资对象由委托人指定，在投资过程中，信托机构只是代委托单位对有关事宜进行管理。信托投资的投资对象由信托机构自行选定,投资事宜由信托机构自主决策。

3. 经营成果的分配和承担的投资风险不同

办理委托投资业务时信托机构只是代理行为,因此也不参与投资利润的分配,只按规定收取代理费用。若投资项目出现失败,信托机构也不承担损失。信托投资业务则不同,信托机构办理信托投资业务时,要参与投资项目的利润分配,并承担相应的投资损失。

(七)私人理财

私人理财是指为金融机构的高端客户提供从出生到死亡的一系列财务规划,包括储蓄、投资、教育、不动产、保险、税务、退休养老以及遗产等,使其一生的各个阶段都能拥有财务自由。它强调财富的管理功能,通过为客户提供资产管理服务,确保私人资产保值升值;强调产品与服务的广度和深度,为客户提供全方位与专业化的理财服务与产品,设计综合性的解决方案,满足客户特定的理财需求;注重个人关系、客户财富的保密性和安全性,每个理财客户都会有一个私人客户经理为其提供个性化和保密性的理财服务;强调以客户为核心。私人理财业务的根本在于了解客户,成为客户信赖的理财者,针对客户需求提供产品及解决方案。

理财业务起源于美国,大致经历了三个阶段:第一阶段是 20 世纪 30~60 年代,是理财业务产生与初步发展的时期,主要是代理客户进行投资收益分析、筹划资金安排和代办有关手续等,局限于简单的委托代理活动。第二阶段是 20 世纪 60~80 年代,理财业务开始向"产品化"的方向发展,融合了传统存贷款业务、投资业务和咨询顾问业务的"组合式"理财产品迅速发展起来。第三阶段是 20 世纪 90 年代以后,随着人们财富的不断积累,富裕人群对理财的要求不断提高,私人理财业务从传统理财业务中独立出来,成为金融机构的核心增值业务。中国自改革开放以来居民财富不断积累,中国对私人理财业务的需求巨大,在需求的拉动下,中国的私人理财业务近几年快速发展。

三、信托业务创新

信托业务创新是信托领域的当事人通过对信托活动的各种要素的重新组合和创造性变革所创造或引进的新事物。信托创新是金融创新的重要组成部分,我们可以从金融创新的层面阐述信托创新。

信托产品是指向市场提供的能够满足人们某种愿望和需要的与理财联系在一起的各种受托服务。信托产品创新开发的目的:创新开发信托产品的目的主要是为了取得如下的效果,对于这些效果的追求构成了信托产品创新开发的目的。

(1)降低提供同类或者类似信托产品的成本。

(2)增加原有市场的销售量或者销售额。

(3)吸引现有市场以外的有实力的客户,通过扩大服务对象的数量或者提高对服务的质量来达到增加利润的目的。

（4）满足客户新的需要。

信托业务创新主要包括以下三方面的内容：

（1）理念创新。首先要将服务于大众投资作为信托业务发展的宗旨。有一种观点将信托看成是一种准富人的游戏，以提高入门门槛和制定限制性措施来排斥大多数平民参与的机会。这是几十年来我们只重视政府和国有企业投资而忽视普通民众投资观念的反映。事实上，我们的管理部门多年来在投资产品管理方面始终是以国家利益和国企利益为重心，这表面上看没有过多的问题，但这种传统政策导向往往会被过分渲染。以致在实际工作中如何为普通老百姓提供足够的、多元化的、有吸引力的金融产品的问题被忽视。

以信托为载体，通过更具法律保障力的信托产品如中长期贷款信托来使社会闲散资金与各类效益优良的项目更直接地联系起来，以更透明的法律和利益关系将委托人、受托人、受益人与投资项目联系起来，为社会资金谋求在真正硬约束下的较高收益，在达到社会资源最优化利用的同时，也达到民众经济利益的最大化。因此，必须有力强化这方面的业务扩展，不能拘泥传统思维。当政府的行为日渐淡出直接的经济活动，行政化的指令逐渐远离合法的商业行为时，信托业的机会就越来越多了。

理念创新还有一点就是要避免直接模仿或照抄照搬国外的东西。信托的创新绝不能脱离中国的国情，必须实事求是，阶段性发展。中国的经济组织、社会组织、消费结构，经济发展水平、区域经济发展的不平衡性，家庭观念的传统特性，政府管理的强约束性，地区间的行政往来，法律体系不健全等因素。这对现阶段从业人员特别是高级管理人员、研发人员提出了更为复杂、艰巨的挑战。

（2）制度创新。理念创新为制度创新指明了方向，制度创新主要指信托公司层面的组织体系、经营模式和管理思维的重构与创新。

组织体系创新可分为两种情况：一种是在现阶段信托公司没有分支机构、营销网络硬件的情况下，重点打造高水平的项目管理体系和富有活力的营销体系。另一种是在将来政策允许设立分支机构的同时，将已经建立的营销体系与新的公司组织环境实现良性对接。

经营模式创新是在认真研究、理解信托关系及其体系的基础之上，依据"分账管理，独立运作"的信托特质，构造经营管理的指令传递和信息反馈通道，特别是构造相关的以法律支撑为核心的监督体系。作为一种在严格法律限定的受托理财行为，信托公司必须本着诚信、谨慎原则履行受托人的职责。

管理思维的创新是在新思维框架下设计的信托业务所涉及的人力资源的两大群体决定的。

（3）产品创新。产品创新的关键在于对信托精神的充分领悟以及与信托服务对象需求能否实现最佳状态的有机组合。

信托产品创新开发的方法如下：

（1）挖掘现有市场的潜力。

（2）开拓新市场，市场的需求可以被创造，从而为信托产品创新开发提供了契机。

（3）通过重新组合和创造性变革设计新的信托产品。

（4）降低成本，如通过电子化等手段降低信托产品的成本。

第三节　证券投资基金

一、证券投资基金概述

（一）证券投资基金的概念与特点

1. 证券投资基金的概念

证券投资基金（以下简称"基金"）是指通过发售基金份额，将众多投资者的资金集中起来，形成独立财产，由基金托管人托管，基金管理人管理，以投资组合的方式进行证券投资的一种利益共享、风险共担的集合投资方式。

证券投资基金通过发行基金份额的方式募集资金，个人投资者或机构投资者通过购买一定数量的基金份额参与基金投资。基金所募集的资金在法律上具有独立性，由选定的基金托管人保管，并委托基金管理人进行股票、债券的分散化组合投资。基金投资者是基金的所有者。基金投资收益在扣除由基金承担的费用后的盈余全部归基金投资者所有，并依据各个投资者所购买的基金份额的多少在投资者之间进行分配。

每只基金都会订立基金合同，基金管理人、基金托管人和基金投资者的权利、义务在基金合同中有详细约定。基金公司在发售基金份额时都会向投资者提供一份招募说明书。有关基金运作的各个方面，如基金的投资目标与理念、投资范围与对象、投资策略与限制、基金的发售与买卖、基金费用与收益分配等，都会在招募说明书中详细说明。基金合同与招募说明书是基金设立的两个重要法律文件。

与直接投资股票或债券不同，证券投资基金是一种间接投资工具。一方面，证券投资基金以股票、债券等金融证券为投资对象；另一方面，基金投资者通过购买基金份额的方式间接进行证券投资。

世界上不同国家和地区对证券投资基金的称谓有所不同。证券投资基金在美国被称为"共同基金"，在英国和中国香港被称为"单位信托基金"，在欧洲一些国家被称为"集合投资基金"或"集合投资计划"，在日本和中国台湾则被称为"证券投资信托基金"。

2. 证券投资基金的特点

（1）集合理财、专业管理。基金将众多投资者的资金集中起来，委托基金管理人进行共同投资，表现出一种集合理财的特点。通过汇集众多投资者的资金，积少成多，有利于发挥资金的规模优势，降低投资成本。基金由基金管理人进行投资管理和运作。基金管理人一般拥有大量的专业投资研究人员和强大的信息网络，能够更好地对证券市场进行全方位的动态跟踪与深入分析。将资金交给基金管理人管理，中小投资者也能享受到专业化的投资管理服务。

（2）组合投资、分散风险。为降低投资风险，一些国家的法律通常规定基金必须以组合投资的方式进行基金的投资运作，从而使"组合投资、分散风险"成为基金的一大特色。中小投资者由于资金量小，一般无法通过购买数量众多的股票分散投资风险。基金通常会购买几十种甚至上百种股票，投资者购买基金就相当于用很少的资金购买了"一揽子"股票，在多数情况下，某些股票下跌造成的损失可以用其他股票上涨的盈利来弥补，因此可以充分享受到组合投资、分散风险的好处。

（3）利益共享、风险共担。证券投资基金实行"利益共享、风险共担"的原则。基金投资者是基金的所有者。基金投资收益在扣除由基金承担的费用后的盈余全部归基金投资者所有，并依据各投资者所持有的基金份额比例进行分配。为基金提供服务的基金托管人、基金管理人只能按规定收取一定比例的托管费、管理费，并不参与基金收益的分配。

（4）严格监管、信息透明。为切实保护投资者的利益，增强投资者对基金投资的信心，各国（地区）基金监管机构都对基金业实行严格的监管，对各种有损于投资者利益的行为进行严厉的打击，并强制基金进行及时、准确、充分的信息披露。在这种情况下，严格监管与信息透明也就成为基金的另一个显著特点。

（5）独立托管、保障安全。基金管理人负责基金的投资操作，本身并不参与基金财产的保管，基金财产的保管由独立于基金管理人的基金托管人负责，这种相互制约、相互监督的制衡机制对投资者的利益提供了重要的保障。

（二）证券投资基金的运作与参与主体

1. 证券投资基金的运作

基金的运作包括基金的市场营销、基金的募集、基金的投资管理、基金资产的托管、基金份额的登记、基金的估值与会计核算、基金的信息披露以及其他基金运作活动在内的所有相关环节。

基金的运作活动从基金管理人的角度看，可以分为基金的市场营销、基金的投资管理与基金的后台管理三大部分。基金的市场营销主要涉及基金份额的募集与客户服务，基金的投资管理体现了基金管理人的服务价值，而包括基金份额的注册登记、基金资产的估值、会计核算、信息披露等后台管理服务则对保障基金的安全运作起着重要的作用。

2. 证券投资基金的参与主体

在基金市场上，存在许多不同的参与主体。依据所承担的职责与作用的不同，可以将基金市场的参与主体分为基金当事人、基金市场服务机构、基金监管机构和自律组织三大类。

（1）基金当事人。我国的证券投资基金依据基金合同设立，基金份额持有人、基金管理人与基金托管人是基金的当事人，简称"基金当事人"。

（2）基金市场服务机构。基金管理人、基金托管人既是基金的当事人，又是基金的主要服务机构。除基金管理人与基金托管人外，基金市场上还有许多面向基金提供各类服务的其他机构。这些机构主要包括：基金销售机构、注册登记机构、律师事务所、会计师事务所、基金投资咨询公司、基金评级公司等。

（3）基金监管机构和自律组织。

1）基金监管机构。为了保护基金投资者的利益，世界上不同国家和地区都对基金活动进行严格的监督管理。基金监管机构通过依法行使审批或核准权，依法办理基金备案，对基金管理人、基金托管人以及其他从事基金活动的中介机构进行监督管理，对违法违规行为进行查处，因此其在基金的运作过程中起着重要的作用。

2）基金自律组织。证券交易所是基金的自律管理机构之一。我国的证券交易所是依法设立的，不以营利为目的，为证券的集中和有组织的交易提供场所和设施，履行国家有关法律法规、规章、政策规定的职责，实行自律性管理的法人。一方面，封闭式基金、上市开放式基金和交易型开放式指数基金等需要通过证券交易所募集和交易，同时还必须遵守证券交易所的规则；另一方面，经中国证监会授权，证券交易所对基金的投资交易行为还承担着重要的一线监控职责。

基金行业自律组织是由基金管理人、基金托管人或基金销售机构等行业组织成立的同业协会。同业协会在促进同业交流、提高从业人员素质、加强行业自律管理、促进行业规范发展等方面具有重要的作用。

（三）证券投资基金的法律形式

依据法律形式的不同，基金可分为契约型基金与公司型基金。公司型基金以美国的投资公司为代表。我国目前设立的基金为契约型基金。公司型基金以美国的投资公司为代表。

1. 契约型基金

契约型基金是依据基金合同设立的一类基金。基金合同是规定基金当事人之间权利和义务的基本法律文件。在我国，契约型基金依据基金管理人、基金托管人之间所签署的基金合同设立，基金投资者自取得基金份额后即成为基金份额持有人和基金合同的当事人，依法享受权利并承担义务。

2. 公司型基金

公司型基金在法律上是具有独立法人地位的股份投资公司。公司型基金依据基金公司章程设立，基金投资者是基金公司的股东，享有股东权，按所持有的股份承担有限责任，分享投资收益。公司型基金公司设有董事会，代表投资者的利益行使职权。虽然公司型基金在形式上类似于一般股份公司，但不同于一般股份公司的是，它委托基金管理公司作为专业的财务顾问来经营与管理基金资产。

3. 契约型基金与公司型基金的区别

（1）法律主体资格不同。契约型基金不具有法人资格；公司型基金具有法人资格。

（2）投资者的地位不同。契约型基金依据基金合同成立，基金投资者尽管也可以通过持有人大会表达意见，但与公司型基金的股东大会相比，契约型基金持有人大会赋予基金持有者的权利相对较小。

（3）基金营运依据不同。契约型基金依据基金合同营运基金；公司型基金依据基金公司章程营运基金。公司型基金的优点是法律关系明确清晰，监督约束机制较为完善；但契约型基金在设立上更为简单易行。二者之间的区别主要表现在法律形式的不同，并无优劣之分。

（四）证券投资基金的运作方式

依据基金运作方式的不同，可以将基金分为封闭式基金与开放式基金。

1. 封闭式基金

封闭式基金是指基金份额在基金合同期限内固定不变，基金份额可以在依法设立的证券交易所交易，但基金份额持有人不得申请赎回的一种基金运作方式。

2. 开放式基金

开放式基金是指基金份额不固定，基金份额可以在基金合同约定的时间和场所进行申购或者赎回的一种基金运作方式。这里所指的开放式基金特指传统的开放式基金，不包括交易型开放式指数基金和上市开放式基金等新型开放式基金。

3. 封闭式基金与开放式基金的区别

（1）期限不同。封闭式基金一般有一个固定的存续期；而开放式基金一般是无期限的。我国《证券投资基金法》规定，封闭式基金的存续期应在5年以上，封闭式基金期满后可以通过一定的法定程序延期。目前，我国封闭式基金的存续期大多在15年左右。

（2）份额限制不同。封闭式基金的基金份额是固定的，在封闭期限内未经法定程序认可不能增减；开放式基金规模不固定，投资者可随时提出申购或赎回申请，基金份额会随之增加或减少。

（3）交易场所不同。封闭式基金份额固定，在完成募集后，基金份额在证券交易所上市交易。投资者买卖封闭式基金份额，只能委托证券公司在证券交易所按市价买卖，交易在投资者之间完成。开放式基金份额不固定，投资者可以按照基金管理人确定的时间和地点向基金管理人或其销售代理人提出申购、赎回申请，交易在投资者与基金管理人之间完成。

（4）价格形成方式不同。封闭式基金的交易价格主要受二级市场供求关系的影响。当需求旺盛时，封闭式基金二级市场的交易价格会超过基金份额净值而出现溢价交易现象；反之，当需求低迷时，交易价格会低于基金份额净值而出现折价交易现象。开放式基金的买卖价格以基金份额净值为基础，不受市场供求关系的影响。

（5）激励约束机制与投资策略不同。封闭式基金份额固定，即使基金表现好其扩展能力也受到较大的限制。如果表现不尽如人意，由于投资者无法赎回投资，基金经理也不会在经营与流动性管理上面临直接的压力。与此不同，如果开放式基金的业绩表现好，就会吸引到新的投资，基金管理人的管理费收入也会随之增加；如果基金表现差，开放式基金则面临来自投资者要求赎回投资的压力。因此，与封闭式基金相比，一般开放式基金向基金管理人提供了更好的激励约束机制。

二、证券投资基金的分类

(一) 证券投资基金分类的意义

随着基金数量、品种的不断增多，对基金进行科学合理的分类，无论是对投资者、基金管理公司，还是对基金研究评价机构、监管部门来说，都有重要意义。

对基金投资者而言，基金数量越来越多，投资者需要在众多的基金中选择适合自己风险收益偏好的基金。科学合理的基金分类将有助于投资者加深对各种基金的认识及对风险收益特征的把握，有助于投资者做出正确的投资选择与比较。对基金管理公司而言，基金业绩的比较应该在同一类别中进行才公平合理。对基金研究评价机构而言，基金的分类是进行基金评级的基础。对监管部门而言，明确基金的类别特征将有利于针对不同基金的特点实施更有效的分类监管。

(二) 证券投资基金的分类

构成基金的要素有多种，因此可以依据不同的标准对基金进行分类。

1. 根据运作方式的不同，可以将基金分为封闭式基金、开放式基金

2. 根据法律形式的不同，可以将基金分为契约型基金、公司型基金等

不同的国家（地区）具有不同的法律环境，基金能够依据的法律形式也会有所不同。目前我国的基金全部是契约型基金，而美国的绝大多数基金则是公司型基金。组织形式的不同赋予了基金不同的法律地位，基金投资者所受到的法律保护也因此有所不同。

3. 依据投资对象的不同，可以将基金分为股票基金、债券基金、货币市场基金、混合基金等

股票基金是指以股票为主要投资对象的基金。股票基金在各类基金中历史最为悠久，也是各国（地区）广泛采用的一种基金类型。根据中国证监会对基金类别的分类标准，基金资产 60% 以上投资于股票的为股票基金。

债券基金主要以债券为投资对象。根据中国证监会对基金类别的分类标准，基金资产 80% 以上投资于债券的为债券基金。

货币市场基金以货币市场工具为投资对象。根据中国证监会对基金类别的分类标准，仅投资于货币市场工具的为货币市场基金。

混合基金同时以股票、债券等为投资对象，以期通过在不同资产类别上的投资实现收益与风险之间的平衡。根据中国证监会对基金类别的分类标准，投资于股票、债券和货币市场工具，但股票投资和债券投资的比例不符合股票基金、债券基金规定的为混合基金。

依据投资对象对基金进行分类，简单明确，对投资者具有直接的参考价值。

4. 根据投资目标的不同，可以将基金分为成长型基金、收入型基金和平衡型基金

成长型基金是指以追求资本增值为基本目标，较少考虑当期收入的基金，主要以具有良好增长潜力的股票为投资对象。

　　收入型基金是指以追求稳定的经常性收入为基本目标的基金，主要以大盘蓝筹股、公司债、政府债券等稳定收益证券为投资对象。

　　平衡型基金是既注重资本增值又注重当期收入的一类基金。

　　一般而言，成长型基金的风险大、收益高；收入型基金的风险小、收益较低；平衡型基金的风险、收益则介于成长型基金与收入型基金之间。根据投资目标的不同，既有以追求资本增值为基本目标的成长型基金，也有以获取稳定的经常性收入为基本目标的收入型基金以及兼具成长与收入双重目标的平衡型基金。不同的投资目标决定了基金的基本投向与基本的投资策略，以适应不同投资者的投资需要。

　　5. 依据投资理念的不同，可以将基金分为主动型基金和被动（指数）型基金

　　主动型基金是一类力图取得超越基准组合表现的基金。

　　与主动型基金不同，被动型基金并不主动寻求取得超越市场的表现，而是试图复制指数的表现。被动型基金一般选取特定的指数作为跟踪的对象，因此通常又被称为指数型基金。

　　6. 根据募集方式的不同，可以将基金分为公募基金和私募基金

　　公募基金是指可以面向社会公众公开发售的一类基金。

　　私募基金是指能采取非公开方式，面向特定投资者募集发售的基金。

　　公募基金主要具有如下特征：可以面向社会公众公开发售基金份额和宣传推广，基金募集对象不固定；投资金额要求低，适宜中小投资者参与；必须遵守基金法律和法规的约束，并接受监管部门的严格监管。

　　与公募基金相比，私募基金不能进行公开的发售和宣传推广，投资金额要求高，投资者的资格和人数常常受到严格的限制。如美国相关法律要求，私募基金的投资者人数不得超过 100 人，每个投资者的净资产必须在 100 万美元以上。与公募基金必须遵守基金法律和法规的约束并要接受监管部门的严格监管相比，私募基金在运作上具有较大的灵活性，所受到的限制和约束也较少。它既可以投资于衍生金融产品进行买空卖空交易，也可以进行汇率、商品期货投机交易等。私募基金的投资风险较高，主要以具有较强风险承受能力的富裕阶层为目标客户。

　　7. 根据基金的资金来源和用途的不同，可以将基金分为在岸基金和离岸基金

　　在岸基金是指在本国募集资金并投资于本国证券市场的证券投资基金。由于在岸基金的投资者、基金组织、基金管理人、基金托管人及其他当事人和基金的投资市场均在本国境内，因为基金的监管部门比较容易运用本国法律法规及相关技术手段对证券投资基金的投资运作行为进行监管。

　　离岸基金是指一国的证券投资基金组织在他国发售证券投资基金份额，并将募集的资金投资于本国或第三国证券市场的证券投资基金。

　　8. 特殊类型基金

　　（1）交易型开放式指数基金（ETF）。交易型开放式指数基金，通常又被称为交易所交易基金（Exchange Traded Funds，ETF），是一种在交易所上市交易的、基金份额可变的一种开放式基金。一般 ETF 基金采用被动式投资策略跟踪某一标的市场指数，

因此具有指数基金的特点。

ETF 结合了封闭式基金与开放式基金的运作特点。投资者既可以像封闭式基金那样在交易所二级市场买卖，又可以像开放式基金那样申购、赎回。不同的是，它的申购是用"一揽子"股票换取 ETF 份额，赎回时则是换回"一揽子"股票而不是现金。这种交易制度使该类基金存在一级市场和二级市场之间的套利机制，可有效防止类似封闭式基金的大幅折价。

（2）上市开放式基金（Listed Open-ended Funds，LOF）。上市开放式基金是一种既可以在场外市场进行基金份额申购赎回，又可以在交易所（场内市场）进行基金份额交易和基金份额申购或赎回的开放式基金。它是我国对证券投资基金的一种本土化创新。

LOF 结合了银行等代销机构和交易所交易网络二者的销售优势，为开放式基金销售开辟了新的渠道。LOF 通过场外市场与场内市场获得的基金份额分别被注册登记在场外系统与场内系统，但基金份额可以通过跨系统转托管（跨系统转登记）实现在场外市场与场内市场的转换。LOF 获准交易后，投资者既可以通过银行等场外销售渠道申购和赎回基金份额，也可以在挂牌的交易所买卖该基金或进行基金份额的申购与赎回。

（3）QDII 基金。QDII 是 Qualified Domestic Institutional Investors（合格境内机构投资者）的首字母缩写。QDII 基金是指在一国境内设立，经该国有关部门批准从事境外证券市场的股票、债券等有价证券投资的基金。它为国内投资者参与国际市场投资提供了便利。2007 年，我国推出了首批 QDII 基金。

三、证券投资基金的交易

运作方式不同的基金在交易环节上存在较大的差异。下面将分别就封闭式基金的交易，开放式基金的认购，开放式基金的申购、赎回交易活动进行介绍。

（一）封闭式基金的交易

1. 交易账户的开立

投资者买卖封闭式基金必须开立深、沪证券账户或深、沪基金账户卡及资金账户。基金账户只能用于基金、国债及其他债券的认购及交易。

个人投资者开立基金账户需持本人身份证到证券登记机构办理开户手续。办理资金账户需持本人身份证和已经办理的股票账户卡或基金账户卡，到证券经营机构办理。每个有效证件只允许开设 1 个基金账户，已开设证券账户的不能再重复开设基金账户。每位投资者只能开设和使用 1 个资金账户，并只能对应 1 个股票账户或基金账户。

2. 交易规则

封闭式基金的交易时间为每周一至周五，每天 9：30～11：30、13：00～15：00。法定公众假期除外。

封闭式基金的交易遵从"价格优先、时间优先"的原则。价格优先是指较高价格买进申报优先于较低价格买进申报，较低价格卖出申报优先于较高价格卖出申报。时间优先是指买卖方向、价格相同的，先申报者优先于后申报者。先后顺序按交易主机接受申报的时间确定。

封闭式基金的报价单位为每份基金价格。基金的申报价格最小变动单位为 0.001 元人民币。买入与卖出封闭式基金份额，申报数量应当为 100 份或其整数倍。基金单笔最大数量应当低于 100 万份。

我国封闭式基金的交易采用电脑集合竞价和连续竞价两种方式。集合竞价是指对一段时间内接收的买卖申报一次性集中撮合的竞价方式。连续竞价是指对买卖申报逐笔连续撮合的竞价方式。

目前，深、沪证券交易所对封闭式基金的交易与股票交易一样实行价格涨跌幅限制，涨跌幅比例为 10%（基金上市首日除外）。

我国封闭式基金的交收同 A 股一样实行 T＋1 日交割、交收，即达成交易后，相应的基金交割与资金交收在成交日的下一个营业日（T＋1 日）完成。

3. 交易费用

目前，我国基金交易佣金为成交金额的 0.3%，不足 5 元的按 5 元收取。除此之外，上海证券交易所还按成交面值的 0.05% 收取登记过户费，由证券公司向投资者收取。该项费用由证券登记公司与证券公司平分。目前，在深、沪证券交易所上市的封闭式基金不收取印花税。

（二）开放式基金的认购

1. 开放式基金的认购渠道

在基金募集期内购买基金份额的行为通常被称为基金的"认购"。基金销售由基金管理人负责办理。基金管理人可以委托取得基金代销业务资格的其他机构代为办理。目前，我国可以办理开放式基金认购业务的机构主要包括商业银行、证券公司、证券投资咨询机构、专业基金销售机构以及中国证监会规定的其他具备基金代销业务资格的机构。

2. 认购步骤

投资者参与认购开放式基金，分开户、认购、确认三个步骤。不同的开放式基金在开户、认购、确认的具体要求上有所不同，具体要求以基金份额发售公告为准。

（1）基金账户的开立。基金账户是基金登记人为基金投资者开立的、用于记录其持有的基金份额余额和变动情况的账户。投资者认购开放式基金必须拥有基金登记人为投资者开立的基金账户。基金账户可通过基金代理销售机构办理。目前，我国开放式基金主要通过基金管理人的直销中心、商业银行、证券公司、证券投资咨询机构、专业基金销售机构以及中国证监会规定的其他具备基金代销业务资格的机构进行销售。

基金投资者主要分为个人投资者和机构投资者。基金账户的开户手续会因投资者身份以及认购地点的不同而有所不同。

资金账户的开立。资金账户是投资者在基金代销银行、证券公司开立的用于基金业务的结算账户。投资者认购、申购、赎回基金份额以及分红、无效认（申）购的资金退款等资金结算均通过该账户进行。

(2) 认购。个人投资者办理开放式基金认购申请时，需在资金账户中存入足够的现金，填写基金认购申请表进行基金的认购。个人投资者除可亲自到基金销售网点认购基金外，还可以通过电话、网上交易、传真等方式提交认购申请。机构投资者办理开放式基金认购申请时，需先在资金账户中存入足够的现金，填写加盖机构公章和法定代表人章的认购申请表进行基金的认购。一般情况下，基金认购申请一经提交，不得撤销。

(3) 确认。投资者 T 日提交认购申请后，一般可于 T＋2 日后到办理认购的网点查询认购申请的受理情况。投资者在提交认购申请后应及时到原认购网点打印认购成交确认情况。销售网点（包括代销网点和直销网点）对认购申请的受理并不表示对认购申请的成功确认，而仅代表销售网点确实接受了认购申请。申请的成功确认应以基金登记人的确认登记为准。基金合同生效后，基金登记人将向基金投资者邮寄基金认购确认单。认购申请被确认无效的，认购资金将会退还给投资者。

3. 认购方式与认购费率

(1) 认购方式。开放式基金的认购采取金额认购的方式，即投资者在办理认购申请时，不是直接以认购数量提出申请，而是以金额申请。在扣除相应费用后，再以基金面值为基准换算为认购数量。

(2) 认购费率。在基金份额认购上存在两种收费模式：前端收费模式和后端收费模式。前端收费模式是指在认购基金份额时就支付认购费用的付费模式；后端收费模式是指在认购基金份额时不收费，在赎回基金时才支付认购费用的收费模式。后端收费模式设计的目的是鼓励投资者能够长期持有基金，因为后端收费的认购费率一般会随着投资时间的延长而递减，甚至不再收取认购费用。

(三) 开放式基金的申购、赎回

1. 开放式基金申购、赎回的概念

投资者在开放式基金合同生效后，申请购买基金份额的行为通常被称为基金的申购。在从金募集期内认购从金份额，一般会享受到一定的费率优惠。除此之外，基金申购与基金认购没有本质区别。

开放式基金的赎回是指基金份额持有人要求基金管理人购回其所持有的开放式基金份额的行为。

开放式基金的基金合同生效后，可有一段短暂的封闭期。根据《证券投资基金运作管理办法》规定，开放式基金合同生效后，可以在基金合同和招募说明书规定的期限内不办理赎回，但该期限最长不得超过 3 个月。封闭期结束后，开放式基金将进入日常申购、赎回期。基金管理人应当在每个工作日办理基金份额的申购、赎回业务。基金合同另有约定的，按照其约定。

2. 开放式基金的申购、赎回场所

开放式基金份额的申购、赎回场所与认购渠道一样，可以通过基金管理人的直销中心与基金销售代理人的代销网点进行。投资者也可通过基金管理人或其指定的基金销售代理人以电话、传真或互联网等形式进行申购、赎回。

3. 开放式基金的申购、赎回时间

基金管理人应在申购、赎回开放日前 3 个工作日在至少一种中国证监会指定的媒体上刊登公告。申购和赎回的工作日为证券交易所交易日，工作日的具体业务办理时间为上海证券交易所、深圳证券交易所交易日的交易时间。目前，上海证券交易所、深圳证券交易所的交易时间为交易日 9：30～11：30、13：00～15：00。

4. 开放式基金的申购、赎回原则

（1）股票基金、债券基金的申购、赎回原则。

1）未知价交易原则。投资者在申购、赎回股票基金、债券基金时并不能即时获知买卖的成交价格。申购、赎回价格只能以申购、赎回日交易时间结束后基金管理人公布的基金份额净值为基准进行计算。这与股票、封闭式基金等大多数金融产品按已知价原则进行买卖不同。

2）金额申购、份额赎回原则。股票基金、债券基金申购以金额申请，赎回以份额申请。这是适应未知价格情况下的一种最为简便、安全的交易方式。在这种交易方式下，确切的购买数量和赎回金额在买卖当时是无法确定的，只有在交易次日或更晚一些时间才能获知。

（2）货币市场基金的申购、赎回原则。

1）确定价原则。货币市场基金申购、赎回基金份额价格以 1 元人民币为基准进行计算。

2）金额申购、份额赎回原则。货币市场基金申购以金额申请、赎回以份额申请。

5. 开放式基金的收费模式

基金管理人办理开放式基金份额的申购，可以收取申购费，但申购费率不得超过申购金额的 5％。认购费和申购费可以在基金份额发售或者申购时收取，也可以在赎回时从赎回金额中扣除。

基金管理人办理开放式基金份额的赎回，应当收取赎回费，但中国证监会另有规定的除外。赎回费率不得超过基金份额赎回金额的 5％。赎回费在扣除手续费后，余额不得低于赎回费总额的 25％，并应当归入基金财产。

6. 开放式基金申购、赎回款项的支付

申购采用全额交款方式。若资金在规定时间内未全额到账，则申购不成功。申购不成功或无效，款项将退回投资者账户。

投资者赎回申请成交后，基金管理人应通过销售机构按规定向投资者支付赎回款项。对一般基金而言，基金管理人应当自受理基金投资者有效赎回申请之日起 7 个工作日内支付赎回款项。对 QDII 基金而言，赎回申请成功后，基金管理人将在 T＋10 日（包括该日）内支付赎回款项。在发生巨额赎回时，款项的支付办法按基金合同有关规定处理。

7. 开放式基金申购、赎回的登记

一般而言，投资者申购基金成功后，登记机构会在 T＋1 日为投资者办理增加权益的登记手续；投资者自 T＋2 日起有权赎回该部分基金份额。投资者赎回基金份额成功后，登记机构一般在 T＋1 日为投资者办理扣除权益的登记手续。

QDII 基金有一定的特殊性。一般情况下，基金管理公司会在 T＋2 日内对该申请的有效性进行确认。T 日提交的有效申请，投资者应在 T＋3 日到销售网点柜台或以销售机构规定的其他方式查询申请的确认情况。

基金管理人可以在法律法规允许的范围内，对登记办理时间进行调整，并最迟于开始实施前 3 个工作日内在中国证监会指定的至少一种信息披露媒体公告。

第四节 产业投资基金

一、产业投资基金的概念

产业投资基金是指一种对未上市企业进行股权投资和提供经营管理服务的利益共享、风险共担的集合投资制度，即通过向多数投资者发行基金份额设立基金公司，由基金公司自任基金管理人或另行委托基金管理人管理基金资产，委托基金托管人托管基金资产，从事实业投资的一种创新的金融制度。它是以个别产业为投资对象的一种投资基金，重点投向具有高增长潜力的未上市企业，以进行股权或准股权投资，并参与被投资企业的经营管理和监督，以期所投资企业发育成熟后通过股权转让实现资本增值。

产业投资基金可分为广义产业投资基金和狭义产业投资基金。广义产业投资基金包括创业投资基金、支柱产业投资基金、企业重组基金和基础产业投资基金，即种子期的产业投资基金就是创业投资基金，成长期的产业投资基金就是支柱产业投资基金和基础设施基金，成熟期重组基金就是企业重组基金。狭义产业投资基金不包括创业投资基金，只包括支柱产业投资基金、企业重组基金和基础产业投资基金。产业投资基金具有以下一些特点：

（1）追求中长期利益。产业投资基金很难获得短期收益，它们的收入主要来自中长期，特别是"中期收益"，即把公司培养上市后，寻找合适的机会和买主把所占份额卖掉，实现超常规利润，同时抽回资金进行新的投资，从而保持较高的资产流动性。

（2）投资收益较高。除了中期收益能实现较高的利益外，由于产业投资基金和急需资金发展的企业打交道，处于很主导的地位，还可以在投资中附加高利、利润分成、劳务报酬等许多有利的条件。这在发展过热、资金紧张的新兴市场国家和发展中国家表现特别突出。

（3）资金流动慢。与证券类投资基金相比，产业投资基金的资产流动是很慢的，因为它的每笔投资都明确规定了时间的投资契约制约，不能想抽回就抽回，提前抽回就要蒙受损失。

（4）风险来源较多。产业投资基金有时似乎风险很大，但另一些情况则风险很小，很难一概而论，但它的风险来源很多，却是个突出的特点。中长期的投资不能随时抽回或灵活变现，其中隐含着许多风险，和企业直接打交道，而不是通过规范的市场间接打交道，蕴涵了更多的风险。企业本身的存在和发展中有许多风险，国家政策变动有风险，能否按预期的情况上市也是很大的未知数；等等。

（5）受约束较少。有些大型的上市的产业投资基金，其投资活动受到的管理和约束较多。但更多的产业投资基金对公募还是私募、合伙还是发起、规模的大小、投资组合中的比例、持有企业股份的份额、投资方式等都没有明确的规定。

（6）存续期长。这是由它中长期投资的性质所决定的。对一些私募的或合伙人性质的产业投资基金以及一些小的准基金性质的投资单位，实际上没有什么明确的存续期规定。

二、产业投资基金的特征分析

（一）产业投资基金属于专家管理型的金融资本

产业投资基金区别于其他金融资本，其显著特征在于它的专家管理特征。产业投资基金不仅为企业直接提供资本金，而且提供特有的专家式的资本经营、资本增值服务。具体表现为，产业投资基金并非单纯的投资行为，而是积极参与被投资企业的经营管理，强化公司治理，投资者只要求参股，不要求占控制地位。产业投资基金从对企业的日常监督管理到组织结构调整即企业制度建设、从当前经营战略到未来发展前瞻，全力协助企业以符合上市标准。

（二）产业投资基金是定位于实业的金融资本

产业投资基金定位于实业投资，通过经营企业，实现自身增值，即产业投资基金把企业作为商品来经营。产业投资基金的投资目的是基于企业的潜在价值，通过投资推动企业发展，并在合适的时机通过各类退出方式实现资本增值收益。

产业投资基金一般定位于高新技术产业、有效率的基础产业等。从国外的经验看，产业投资基金主要投资于基础设施行业，包括运输业、受监管的公用实业、政府服务业等。这些行业一般具有相对稳定可预测的现金流。

（三）产业投资基金为私募股权基金

产业投资基金的"私募"特征集中体现在拟投资对象的严格筛选。主要程序为：选择拟投资对象—尽职调查—交易构造—投资后管理—退出。首先，选择拟投资对象；其次，进行尽职调查；再次，当目标企业符合投资要求后，进行交易构造；又次，在对目标企业进行投资后参与企业的管理；最后，在达到预期目的后，选择通过适当的方式从所投资企业退出，完成资本的增值。产业投资基金对企业项目进行筛选主要考虑三个方面：第一，关注管理团队的整体素质。管理团队的好坏是企业成败的重要人力因素。第二，关注项目未来市场发展潜力。如果产品的市场潜力巨大，那么即使目前尚未带来切实的盈利，也会被基金所看好。第三，关注产品的独特性。产品的独特性是增强竞争力的基础及具有发展潜力的前提。当然还需考虑预期收益率、目标市场的成长率及合同保护性条款等。

(四) 产业投资基金的市场化运作特征

产业投资基金作为一种创新的股权融资制度，区别于一般意义上的债权融资，其重要特征就是市场化运作，具体表现在：第一，产业投资基金涉及多个当事人，包括基金股东、基金管理人、基金托管人以及会计师、律师等中介服务机构，基金管理者要具备丰厚的专业知识和对拟管理产业的谙熟，形成相互影响、相互制约的运行管理模式。第二，市场化运作产业投资基金，不能属于某些部门的工具。如果某个产业投资基金归某个部门管，就可能出现部门利益高于投资者利益的情况。如果把产业投资基金作为某些产业部门的附庸，作为其第二投资来源，就难以达到产业投资基金的目的。

三、产业投资基金的分类

(一) 按产业发展阶段分类

按照产业发展的阶段对产业投资基金进行分类，我们可以将产业投资基金划分为创业投资基金、支柱产业投资基金、基础产业投资基金和重组/并购基金等。

1. 创业投资基金

新兴产业还处于成长期，市场份额小，产出比重小，没有稳定的现金流，往往不能实现财务上的盈亏平衡，高风险是其本质特征。但新兴产业通常代表产业发展的新方向，代表科学技术产业化的新水平，能对整个产业结构的调整起到促进作用。传统的融资渠道不能承受投资创业企业的高风险，所以新兴产业最需要创业投资基金的大力支持。

2. 支柱产业投资基金

支柱产业多数指产出或收入所占比重较大的产业，它们在一国产业结构系统中占据着举足轻重的地位。支柱产业一般是处在成熟期的产业，具有长期稳定的产出、收益和市场。传统意义上的融资方式只能提供资金，不参与管理，不能对增强支柱产业的竞争力形成帮助。而产业投资基金的介入则不仅带去充足的资金，还带去了现代企业的发展理念、科学的管理模式以及更为广阔的市场，有利于促进支柱产业企业的改革与升级，增强国际竞争力，真正成为产业结构系统和国民经济的"支柱"。

3. 基础产业投资基金

合理调整产业结构，大力发展交通、通信、能源、农业、水利等基础设施与基础产业对实现中国经济持续稳定发展、协调发展具有重要意义。基础产业投资包含较小的风险、稳定的收益，具有一定的投资价值。但企业和个人投资者往往因为其建设周期长、投资额巨大、投资回收慢而导致资金流动性差等问题而不愿介入。于是设立基础产业投资基金有利于集中社会闲散资金，解决国家基础设施建设资金不足、政府支出压力过大等问题，有效解决我国基础设施建设的资金短缺。

4. 重组/并购基金

衰退产业是指那些处在衰退期阶段的产业，市场需求逐渐萎缩，在整个产业结构中的地位和作用不断下降。通过引入外部资金可以帮助其实现改造、再创新，或者是资源转移退出现有的产业结构。而这类企业类似新兴企业，无论是生产还是销售都面临再创业，投资风险较大，产业重组基金则能满足其资金需求，更重要的是能引入外部管理和监督，在全国范围内甚至世界范围内实现产业的重组和并购，促进衰退企业的更新。

（二）按组织形式分类

根据产业投资基金的组织形式来分，产业投资基金可以划分为契约型产业投资基金和公司型产业投资基金。投资基金采取不同的组织形式会受各国政府不同的鼓励、限制政策的影响。

1. 契约型产业投资基金

契约型产业投资基金是通过信托投资契约的形式，向投资者发行受益凭证，募集资金设立投资基金。这种投资基金通常是由基金委托人、基金受托人和基金投资者，即受益人三方共同订立一个信托投资契约，委托人依照契约规定运用信托财产进行投资；受托人依照契约规定负责保管信托财产，一般为银行或信托投资公司；投资者，即受益人持有受益凭证，依照契约规定享受投资成果。

2. 公司型产业投资基金

公司型产业投资基金是指通过组建股份公司发行股票募集资金建立的投资基金。公司型产业投资基金与契约型产业投资基金不同，它不是按照一定的信托契约而是按照合同法组成的，以股份有限公司形式发行公司股份、募集投资者资金组成基金，公司经理执行业务并向股东负责。产业投资基金成立后，基金投资管理有时也聘请其他基金管理公司来操作，但一般由公司自己的工作班子来承担。与契约型投资基金一样，大多数公司型投资基金的财产也要委托第三方保管。

（三）按受益凭证数额及赎回条件分类

根据基金受益凭证数额是否固定、是否可赎回为标准，产业投资基金可以划分为开放型产业投资基金和封闭型产业投资基金。

1. 开放型产业投资基金

开放型产业投资基金在设立基金时发行的基金总额不封顶，基金单位总数不固定，可视经营策略和实际需要连续发行。投资者可以按一定的手续购买或赎回一定数量的基金单位，这些基金单位的价格，按基金的净资产计算。因为基金券的发行量不固定，可追加，所以又叫追加型投资基金。

2. 封闭型产业投资基金

封闭型产业投资基金，是指基金受益凭证持股数是固定的，发行期满后基金就封闭起来，总持股不再增减。封闭型产业投资基金可以与普通股票一样上市交易，投资者可以在证券交易市场或者其他交易市场上购买或出售基金持股，基金凭证的价格由市场供需状况决定，并不一定反映基金的资产净值。封闭型基金的投资收益一般高于开放型投资基金，这是因为投资者在投资期间不得抽回资金，基金管理公司不需保留现金资产以应对投资者赎回的要求，可完全用于投资。在经股东大会表决及基金管理部门批准的情况下，封闭型基金也可转为开放型基金。

（四）按基金主体的性质分类

国外的产业投资基金多采取有限合伙企业形式（Limited Partnership）。由于中国经济主体发展的特点，产业投资公司会采取事业制机构和公司制机构的形式，有限合伙企业机构的形式正在积极探索发展中。

1. 事业制机构

事业单位法人是指为社会公益目的，由国家机关举办或者其他组织利用国有资产举办的，依法取得法人资格的，从事教育、科技、文化、卫生等活动的社会服务组织。事业制机构受到政府的支持，拥有稳定的资金和项目来源，但事业制机构也有一定的局限性，它在资金的投入和创业项目的具体选择上受到诸多的限制，为了实现政策性目标而导致资金使用效率的降低，这些都不利于创业投资的滚动发展。

2. 公司制机构

公司是遵循公司法的规定而成立，以营利为目的的企业法人，又可以分为股份有限公司和有限责任公司。与事业制机构相比，公司的运作更加规范。公司制机构的优点在于，公司在资本运作、项目选择上受到的限制较少。

3. 有限合伙企业机构

在美国所有私募股权基金中，有限合伙企业是最为广泛使用的组织形式。有限合伙企业形式通常由两类合伙人组成：普通合伙人（General Partner）和有限合伙人（Limited Partner）。普通合伙人在企业的资本中占有很小的份额（通常为1%），负责管理合伙企业的投资，通常是资深的基金管理人。有限合伙人主要是机构或者个人投资者，它们在合伙企业资本中所占份额较大，是投资基金的主要提供者。每个有限合伙企业都要事先商定一个存续期，一般为8～10年。合伙企业也可以根据条款延长存续期，但一般延期最多不会超过4年。在合伙企业成立的最初几年内，管理人运用资本对企业进行投资。随后，管理人管理这些投资并逐步将投资变现，将收益以现金或证券的形式分配给有限合伙人。

在这种企业制度下，有限合伙人实际上放弃了对合伙企业的控制权，只保留一定的监督权，将合伙企业交由普通合伙人经营，报酬以利润分成为主要形式。有限合伙企业的产权关系明晰，治理结构合理，报酬制度科学，对产业投资基金的发展起到了重要的促进作用。

（五）按受资企业发展的不同阶段分类

根据接受产业投资的企业发展的不同阶段，我们可以将产业投资资金划分为四类。

1. 种子资本（Seed Capital）

种子资本主要是为那些处于产品开发阶段的企业提供小笔融资。对"种子资本"具有强烈需求的往往是一些高科技公司，如生物技术公司，它们在产品明确成型、得到市场认可前的数年里，需要定期注入资金，以支持其研究和开发。这类企业在很长一段时期内都难以提供具有商业前景的产品，投资风险极大。尽管投资回报可能很高，但绝大多数商业产业投资公司都避而远之，因为投资这样的企业需要相当专业的评估。

2. 导入资本（Start Upfunds）

导入资本对那些拥有了确定的产品，具有明确的市场前景，但资金短缺的企业提供资金帮助，以支持企业的产品中试和市场试销。但是考虑到市场风险和技术风险，产业投资家可能不得不为此承担一笔长期的、不流动的资产，并由此受到投资人要求得到回报的压力。

3. 发展资本（Development Capital）

发展资本主要投资于处在扩张期的企业。这类资本的一个重要作用就在于协助那些私人企业突破杠杆比率和再投资利润的限制，巩固这些企业在行业中的地位，并为它们进一步在公开资本市场获得融资打下基础。尽管该阶段的产业投资回报并不太高，但由于这类企业已进入成熟期，企业能够提供一个可预见的相对稳定的现金流，具备良好业绩记录的管理团队，包括市场风险、技术风险和管理风险在内的各种风险也大大降低，所以对于产业投资家仍具有很大的吸引力。

4. 并购资本（M&A Capital）

并购资本主要投资于具有巨大市场潜力、规模较大、较为成熟的企业并参与管理层收购（MBO/MBI），它是一种特殊的产业投资工具。目前，MBO/MBI所涉及的风险资本数额越来越大，在英国，已占到风险投资总量的2/3，但交易数量却少得多。

第五节　典当、拍卖、租赁市场

一、典当市场

（一）典当及其构成要素

典当是以金钱借贷为基础，以特定物品或者财产权利质押为条件，向典当机构借贷的特殊融资方式。与现代银行机构不同，典当机构放贷的主要依据在于当物的价值大小而非当户的信用。当户与典当机构放贷之间不是信用贷款关系，而是质押贷款关系。典当机构的借贷原则是以物定贷，即按照当物价值的大小决定出借的金额大小。

典当的构成要素包括主体、客体和市场规则。典当的主体包括当户和典当行。人们融资需求的多样化导致多元化融资方式和多元化融资渠道的产生，典当便是其中的一种融资方式。在典当行为中，当户享有当物所有权和当物赎回权，承担移交当物占用权的义务；在典当行为中，典当行享有当物占用权和优先受偿权，承担保管当物和返还当物的义务。典当的客体包括当物和当金。当物是典当关系产生和存在的首要客体，它反映典当双方的质押担保关系；当金是典当关系产生和存在的第二位客体，它反映典当双方的债权债务关系。典当市场规则是指关于典当商品和服务交易的规则制度，通常包括法制系统、行政管制系统和道德约束系统。

(二) 典当的流程

目前，大多数典当业务主要包括建当（审当和验当）、收当、赎当、续当、绝当五个方面。

1. 建当

建当包括当户审核和当物鉴定两个方面。

当户审核是指典当行应当依法审核当户的有效证件，这是典当的必要法定程序之一。我国《典当管理办法》第三十五条规定："办理出当与赎当，当户均应当出具本人的有效身份证件。当户为单位的，经办人员应当出具单位证明和经办人的有效身份证件；委托典当中，被委托人应当出具典当委托书、本人和委托人的有效身份证件。"审核有效身份证件的目的在于，使典当行先期作出是否与当户进行典当交易的判断。

当物鉴定是指典当行依法鉴定当物。在典当业务中，不是所有的动产和财产权利都能够充当当物。合格的当物必须满足一定的条件，包括自然、经济、法律等各方面的条件。在自然属性方面，典当行须分辨当户所持当物的真伪、优劣、正误等，是否值得收当，是否存在缺陷因素。在经济属性方面，典当行须确认当户所持当物的使用价值、流动价值等，是否有新的市场需求，是否存在再次销售的可能性。首先，当物必须具有交换价值，才能在绝当后进行变现，实现质权；其次，当物价值必须相对稳定，当物属于商品，典当期间自然会受到市场价格波动的影响，只有当物价值相对稳定，才能缩小主观价格评估结果与客观市场行情变化间的差距，从而保证稳定收益。在法律属性方面，典当行须鉴定当物的权属，确定当户所持当物的来源、方式、手续和流通情况是否正当合法，是否存在侵权行为。首先，当物须无流通障碍；其次，当物必须无权利瑕疵，即当物权利明确、合法、无争议。

2. 收当

收当包括确定当金额及综合费率标准，签订典当协议书，收当入库和制票付款、收取费用。

对当物进行价格评估是典当行向当户发放当金的基础和前提。只有合理确定当物的评估价格，才能根据一定的折当比例核定当金数额。

对当户发放当金是典当双方达成典当交易的标志。只有根据当物评估价格一定的比例发放当金，使当户在一定的期限内使用当金，并按照一定的息费标准偿还当金，典当交易才能够正常进行。

3. 赎当

赎当的程序包括：当户凭当票办理赎当手续，结清综合手续费及典当本金。而典当行会依据当户出示的当票办理出库手续，将发票单证件归还当户。

当户赎回当物时需持本人身份证及当票方可办理赎当手续。进行代赎当物时，代理人需持典当人当票、身份证方可办理。

4. 续当

续当又称展期，是指当户在典当期限届满时不赎当，而以原当物在同一典当行继续进行典当的行为。

5. 绝当

当期届满或续当期满后，过期赎当每日加收典当当金 0.5％的服务费，5 天后仍未清偿当金赎回当物，视为绝当。典当行将依法拍卖或存有绝当物品。

（三）典当市场的主要类型

典当市场有多种类型，世界各国大同小异。我国典当市场主要包括：动产典当市场、财产权利典当市场、房地产抵押市场。

1. 动产典当市场

动产典当市场的范围相当广阔，常见的有贵金属首饰典当、珠宝钻石典当、汽车典当、名表典当、服装鞋帽典当、艺术品典当、家用电器典当和杂项典当。

动产典当市场具有以下特征：

（1）交易主体单一。交易主体中当户以自然人居多，企业事业单位较少。除了汽车、服装鞋帽等有企业事业单位参与外，90％以上的动产典当交易都发生在自然人之间。

（2）交易品种集中。动产典当市场的交易品种主要集中在贵金属首饰、汽车、名表和家用电器等。

（3）交易规模庞大。在我国，动产典当市场的交易规模十分庞大，其比例通常占整个典当市场交易总量的80％以上，非动产典当交易数量较小。

（4）交易流程便捷。动产典当市场的交易流程简明迅速，交易手续便捷，用时较少。在典当业务中，动产典当类似动产质押，典当合同的成立以当物交付典当行占有为要件，而且无需登记公示，因此典当交易能够很快完成。

（5）交易成本较高。动产典当市场的交易成本较高，高于财产权利典当市场的交易成本和房地产抵押市场的交易成本。这里的交易成本指当户以动产典当方式利用当金必须向典当行支付的资金价格，包括当金利息和综合费用。

2. 财产权利典当市场

财产权利典当市场的范围相当较窄，通常仅包括某些债权典当、股权典当和无体财产权典当等。

财产权利典当市场的特征包括：

（1）交易品种较少。财产权利典当市场的交易品种主要有：债权中的汇票、债券、存款单、仓单和提单，股权中的股票，无体财产权中的知识产权等。

（2）交易规模较小。财产权利典当市场的交易规模较小。在我国大陆，其比例通常占整个典当市场交易总量的20％左右。

（3）交易成本较低。财产权利典当市场的交易成本通常比较低，低于动产典当市场的交易成本和房地产抵押市场的交易成本。

3. 房地产抵押市场

房地产抵押业务是近年来我国典当行普遍开展的法定业务。然而，这类业务并非典当业务，故由典当行参与的房地产抵押市场不是我国典当市场的组成部分，只是与典当市场有密切联系的一个融资市场，属于我国整个房地产抵押市场的组成部分。

房地产抵押市场的特征包括：

（1）交易主体双重化。房地产抵押市场的交易主体一方即抵押人，通常表现为自然人和中小企业均很多。在房地产抵押市场上，越来越多的中小企业通过房地产抵押向典当行人融资。

（2）交易规模扩大化。房地产抵押市场交易规模近年来规模逐渐扩大，现其交易量已十分可观。

（3）交易类型单一化。房地产抵押市场的交易类型比较单一，即抵押人向典当行融资通常是为了应急，属于应急型融资。

（4）交易成本多元化。房地产抵押市场的交易成本通常也比较高，大致与动产典当市场的交易成本相当，甚至还超过后者。

二、拍卖市场

拍卖是最古老的市场形式之一，它的出现至少可以追溯到公元前 500 年。今天，所有种类的商品，从二手电脑到鲜花，都可以通过拍卖来销售。

（一）拍卖的定义及特征

拍卖，是以公开竞价的一种交易方式。《中华人民共和国拍卖法》规定："拍卖是指以公开竞价的形式，将特定的物品或者财产权利转让给最高应价者的买卖行为。"在传统的自然经济的农业社会，农户将其牲畜、工具进行拍卖。随着商品经济的发展，逐渐出现了职业化的拍卖人和拍卖机构。他们在一定区域内承揽业务，为其委托人拍卖各种物品。

拍卖的特点有：

（1）拍卖必须预先公告，专门组织，在指定时间和地点进行，尽可能争取众多的买主参加。

（2）拍卖必须通过拍卖机构，按照其特有的法律、规定和程序进行。

（3）拍卖是一种现货交易。在拍卖活动正式进行以前，货物应运送到现场，让买主亲眼查看、询问，成交后即可提货。

（4）拍卖是一种公开竞买的交易，按价高者得的原则进行竞价购买，坚持公开、公平、公正的原则。

（二）拍卖的竞价形式

由于拍卖的时间集中，买主众多，竞争激烈，能够充分反映市场的需求，可以提供较为真实的市场需求和价格信息。拍卖的形式也是多种多样的，基本有以下三种形式：

1. 英国式拍卖

拍卖人先以一个保留价格起拍，这是商品的出售者所愿意卖出商品的最低价格。竞价开始，投标人要相继给出一个较高的价格。通常，每个出价都要按某个最小的竞价增量超出前一个出价。当没有投标人愿意再提高出价时，出价最高的人就获得了这件商品。

2. 荷兰式拍卖

拍卖人先以一个较高的价格起拍，然后逐步降低价格，直到某个投标人愿意接受这个价格为止。它的一个优点是进程非常迅速。

3. 密封拍卖

在这种形式的拍卖中，每个投标人都将出价记录在一张纸上，并密封在一个信封中。最终，所有的信封集中在一起，出价最高的人将获得商品，他要向拍卖人支付他出的价格。如果这里存在保留价格，并且所有的出价都低于这一保留价格，那么商品将不属于任何人。密封拍卖通常应用于建筑工程的招标。建筑工程的经营者向几家建筑承包商寻求招标，条件是出价最低的承包商将获得这项工程。

（三）拍卖的形式

按照商品的性质，经济学家将拍卖分为个人价值拍卖和共同价值拍卖。

1. 个人价值拍卖

拍卖商品对每个参与人都具有不同的潜在价值。一件艺术品对一个收藏家可能价值500美元，对另一个收藏家可能价值200美元，这取决于他们的偏好。

2. 共同价值拍卖

拍卖商品基本上对每个投标人都具有相同的价值，尽管不同的投标人对这个共同价值可能具有不同的预测。

（四）拍卖存在的问题

英国式拍卖具有能够实现帕累托有效率结果的合意性质，这使得它成为富有吸引力的可供选择的资源配置机制。但它并不是完美的，它很容易招致串谋。

同样，还存在各种各样的操纵拍卖结果的方式。假定一个出价就是投标人所承诺的支付价格，但是在某些拍卖设计形式中，一旦获胜的出价披露以后，投标人就可以退出，这种选择权就为操纵提供了空间。

三、租赁市场

（一）租赁的兴起

租赁是指以出售一定时期内商品使用权而收取租金的一种交易方式、它不同于实物买卖。租赁不转让商品所有权，而是以使用权为标的出让给承租人使用，一次性或分期交付租金。租用期满后，承租企业根据租赁合同，或收回商品，或继续租用和留购。

租赁范围相当广泛，小至生活资料，餐具、烨具、家具，大至新型设备，均可支付一定的租金向出借人租用，以代替购买。

租赁的历史可以追溯到公元前2000年古代亚洲巴比伦地区幼发拉底河下游的苏美尔族。现代性质的租赁最先出现于美国，20世纪60年代以来，西欧、日本、加拿大以及一些发展中国家，随之迅速发展。至70年代中期，世界各国对租赁资本设备在促进筹集新投资上的重要性日益肯定。形成这种趋势的原因是多方面的，第二次世界大战后，世界经济一度出现不景气，大量游资急于寻求出路，而资本主义国家银行利率上升，汇率波动，资金的时间价值日益明显。另外，科学技术飞跃发展，设备陈旧老化，要求更新，促使资本投资的需求高涨。在这种情况下，租赁这一新型业务，通过商品资本形式满足扩大再生产的需求。

目前，租赁不仅仅大量运用于各国，在国际市场上也广泛用于吸收外资、引进技术装备以及发展对外贸易。我国已经在物资系统、商业系统开展了此项业务。

(二) 租赁的作用

1. 加快设备更新和技术改造

租赁的实质是一种融资和购买相结合的经营方式。企业急需的设备，无需自筹资金，以少量租金，就可以迅速实现技术和设备更新。出租公司对企业提供设备，相当于提供长期贷款，支持企业的生产发展。

2. 节省资金，充分提高物质设备的利用率

部分生产设备属于季节性使用，甚至一次性的使用，人人都购买必然引起闲置和浪费。通过租赁形式，可以节省大量资金投入到其他生产项目中。

3. 支持生产、方便生活

租赁方式比较简单灵活，租期可长可短，租金支付次数可多可少，大大方便了顾客；范围亦可大可小，既有利于生产，也方便了生活。

(三) 租赁的种类

现代租赁形式多种多样，按其性质基本可以分为以下三大类：

1. 融资租赁

为解决企业、事业单位在发展生产、进行技术改造，更新设备时面临的资金不足问题，企业会选择向租赁公司租用设备。租赁公司融通资金，购进用户所需的先进技术和设备，然后再租给用户，企业按合同的规定，分期向租赁公司交纳租金。合同期满后，根据租赁合同条款处理设备。一般而言，有三种处理方法：一是到期后将设备退还给租赁公司；二是另订合同，继续租用；三是留购。

2. 服务性租赁

为解决企业、事业单位在生产建设中对于一些大中型通用设备，如施工机械、通用模具、大型运输车辆等短期需要，企业、事业单位会向租赁单位租用，并在使用完后归还租赁公司。但设备使用期间的维修、保养等操作等，均由租赁公司负责。

3. 生活型租赁

为了便利生活，减少浪费，租赁公司会将日常生活需要的家电、汽车、五金工具以及园林工具等进行临时出租。

本章小结

1. 信托市场是专门经办各种信托产品交易的场所及其运行机制的总称。信托市场不仅经营传统的信托业务，而且从事资本市场投资，进行直接投资或提供中长期资金融通。世界各国把信托市场列为资本市场的重要组成部分。

2. 资金信托可以分为传统资金信托和现代资金信托。传统资金信托包括信托存款、

信托贷款、信托投资委托贷款以及委托投资等；现代资金信托包括贷款信托、证券投资信托、养老金信托等。信托业务创新是信托领域的当事人通过对信托活动的各种要素的重新组合和创造性变革所创造或引进的新事物。信托创新是金融创新的重要组成部分。

3. 证券投资基金（以下简称"基金"）是指通过发售基金份额，将众多投资者的资金集中起来，形成独立财产，由基金托管人托管，基金管理人管理，以投资组合的方式进行证券投资的一种利益共享、风险共担的集合投资方式。

4. 产业投资基金是指一种对未上市企业进行股权投资和提供经营管理服务的利益共享、风险共担的集合投资制度，即通过向多数投资者发行基金份额设立基金公司，由基金公司自任基金管理人或另行委托基金管理人管理基金资产，委托基金托管人托管基金资产，从事实业投资的一种创新的金融制度。

5. 产业投资基金可以按不同方式进行分类：按产业发展阶段、组织形式、受益凭证数额及赎回条件、基金主体的性质、受资企业发展的不同阶段。

6. 典当是以金钱借贷为基础，以特定物品或者财产权利质押为条件，向典当机构借贷的特殊融资方式。拍卖是以公开竞价的一种交易方式。租赁是指以出售一定时期内商品使用权而收取租金的一种交易方式，它不同于实物买卖。

关键词：

信托市场（Trust Market）　　　　　信托业务（Trust Business）
证券投资基金（Fund）　　　　　　　封闭式基金（Closed-ended Fund）
开放式基金（Open-ended Fund）　　　交易型开放式指数基金（ETF）
上市开放式基金（LOF）　　　　　　发展资本（Development Capital）
创业投资基金（Venture Capital Fund）　种子资本（Seed Capital）
产业投资基金（Industrial Investment Fund）　典当（Pawn）
拍卖（Auction）　　　　　　　　　租赁（Leaseing）

思考题：

1. 简述信托市场的职能。
2. 简述信托市场的作用。
3. 试着阐述委托贷款与信托贷款的区别。
4. 比较封闭式基金与开放式基金的区别。
5. 产业投资基金有哪些特征？
6. 产业投资基金按不同的分类方法可以分为哪些类型？
7. 简述我国典当市场的主要类型。
8. 列举拍卖竞价的主要形式。
9. 简述现代租赁的种类。

第七章 金融衍生工具市场

金融衍生工具是指价值依赖于其他基本标的资产的各类合约的总称。美国财务会计准则委员会（FASB）颁布了一系列公告（SFASS），将其定义为：价值由名义规定的衍生于所依据的资产的业务或合约。根据巴塞尔银行监管委员会的定义，金融衍生工具是"一种合约，该合约的价值取决于一项或多项标的资产或指数的价值"。标的资产包括的范围很广泛，可以是股票、债券等基础证券，可以是黄金、白银等贵金属，也可以是小麦、玉米、咖啡等大宗商品，甚至可以是不存在实物形态的股票指数、温度、污染指数等。例如，以股票为标的资产的衍生工具有股票期货、股票期权、股指期货、股票指数期权等。股票一般是公司为筹集资金而向投资者发行的，所有的股票发行是公司转让部分公司所有权的融资手段，投资者购买股票后，可按投资比例享有公司所有者的各项权利。金融衍生工具与此不同，衍生工具作为一个合约，合约的双方不是确定的。根据自身需要或对未来经济状态的判断，交易者可以选择站在合约的任意一方。金融衍生工具是在现时对金融基础工具未来可能产生的结果进行交易，其交易在现时发生而结果要到未来某一约定的时刻才能产生。衍生工具交易的对象并不是基础工具或金融商品本身，而是对这些基础工具或商品在未来各种条件下处置的权利和义务。基础的金融衍生工具包括期货与远期合约、期权和互换三大类。

通过本章的学习，希望读者能够掌握金融衍生工具的基本概念、风险和收益属性和衍生工具在金融风险管理中的作用。

第一节 远期利率协议

一、远期合约

远期合约（Forward Contract）是一种最为简单的衍生证券。它是一个在确定的将来时刻按确定的价格购买或出售某项资产的协议。通常是在两个金融机构之间或金融机构与其公司客户之间签署的非标准化合约，它不同于期货，往往不在柜台市场上交易。

在合约中，双方约定买卖的资产称为"标的资产"，约定的成交价格称为"协议价格"或者"交割价格"（Delivery Price），同意在将来某个确定的日期以某个确定的价格购买标的资产的一方被称为多头（Long Position），同意在未来某个确定的日期以确定价格出售该标的资产的一方被称为空头（Short Position）。在远期合约签署的时刻，所选择的交割价格应该使得远期合约的价值对双方都是零。这意味着无需成本就可处于远期合约的多头或空头状态。

远期合约在到期日交割。空头的持有者交付标的资产给多头的持有者，多头支付等于交割价格的现金。决定远期合约价格的关键变量是标的资产的市场价格。签订远期合约时该合约的价值为零，而在此之后，它可能具有正的或负的价值，这取决于标的资产价格的运动。如果合约签订之后不久该标的资产价格上涨很快，则远期合约多头的价值变为正值而远期合约空头的价值变为负值。

某个远期合约的远期价格是指使得该合约价值为零的交割价格。因此，远期合约签订时，远期价格和交割价格是相同的。随时间推移，远期价格有可能改变，而交割价格保持相同。在合约开始后的任何时刻，除了偶然之外，远期价格和交割价格并不相等。一般来说，在任何给定时刻远期价格随该合约期限的变化而变化。例如，购买或出售三个月远期合约的远期价格肯定不同于购买或出售六个月远期合约的远期价格。

假设投资者在 1995 年 5 月 8 日签署一个多头远期合约，在第 90 天以每英镑 $1.6056 的汇率购买 100 万英镑。这个远期合约使得该投资者有义务用 $1605600 购买 100 万英镑。如果在第 90 天末市场即期汇率上升到每英镑 1.6500，该投资者将获利 $44400（＝$1650000－$1605600），因为一旦他们用 $1650000 购买了这些英镑，他们在市场上出售这些英镑时可以获得 $1650000。类似地，如果在第 90 天末市场即期汇率下降到每英镑 $1.5500，该投资者将损失 $55600，因为该投资者履行远期合约购买 100 万英镑需要 $1605600，而按市场价格只需 $1550000，多支付了 $55600。

通常，一单位资产远期合约多头的损益（Payoff，也称收益、回报等）是：

$$S_T - K$$

这里 K 是交割价格，而 S_T 是合约到期时资产的即期价格。只是因为合约的持有者有义务用价格 K 购买价值为 S_T 的资产。

类似地，一单位资产远期合约空头的损益是：

$$K - S_T$$

因此这些损益可能是正的，也可能是负的。它们表示在图 7-1 中。由于签署远期合约时并没有成本，合约的损益也就是投资者从该合约中所得总盈利或总亏损。

二、远期利率与连续复利

远期利率是指现在时刻的将来一定期限的利率，如 1×4 远期利率是指一个月后开始的期限为 3 个月的远期利率；3×6 远期利率表示 3 个月之后开始的期限为 6 个月的远期利率。

远期利率是由一系列即期利率决定的。例如，如果 1 年期的即期利率为 8％，2 年

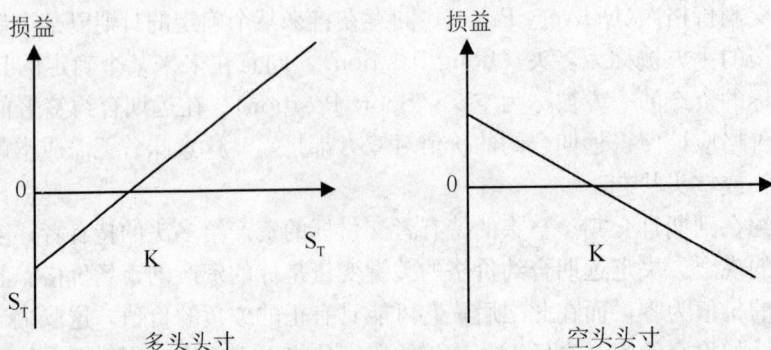

图7—1 远期合约损益

注：K＝交割价格；
S_T＝到期时资产价格。

期的即期利率为8.5％，那么其隐含的1～2年期的远期年利率就约等于9％，这是因为：

$$(1+8\%)(1+9\%) \approx (1+8.5\%)^2$$

一般来说，如果现在时刻为t，T时刻到期的即期利率为r，T^*时刻（$T^*>T$）到期的即期利率为r^*，则t时刻的（T^*-T）期间的远期利率$\hat{r}$可以通过下式求得：

$$(1+r)^{T-t}(1+\hat{r})^{T^*-T} = (1+r^*)^{T^*-t}$$

注意，上式仅适用于每年计一次复利的情形。

为了更精确地算出即期利率和远期利率之间的关系，我们还必须引入连续复利的概念。

假设金额A以利率R投资n年，如果一年计一次复利，则上述投资的终值为$A(1+R)^n$。如果每年计m次复利，则终值为$A\left(1+\dfrac{R}{m}\right)^{mn}$。当m趋于无穷大时，就为连续复利（Continuous Compounding），此时的终值为$\lim\limits_{m\to\infty}A\left(1+\dfrac{R}{m}\right)^{mn}=Ae^{Rn}$，其中，e约等于2.71828。

三、远期利率协议

远期利率协议（Forward Rate Agreement，FRA）是指在现在的时点上，由交易双方商定，在未来某一商定的时期开始在某一特定时期内按协议利率借贷一笔数额确定、以具体货币表示的名义本金的协议。远期利率协议的买方是名义借款人，其订立远期利率协议的目的主要是为了规避利率上升的风险。远期利率协议的买方是名义贷款人，其订立远期利率协议的目的主要是规避利率下降的风险。远期利率协议的主要特点是交割时不需实际收付本金，用LIBOR将利率协议期第一天确定的利率与该日前两个营业日时的LIBOR之间的利息差额贴现为现值，然后据此进行交割。

远期利率协议于 1983 年在欧洲货币市场推出后,1984 年起经货币经纪商积极采用和推广,现已作为避免利率变化风险的主要工具在金融市场上发挥着重要作用。目前大部分交易集中在美元上,日元、德国马克和瑞士法郎的交易也与日俱增。

在远期利率协议下,如果参照利率超过合同的协议利率,那么卖方就要支付买方一笔结算金,以补偿买方在实际借款中因利率上升而造成的损失;反之,则由买方支付给卖方一笔结算金。但实际上,借款利息是在贷款到期时支付,结算金则是在结算日支付,因此,结算金通常并不等于因利率上升而给买方造成的额外利息支出,而等于额外利息支出在结算日的贴现值,计算公式如下:

$$结算金 = \frac{(r_r + r_k) \times A \times \dfrac{D}{B}}{1 + \left(r_r \times \dfrac{D}{B}\right)}$$

其中,r_r 为参照利率,r_k 为合同协议利率,A 为合同金额,D 为合同天数,B 为天数计算惯例(如美元为 360,英镑为 365)。

上式中分子表示由于合同协议利率与参照利率之间的差异所造成的额外利息支出,而分母是对分子进行贴现,以反映结算金的支付是在合同期开始之日而非结束日。

例:假设 A 公司在 6 个月之后需要一笔金额为 1000 万美元的资金,为期 3 个月,其财务经理预计 6 个月后利率将上升,因此为锁定资金成本,该公司与银行签订了一份利率为 5.9%,名义金额为 1000 万美元的 6×9 远期利率协议。

假设 6 个月后利率上涨,3 个月期的市场利率为 6%,则远期利率协议结算日应交割的金额计算如下:

$$\frac{(6\% - 5.9\%) \times 10000000 \times \dfrac{90}{360}}{1 + 6\% \times \dfrac{90}{360}} = 2463.05$$

如果 A 公司没有签订远期利率协议,则其不得不按市场利率 6% 借入一笔金额为 1000 万美元、期限为 3 个月的资金,则利息成本为:

$$10000000 \times 6\% \times \frac{90}{360} = 150000$$

现在 A 公司签订了 FRA 来规避利率上升的风险,可获得的远期利率协议的利息差价收入为 2463.05 美元,所以其财务成本为:

$$\frac{150000 - 2463.05}{10000000} \times \frac{360}{90} = 5.9\%$$

即 FRA 中的协定利率。

由于 FRA 的签订,不管市场利率如何波动,协议双方将来收付资金的成本或收益总是固定在合同利率水平上。而且,由于远期利率协议不需要交付本金,利息是按差额结算的,因此资金流动量较小,这就为资金使用者提供了一种管理利率风险的有效工具。

第二节　商品和债券期货

一、商品期货

(一) 商品期货的含义

商品期货（Commodity Futures）是以标的物为实物商品的一种期货合约，是关于买卖双方在未来某个约定的日期以签约时约定的价格买卖某一数量的实物商品的标准化协议。商品期货交易是在期货交易所内买卖特定商品的标准化合同的交易方式。

(二) 商品期货标准化合约的基本内容

期货合约是标准化的、具有普遍性特征的合约，每一种期货合约的质量、数量、交割地点、时期等条款是既定的，只有价格是在交易过程中通过公开竞价方式敲定的。期货合约的转让无须背书，这便利了期货合约的连续买卖、转手，具有很强的市场流动性。只要能够预测商品价格，具备承担风险的能力就可以买卖。一张期货合约中的主要内容有以下六项：

1. 标准合约单位

即每份期货合约都明确规定了所包含的商品数量和计量单位。

2. 标准商品

即每份期货合约都有明确的质量要求，标明了品质标准。

3. 期货交易时间

期货交易所的交易时间是固定的，每个交易所时间都有严格的规定：一般每周营业5天，周六、周日休息，每个交易日还可分为两盘，即上午盘和下午盘，每盘1~3小时不等。伦敦金属交易所每盘又分两节，每节交易时间为5分钟，两节间有15分钟的休息时间。

4. 交货期

交易双方在期货合约到期时按合约规定的商品数量和质量交付或接收货物，以履行期货合约：交货期按月份计算，交货月份的确定与该商品的生产特点有一定的联系，如金属原料的生产没有季节性，故交货月份的季节性不强；而农产品交割月份规定却有很强的季节性。另外，根据商品生产、保管、流通情况的不同、商品交易所规定的各种商品交货期的长短也有所不同，一般可分为近期和远期两类。

5. 交收地点

为了防止在商品储存过程中的商品损坏或诈骗事件，保证买方能接收到期货合约规定的商品数量和质量。美国法律规定，只有美国农业部批准的仓库才能作为期货交易的合法交易地点，而且立法授权商品交易所委派自己的商品质量检验员去仓库检验商品质量，以保证每一份期货合约交易都在规定条件之内进行交易。

6. 交割月份

从事商品期货交易必须按照合约规定的某一时间从事期货商品的交割。交割月份对于期货交易的两种主体即买者和卖者来说，有不同的意义。对于买方来说，在合约规定的特定时间里，他要购买一特定数量的期货商品；对卖方来说，他要在特定时间内提供一特定数量的期货商品给买方。买卖双方交割时，就以他们最初买卖期货合约时所议定的价格完成交易。对于投机者来说，他进行期货交易的目的不在于交割日交收实物商品，而在于交割月份前的时间里谋求差价和利润最大化。

具有代表性的商品交割月份不止一个，一般隔两个月一次。美国的期货交易所大多选择 4、6、8、10、12 月等双数月份为交割月份；日本的期货交易所则多选择最近的 6 个月为交割月份。一般交割月份的第一个交易日为第一个通知日，从这一天起买家会随时收到一张交收或开标通知书。交割月份不同会影响期货价格，一般远期期货价格由于包含更多利息、仓租、保险费用而高于近期期货价格。

（三）商品期货的种类

除了农产品期货之外，商品期货还包括能源期货和金属期货，以及一些无法归类的期货，如计算机内存期货。在早期，能够作为期货产品的一个必要条件是有足够大的现货市场，这样才能吸引足够的交易者。在商品期货中，类别最多的无疑是农产品期货。早期农产品期货在商品期货中占据绝对领先地位，但是随着农业在经济体系中的地位逐渐下降和工业地位的上升，能源期货和金属期货的重要性开始显现。表 7-1 为几类典型的期货。

表 7-1　商品期货产品

类别	期货产品
农产品	小麦、大豆、豆粕、棉花、绿豆、玉米、可可、糙米、乙醇、橡胶、牛肉、猪肉、牛奶、黄油……
能源期货	原油、燃油、天然气、汽油
金属	金、银、铜、铝、钢材

（四）商品期货的定价

1. 一般期货定价

首先，我们给出一个一般的期货定价公式，为此，我们构造投资组合如下：

组合 A：一个期货合约的多头加上数额为 $Ze^{-r(T-t)}$ 的现金，其中 Z 为期货价格，r 为无风险收益率，T 为到期日。

组合 B：一单位基础资产加上以无风险利率借款 I，这类 I 为基础资产在期货合约期限内收益（如利息收益）的现值。

设 S 为基础资产在 t 时刻的价格，按无套利原则有：

$$f+Ze^{-r(T-t)}=S-I$$

由于订立合约时期期货的价值 f＝0，因此：

$$Z=(S-I)e^{r(T-t)} \tag{7.1}$$

将这类公式应用到商品期货定价中，得出商品期货的定价公式。将商品区分为如下两大类是十分重要的，即为投资目的而由相当多的投资者所持有（如黄金和白银）的商品和为消费目的所持有的商品。对以投资为目的的商品，我们可以通过套利讨论得出准确的期货价格。但是，对以消费为目的的商品来说，套利讨论只能给出期货价格的上限。

2. 投资类商品定价

在投资类商品中，黄金和白银是最具代表性的商品。自古以来，作为硬通货就被众多投资者所喜爱，持有黄金和白银的目的就是投资考虑存储成本，黄金和白银类似于无收益的证券，采用前面的符号，S 是黄金的现货价格，期货价格 F 为：

$$F=Se^{(T-t)} \tag{7.2}$$

存储成本可看做是负收益。设 U 为期货合约有效期间所有存储成本的现值，则期货价格 F 为：

$$F=(S+U)e^{r(T-t)} \tag{7.3}$$

若任何时一刻的存储成本与商品价格成一定的比例，存储成本可看做是负的红利收益率。在这种情况下，期货价格 F 为：

$$F=Se^{(r+n)(T-t)} \tag{7.4}$$

例：以黄金的 1 年期期货为例。假设黄金的储存成本是每年每盎司 4 美元，在年底支付。假设现价为 1000 美元/盎司，无风险利率始终为每年 7％。从而有：r＝0.07，S＝1000，T−t＝1，有：

$$U=4^{e^{-0.07\times1}}=3.73$$

期货价格 F 为：

$$F=(1000+3.73)^{e^{-0.07\times1}}=935.87（美元/盎司）$$

3. 消费类商品定价

对于那些持有的主要目的不是为了投资的商品来说，推导式（7.2）、式（7.3）和式（7.4）的套利讨论需要创新考虑。

假设式（7.3）的等式不成立，有：

$$F>(S+U)^{e^{r(T-t)}} \tag{7.5}$$

为利用该式存在的好处，某套利者应采用如下策略：

1）以无风险利率借金额为 S＋U 的资金，用来购买一单位和支付存储成本。

2）卖出一单位商品的期货合约。

若认为期货合约和远期合约相同，这必将在时刻 T 时获利 $F-(S+U)^{e^{r(T-t)}}$。对任何商品采用这套策略都没有问题。但是，当许多套利者都这样操作时，S 将涨，而 F 将会下跌，直至式（7.3）不再成立。因此，我们的结论是式（7.4）不会维持很长时间。

下面假设：

$$F < (S+U)^{e^{r(T-t)}} \qquad (7.6)$$

可以采用某种策略来套利，该策略与不付红利股票的远期合约在远期价格很低时采用的套利策略相同。但是，该策略在卖出商品时存储成本支付给了卖出商品的人。一般来说，对于黄金和白银，我们知道许多投资者持有的目的仅仅是为了投资。当他们发现式（7.6）的不平等关系时，他们将从如下策略中盈利。

1）卖出商品，节约存储成本，以无风险利率将所得收入进行投资。

2）购买期货合约。

相对于单独仅持有黄金和白银的投资者而言，以上策略在到期日的无风险利润为 $(S+U)^{e^{r(T-t)}} - F$。因此，式（7.6）也不能长期成立，既然式（7.4）和式（7.6）不能长期成立，则一定有：

$$F = (S+U)^{e^{r(T-t)}}$$

对于持有目的主要不是投资的人来说，以上讨论不再适用。个人或公司保留商品的库存是因为具有消费价值，而非投资价值。他们不会积极主动地出售商品购买期货合约，因为期货合约不能浪费。因此，式（7.5）得以存在下去。由于式（7.6）不能长久成立，有：

$$F \leq (S+U)^{e^{r(T-t)}} \qquad (7.7)$$

若存储成本用现货价格的比例 u 来表示，则有：

$$F \leq S^{e^{(r+u)(T-t)}} \qquad (7.8)$$

二、债券期货

（一）债券期货交易的概念与特征

债券期货（Bond Futures）交易是指通过有组织的交易场所预先确定买卖价格而于未来特定时间内进行券款交割的债券派生交易方式。具体讲，就是参与者只需支付一定的保证金，然后通过买卖证券交易所和期货交易所规定的标准化合约来买卖远期债券的交易。它既是期货市场的组成部分，又是债券市场的重要组成部分。

由于债券一般都有到期日（永久债券除外），因此设立债券期货的方法与设立外汇期货和欧洲美元期货的方法有所不同。

这种期货的基础资产是假想的一种债券，称为名义债券。名义债券具有标准的条款，例如，面值一般为 100000 美元，有固定的息票率，如 8%，有固定的到期期限（这一期限不随时间的推移而减少），一般假定是政府发行的（没有信用风险）；名义债券代表了某一类给定到期日的债券的总体情况，因此可以用名义债券期货对这类债券的投资组合作套期保值。表 7—2 列出了一些交易量较大的名义债券期货。

表 7—2　交易量较大的名义债券期货

合约	交易所	债券的名义面值	息票	期限	价格波动的最小单位（%）	点数价值
美国国债	CBOT	100000 美元	6%	15 年以上	1/32	31.25 美元
欧洲债券（德国政府）	Eurex	100000 欧元	6%	8.5～10.5 年	0.01	10 欧元
5 年期欧洲债券	Matif	100000 欧元	3.5%	3.5～5.5	0.01	10 欧元
长期金边债券	LIFFE	100000 英镑	7%	8.75～13 年	0.01	10 英镑
西班牙政府	MEFF	100000 英镑	6.5%	30 年	0.01	10 欧元

表 7—2 中点数价值是指价格波动到一个最小值时，一份期货合约买卖双方的盈亏金额。例如，美国国债期货的点数价值为：

$$100000 \times \frac{1}{32} \times \frac{1}{100} = 31.25 （美元）$$

债券期货的报价方法与二级市场上债券的报价类似，都以面值的百分比的形式给出。

名义债券期货一般以实际债券交割，期货交易所会提供一份可用于交割的实际债券的名单，期货的卖方有选择交割债券和交割时间的权利；与外汇期货不同的是债券期货的交割时间从交割日延长为交割月，即 3、6、9、12 月为交割月，卖方可以在交割月中选取某一天为交割日。交割时间延长的目的在于期货卖方从债券现货市场购买交割债券不至于过分集中，从而不至于对债券现货市场造成冲击；如果交割仅限于交割日，那么卖方会在这一天到债券现货市场购买同一种债券进行交割，这种债券的价格会因卖方的大量购买而有较大升幅，这将大大增加现货市场的波动性，因而是不利的。有的债券期货不以实物交割，而是在期货的到期日自动平仓，如在 UFFE 交易的日本政府债券期货就属这一类。尽管名义债券期货的基础资产是假想的，但它仍保留了期货的三个基本功能：价格发现、提供投机的工具、套期保值，因而它是一种合理的期货。

（二）转换因子（Conversion Factor，CF）的计算

转换因子的含义是如果名义债券平价发行，那么某实际债券 1 单位货币面值的价格。由此可以看出，转换因子因债券不同而不同，同一债券不同时刻有不同的转换因子。例如：若名义债券的息票率为半年 4%，某实际债券的息票率为半年 3%，剩余到期限为 2 年，则付息日的转换因子为：

$$CF = \left[\frac{3}{(1+4\%)} + \frac{3}{(1+4\%)^2} + \frac{3}{(1+4\%)^3} + \frac{3+100}{(1+4\%)^4} \right] / 100$$

如果再过三个月，剩余期限还有 1 年零 9 个月，可先计算 6 个月后的 CF，即：

$$\left[3 + \frac{3}{(1+4\%)} + \frac{3}{(1+4\%)^2} + \frac{103}{(1+4\%)^3} \right] / 100$$

再将其按 2% 贴现 3 个月，即 3 个月后的 CF（或按 $[(1+4\%)^{\frac{1}{2}}-1]$ 贴现 3 个月）。

（三）交割债券的选择

设定 A 为实际债券隐含的利息，A 不影响卖方的交割成本。卖方选择交割债券的选择是成本最小；具有最低的净交割成本的债券被称为最廉价交割债券（Cheapest to Deliver，CTD）。

卖方在债券现货市场中可以（P+A）的价格买到债券；在期货交割时卖方将收到买方的现金（CF×Z+A）同时支付债券，卖方的净交割成本为：（P−CF×Z）。

由于 P、CF、Z 都随时间变化，因此在交割月中选取不同的日期作为交割日，CTD 债券也会有所不同。一旦卖方确定了交割日，P、CF、Z、就相应确定下来；不同的债券对应了不同的 P 和 CF，卖方可以通过计算确定出 CTD 债券。

（四）债券期货的定价

将期货定价的一般公式应用到债券期货的定价中，需考虑 CF 的影响，现举例如下：

假设对某一国债期货合约，已知 CTD 债券的息票率为 12%，CF＝1.4；假定在 270 天后交割，债券每半年付息一次，当前时刻距上次付息已过了 60 天，连续复利 r＝0.1，债券报价为 120，则可按如下方法计算出期货报价 Z：

（1）计算债券的含息价格：

$$120+\frac{60}{182}=121.978$$

（2）计算期货的现金价格：

$$(121.798-6\times e^{-\frac{122}{365}\times 0.1})\times e=125.094$$

（3）期货的报价：

$$125.094-6\times\frac{148}{183}=120.242$$

（4）利用转换系数 CF 计算标准报价：

$$\frac{120.242}{1.4}=85.887$$

第三节　利率期货和股指期货

一、利率期货

（一）利率期货的产生和发展

利率期货（Interest Rate Futures）是金融期货的一种，是第二次世界大战后世界经济格局发展变化的产物。从 1971 年 8 月 15 日起美元和黄金脱钩，西方国家的货币汇率不再盯住美元，开始实行浮动汇率制度。以美元为中心的固定汇率制度，即布雷顿森林体系在 20 世纪 70 年代初终于崩溃。浮动汇率制度给各国经济带来了一系列的问题。在汇率实行自由浮动以后，各国政府纷纷以调整本国利率的方式来稳定汇率，于是利率的波动幅度和范围进一步扩大，企业和个人的投资风险也随之增加，在这种情况下，金融期货应运而生。1792 年，芝加哥商业交易所（CME）开设了专门从事期货交易的国际货币市场（International Monetary Market，IMM），IMM 最先推出的是外汇期货交易，开创了金融期货交易的先河。

此外，20 世纪 70 年代美国联邦抵押贷款协会所主导的抵押贷款市场迅速成长，抵押贷款市场是政府设计以促进资金流入房地产业。由于当时美国利率升高及通货膨胀，造成对房地产的需求减少，从而使作为国民经济支柱产业之一的房地产市场由盛而衰，造成了庞大失业人口。因此，1975 年，当美国经济刚从 1974 年的衰退中复苏时，芝加哥期货交易所便首先推出了利率期货交易，这第一张利率期货合约以 GNMA 抵押贷款为标的物。GNMA 抵押贷款期货合约一经推出，便受到市场的热烈欢迎，成交量不断攀升，市场影响不断扩大。1977 年芝加哥期货交易所又推出了美国长期公债期货合约。目前利率期货已经成为世界上成交最活跃的期货品种，美国利率期货的成交量占美国期货市场总成交量的 30% 左右。

从 20 世纪 70 年代末到 80 年代初，西方发达国家纷纷开始推行金融自由化，放松对金融机构和金融业务的种种限制，从 1980 年起开始逐步取消对金融机构存贷款的最高利率限制。从 1986 年起，美国废除了联邦储备法案 Q 条款所规定的储蓄和定期存款利率上限。从那以后，美国各种类型的利率都由市场供求关系决定。金融自由化带来了利率市场化，伴随利率市场化而来的投资风险，成为推动世界各国利率期货发展的原动力。

（二）利率期货的种类

目前国际期货业界通常将利率期货分为中长期利率期货和短期利率期货两大类。这两类利率期货的主要区别在于期限、报价方式以及交割方式的不同，而其共同点在于这两类利率期货的价格决定因素基本上相同。

1. 短期利率期货

短期利率期货的交易标的物是期限在 1 年以内的债务凭证。计价方式为用 100 减去其基准利率（即协定利率）。这样计价是为了符合交易者的习惯，因为如果以协定利率计价，就会出现卖价低于买价时依然无法成交的反常现象。

短期利率期货价格最低波动幅度为一个基本点，一个基本点为一个年利率百分点的 1%。如果核算成美元，最小价格波幅为：合约金额 × （合约期限/360）× 0.01%。

目前主要的短期利率期货有以下三种：

（1）短期国库券期货。短期国库券是政府为了解决国库收支临时性不一致而向社会公开发行的债务凭证。短期国库券期限短、流动性强，具有活跃的一级市场，安全可靠，是最受欢迎的投资工具。美国政府的短期国库券是美国财政部所发行的美国政府债券。第一次发行这种债券是在 1929 年。债券的期限一般是 30 天、90 天、6 个月和 12 个月，最长的期限不超过一年。这种债券是美国联邦政府的债务，是通过联邦储备委员会拍卖的方式发行的。拍卖时按照折扣价发行，不再另外支付利息。投资商的回报就是到期之后债券的面值和购买价格之差。

短期国库券期货是短期利率期货市场上最活跃的利率期货之一。在许多国家均已开办短期国库券期货业务，尤以美国最为有名。

短期国库券期货合约的规格见表 7—3。

表 7—3　IMM 国库券期货的合约规格

交易单位	面值 1000000 美元的 3 个月期（13 个星期）美国国库券
合约分数	3 月、6 月、9 月、12 月
报价方式	IMM 指数（100 减年贴现率）
最小变动单位	0.01％（1 个基本点），每张合约 25 美元
每日价格波动限制	无
交易时间	芝加哥时间上午7:20至下午2:00。到期合约在最后交易日于上午10:00收盘
最后交易日	各到期合约于该月份的第一交割日前那个营业日停止交易
交易日	第一交割日是现货月份的第一天

在期货市场上，短期国库券期货的报价方法不同于短期国库券本身的报价方法，它是以指数形式报出的。所谓指数，是指 100 减去国库券的年贴现率。IMM 短期国库券期货的报价就是以 IMM 指数进行报价的。IMM 指数是按照短期债券的贴现率来计算的，为：

IMM 指数＝100－年收益率

国库券期货的最小变动价位是 1 个基本点。所谓"1 个基本点"（Base Point）是指 1 个百分点的 1％，也就是 0.01％，通常用指数表示为 0.01 国库券期货的最小变动价位实际上即表示其年贴现率变动的最小幅度。由于 1 张国库券期货合约的交易单位是面值为 1000000 美元的 3 个月期国库券，因此，其 1 个基本点的价值应为 25 美元。其具体计算如下：

$1000000 \times 0.01\% \times (90/360) = 25$（美元）

例：假设一张贴现率为 8％的短期国库券期货合约，则其 IMM 指数就是 $100-8=92$，所以这张合约在交易所内的报价为 92 美元；而当国库券的贴现率为 5.5％时，期货市场就以 94.5 美元报出国库券期货的价格。

可见，在短期国库券的期货交易中，如果以 IMM 指数进行报价时，指数越大，表明这张合约的价值就越大，而收益率就越低。相反，指数越小，表明这张合约的价值就越小，而收益率就越高。所以如果预期的利率（收益率）会上升，那么指数就会下降，合约的价值就下降，交易者将卖出合约；如果预期的利率（收益率）下降，那么指数就会上升，合约的价值就会上升，交易者将会买进合约。

期货市场之所以用指数方式报价，其主要目的有两个：一是使国库券期货的买入价格低于卖出价格，以符合交易者低价买进、高价卖出的报价习惯；二是使这一指数的变动方向与国库券期货价格的变动方向相一致，以便投资者和投机者在预期指数上升时买入，而在预期指数下跌时卖出。

（2）欧洲美元期货。1982 年由 IMM 推出，欧洲美元是指存放在美国境外的银行中的美元。3 个月期欧洲美元期货的交易标的物为金额 100 万美元、3 个月期的伦敦银行欧洲美元存款。

欧洲美元期货的报价方式与短期国库券期货的报价方式类似，也采取指数报价的形式，其指数也是由 100 减去某一收益率而得到。然而国库券是一种贴现式证券，欧洲美元是一种加息式证券。所以，国库券期货的指数由 100 减某一贴现收益率而得；欧洲美元期货的指数由 100 减去某一加息收益率而得。由于贴现收益率与加息收益率没有直接的可比性，因此，国库券期货的指数与欧洲美元期货的指数也没有直接的可比性。为了使这两种指数能够比较，必须把贴现收益率换算成加息收益率，或者把加息收益率换算成贴现收益率，其换算公式为：

$$加息收益率 = \frac{贴现收益率 \times 90/360}{1 - 贴现收益率 \times 90/360} \times 360/90$$

利用公式（7—10），可以把任何贴现收益率换算成加息收益率。从而把贴现式指数换算为等值的加息式指数。

（3）港元利率期货。1988 年 3 月由中国香港期货交易所推出，交易标的物为金额 100 万港币期限 3 个月的港元存款。计价方式为 100 减去中国香港同业拆放利率（HIBOR）。

2. 长期利率期货

长期利率期货的交易标的物是期限为 1 年以上的债务凭证。其对应的现货商品长期债券，都是以百分比的形式计价，即以"点"加"1/32 点"表示。例如，若价格为 89—16，则表示以面值的 (89+16/32)% 计价。其价格的最小变动幅度为 1/32 点，如果核算成美元，最小价格波幅为：合约金额 × (1/32) × (1/100)。

目前主要的长期利率期货有以下三种：

（1）美国长期国库券期货。长期国库券是由美国财政部发行的一种长期债券，期限为 10~30 年不等。长期国库券期货 1977 年由美国推出，曾被认为是最成功的利率期货之一。如前所述，该期货标准债券为面值 10 万美元，年收益率 8%，期限至少是 15 年的长期债券，价格最低波幅为 1/32 个百分点，即 31.25 美元。

（2）美国中期国库券期货。1979 年 CBOT 和 IMM 分别推出了 4 年期，3~4 年期的中期国库券期货，与长期国库券期货相比，中期国库券只是期限短，其他方面几乎完全一致。

（3）房屋抵押债券（GNMA）期货。GNMA 是美国政府国家房屋抵押协会（Government National Montage Association) 的简称，GNMA 债券是经批准的银行或金融机构以房屋抵押的方式发行的一种债券，期限平均为 1 年，最长可达 30 年。房屋抵押债券期货是最早推出的利率期货，标准债券为面值 1 美元、年收益率 8％的房屋抵押债券。

二、股票指数期货

股票指数期货（Share Price Index Futures）简称股指期货，是指期货市场上标准化股票指数期货合约的交易。而股指期货合约则是交易双方同意在将来某一日期按约定的价格买卖标的股票价格指数的可转让合约。所有的期货品种都是因风险而生的，股指期货也不例外。作为一种金融创新，股指期货诞生于 20 世纪 80 年代这一股票市场剧烈波动的时期。目前世界上主要的股指期货品种多集中在美洲、欧洲和亚洲地区。世界上股票指数期货交易最为活跃的当推美国、日本和新加坡。

（一）股票指数及计算方法

股票指数即股票价格指数，是由证券交易所或金融服务机构编制的表明股票行市变动的一种供参考的指示数字。由于股票价格起伏无常，投资者必然面临市场价格风险。对于具体某一种股票的价格变化，投资者容易了解，而对于多种股票的价格变化，要逐一了解，既不容易，又不胜其烦。为了适应这种情况和需要，一些金融服务机构就利用自己的业务知识和熟悉股票市场的优势，编制出股票价格指数，公开发布，作为市场价格变动的指标。投资者据此就可以检验自己投资的效果，并用以预测股票市场的动向。同时，新闻界、公司乃至政界等也以此为参考指标，来观察和预测社会政治、经济发展形势。

这种股票指数，也就是表明股票行市变动情况的价格平均数。编制股票指数，通常以某年某月为基期，以这个基期的股票价格作为 100，用以后各时期的股票价格和基期价格比较，计算出升降的百分比，就是该时期的股票指数。投资者根据指数的升降，可以判断出股票价格的变动趋势。并且为了能实时地向投资者反映股市的动向，所有的股市几乎都是在股价变化的同时即时公布股票价格指数。

（二）世界主要的股票指数

1. 标准普尔 500 种股价指数（S&P500）

标准普尔 500 种股价指数是当今世界金融期货主要的交易对象。标准普尔 500 指数于 1923 年开始编制。1957 年，该指数包括了 500 种股票，其中工业股 40 种，公用事业股 40 种，交通运输股 20 种，金融股 40 种。500 种股票基本上固定不变，如遇其中上市公司组购并等事件，相应的股票要进行调整。该指数的基期为 1941～1943 年间 500 种股票的平均价格，并将其定为 10。这样，如果该指数现为 256.00，则意味着当前的 500 种股票价格为 1941～1943 年期间的 25.6 倍。

2. 纽约证券交易所综合指数

纽约证券交易所综合指数是股票指数期货合约广泛采用的一种股价指数，它与标准普尔 500 指数走势基本一致。纽约证券交易所综合指数由在纽约证交所上市的大约 1500 种股票构成。1965 年 12 月 31 日开始编制该指数，并把基期指数定为 50，这样，在 1985 年时，该综合指数达到 100 点，说明纽约证券交易所的股票价格在 20 年间翻了一倍。

3. 价值线指数

价值线指数是股票指数期货合约最常用的一种股价指数，这一股价指数包括近 1700 种股票，而这些股票大约占到美国股市总量的 96%，已反映了美国股市整体的价格水平。该价值线指数的计算采用几何平均法，而标准普尔指数及纽约证券交易所综合指数采用加权平均法计算。若价值线指数规定 2011 年 6 月 30 日的基期指数为 100，这样，该指数上升到 280 点表明此时组成该指数的股价是基期的 2.8 倍。

4. 道·琼斯股票价格平均指数

目前，计算道·琼斯股票平均指数以 1928 年 10 月 1 日为基期，并令基期指数为 100。通过与基期平均指数的比较，可以计算出以后各期的平均指数，并以"点"来表示。该指数的成分股票代表纽约股票交易所中股票市场价值的 5%～20%。它的计算方法是加总成分股的收盘价格，再除以一个除数。此除数主要是调整以下因素产生的影响：兼并、替代、拆股和相当于证券市场价值 10% 或 1% 以上的股票红利。

现在的道·琼斯股价平均指数共有四组分类指数，它们依次是道·琼斯 IT 业平均指数；道·琼斯运输业平均指数；道·琼斯公用事业平均指数；道·琼斯综合平均指数。尽管道·琼斯股价平均指数是由四组指数组成的，但是，由于第一组工业平均指数的应用性比其他三组指数要强，因此人们习惯将道·琼斯工业平均指数称为道·琼斯股价平均指数，或简称"道·琼斯指数"。

5. 金融时报指数

金融时报指数少用于伦敦证券交易所。它有 30 种股票、100 种股票及 500 种股票三种形式，其中影响最大的是金融时报 30 种股票指数，该指数采用平均法计算股价。它以 1935 年为基期，且设定基数为 100。

6. 日本证券市场指数

日本证券市场有两个主要股价指数，即日经—道·琼斯指数和东京证券交易所股价指数，前者是利用修正的美国道·琼斯公司股票价格平均数的计算方法，按东京证券交易所登记交易的 225 家公司股票价格算出的平均股价。而东京证券交易所股价指数诞生于 1969 年 7 月 1 日，包括在东京证交所上市的 250 种较活跃的股票，采取加权平均法计算，以交易额为权数。该指数以 1968 年 1 月 4 日作为基期，基期指数定为 100。

7. 中国香港恒生指数

中国香港恒生指数是亚洲著名的股票价格指数之一，从 1969 年 11 月起编制。其成分股由 33 种股票构成，约占中国香港上市股票市场总值的 75%，其中包括 4 种金融业股票、5 种公用事业股票、9 种地产业股票及 15 种工商业股票。最初的基期指数值被定为 100，以 1964 年 7 月 31 日为基期。指数的计算以成分股的发行数为权数，采用加权平均法。

（三）股票指数期货的报价方式

股票指数期货是以股票市场上的股票价格指数作为标的物的期货。股票指数期货的标的物——股价指数是一种非常特殊的"商品"，它本身没有具体的实物形式，是一种看不见、摸不着的东西。同时，股票指数期货一般采取现金结算的方式，而不是实物交割的方式。股票指数期货的这些不同于其他金融期货的特点决定了它有着独特的报价方式。

在股票指数期货交易中，合约的交易单位是以一定的货币金额与标的指数的乘积来表示的。其中，这一定的货币金额是由合约决定的。因此，期货市场只以各合约的标的物指数的点数来报出它的价格。例如，在 CBOT 上市的主要市场指数期货合约规定，交易单位为主要市场指数与 250 美元的乘积。因此，若期货市场报出的主要市场指数为 410 点，则表示 1 张合约的价值为 10250 美元。主要市场指数每上涨（下跌）1 点，则表示 1 张合约的价值增加（减少）250 美元。

值得一提的是，期货市场报出的指数在一定程度上反映了交易双方对未来股市行情的预测。因此，这一指数通常与现货市场的指数不同。不过，期货交易者的预测是根据现货市场的行情及其变动趋势做出的。

第四节　互换市场及应用

一、互换市场概述

（一）互换的定义及发展

互换（Financial Swaps）是两个或两个以上当事人按照商定条件，在约定的时间内，交换一系列现金流的合约。

据有关的文字记载介绍，最早的类似互换的交易是发生在 16 世纪。当时，有位热那亚的银行家，通过安特卫普货币市场付给西班牙军队黄金，而他将从西班牙国王那里得到用银子铸成的西班牙币作为他支付黄金的交换条件。这似乎是流传下来的互换交易最古老、最原始的雏形。

实际上，目前流行的互换交易是从平行贷款（Parallel Loan）演变而来的。20 世纪 70 年代初，英格兰银行（英国的中央银行）为了保证英国有充足的外汇储备，引进了外汇管制，包括美元溢价规定，即当英国的公司想要投资国外资产时，须在美元外汇市场上以较高的价格购买美元，但当收回投资出售美元时，却不能全部在外汇市场上出售美元，因此购买美元者会有部分损失。换言之，政府对购买美元的行为实行扣税来阻止资金外流。为了逃避英国的外汇管制，英国的公司不在英国境内购买美元，而以借贷方式在英国境外得到美元。于是有些银行或证券经纪人安排了平行贷款，即英国公司贷英镑给一家美国公司在英国的子公司，相应地，该美国公司也贷款给英国公司在美国的子公司，通过贷款获得的美元来进行投资。

平行贷款是两个独立的贷款协议，分别有法律效力，因此，如果某一方违约，另一方仍须履约，不得自动抵消。为了降低这种违约风险，另一种与平行贷款相类似的背对背贷款（Back to Back Loan）便应运而生。

背对背贷款是美国公司贷款给英国公司一定金额的美元，同时，英国的公司也将等值的英镑贷款给美国的公司。两笔资金期限相同，按期各自支付双方利息、到期各自归还本金。

背对背贷款是两国境内的两个公司的直接贷款，尽管有两笔贷款，但却只签订一个贷款协议，协议中明确指出如一方违约时，另一方有权自动从本身的贷款中抵消损失作为补偿。这就使双方贷款的风险降低。

1979 年英国外汇管制取消后，平行贷款（或背对背贷款）便作为一个金融创新，或在国际金融市场上作为长期外汇有效的保值工具而继续流行。从资金流程中可看出背对背贷款已具备了货币互换的基本形态。

互换市场首先在英国发育成长，随后由于世界银行的介入，互换市场有了很大的发展。世界银行与国际商业机器公司在 1981 年 8 月进行了一笔最为著名的货币互换交易，由于交易双方享有很高的声誉，故在这笔货币互换公布以后，在各大金融市场上造成很大的影响。

利率互换晚于货币互换。利率互换是在 1981 年和 1982 年才出现的。这是一种 5 年至 7 年期的以 6 个月 LIBOR（London Interbank Offer Rate）为基准的浮动利率对固定利率的互换。1983 年初，利率互换开始作为一种标准的"国际性"交易，在美国市场进一步得到发展。

1984 年和 1985 年，互换业务加速发展。众多的英、美商业银行和投资银行在互换中扩大了资金市场的规模，以后又单独形成了互换市场。互换交易从开始起的每笔交易5000 万美元至 1 亿美元，扩展到可以成交小至 100 万美元的交易，另外，较短期的互换也更加普及。这说明由于众多的交易者加入市场，互换交易就变得更灵活更容易了。

最早的互换市场是一个经纪市场（Brokered Market），即由一个金融机构作为经纪人来寻找交易的对方。例如，一个交易商想要对其 1000 万美元本金支付浮动利息，互换经纪人就要找到另一个交易商愿意对 1000 万美元本金支付固定利息，并从交易中收取一定费用。当然，要找到一个有相反交易需求的交易商确非易事，经纪人很快就作为交易的一方参与交易。他们分别报出买入价和卖出价，从而赚取买入和卖出之间的差价。当然，经纪人还是有一定风险的，但是这种风险可以在期货和期权市场上进行套期保值，现在的互换市场基本上是交易商市场（Dealers Market），即金融机构作为交易方参与各个互换，其利润来源于买卖价差，而非经纪费用。大多数交易商都进行套期保值或只承担很小的风险。互换市场是一个很大的国际市场。几乎每一个有金融市场的国家和地区都进行互换交易。

互换交易的参与者主要是公司、政府（不包括美国政府）。由于场外期货和期权市场规模非常大且很活跃，其实这也是互换的市场。许多互换交易商也从事外汇期货、期权和场外衍生工具的交易。

（二）ISDA

国际互换交易协会（International Swaps and Derivatives Association，ISDA）为非营利性组织，成立于 1985 年，目前有来自 46 个国家超过 600 个机构会员，其中包括世界主要从事衍生性商品交易的金融机构、政府组织、使用 OTC 衍生性商品管理事业风险的企业以及国际性主要律师事务所等。

ISDA 自成立以来，在衍生商品品种、ISDA 法律文件、净额结算（Netting）及担保品（Collateral）方面的法律意见以及风险管理具有显著的贡献或参与。同时也致力于参与各国政府机关维持密切沟通管道，促使这个交易市场更健全的发展。

（三）比较优势理论与互换原理

大卫·李嘉图在其代表作《政治经济学及赋税原理》中提出了比较成本贸易理论（后人称为"比较优势贸易理论"）。比较优势贸易理论认为，国际贸易的基础是生产技术的相对差别（而非绝对差别），以及由此产生的相对成本的差别。每个国家都应根据"两利相权取其重，两弊相权取其轻"的原则，集中生产并出口其具有"比较优势"的产品，进口其具有"比较劣势"的产品。比较优势贸易理论在更普遍的基础上解释了贸易产生的基础和贸易利得，大大发展了绝对优势贸易理论。

李嘉图的比较优势理论不仅适用于国际贸易，而且适用于所有的经济活动。只要存在比较优势，双方就可通过适当的分工和交换使双方共同获利。人类进步史，实际上就是利用比较优势进行分工和交换的历史。

互换是比较优势在金融领域最生动的运用。根据比较优势理论，只要满足以下两种条件，就可以进行互换：①双方对对方的资产或负债均有需求。②双方在两种资产或负债上存在比较优势。

二、互换的种类

（一）利率互换

利率互换（Interest Rate Swaps）是指双方同意在未来的一定期限内根据同种货币的同意的名义本金交换现金流，其中一方的现金流根据浮动利率计算，另一方的现金流根据固定利率计算。

在许多利率互换协议中的浮动利率为伦敦同业银行间放款利率（London Inter Bank Offer Rate，LIBOR）。LIBOR 是欧洲货币市场上银行提供给其他银行资金的利率。1 个月期 LIBOR 是提供一个月期资金的利率，3 个月期 LIBOR 提供三个月期资金的利率，也是芝加哥商品交易所（CME）交易非常活跃的欧洲美元期货合约的标的利率，其余以此类推。LIBOR 由银行间的交易来决定，并随经济状况的变化而变化。如基准利率通常为国内金融市场浮动利率贷款的参考利率一样，LIBOR 也经常作为国际金融市场贷款的参考利率。为了理解它是如何使用的，考虑这样一项贷款，利率被定为 6 个月期 LIBOR＋0.5％，贷款期限被分成 6 个月的期限。对每一个期限期间开始时贷款利率为 6 个月期 LIBOR＋0.5％，在每个期间结束时支付利息。

利率互换在一定的时间进行，利率互换的标准期限为 1 年、2 年、3 年、4 年、5 年、7 年与 10 年，30 年和 50 年的交易也较常见。

考虑一个开始于 2006 年 3 月 1 日的 3 年期利率互换，公司 B 同意向公司 A 支付由年利率 5％和本金 ＄100000000 所计算的利息；反过来，公司 A 同意向公司 B 支付由 6 个月期 LIBOR 和同样本金所计算的浮动利息。我们假设协议指定每六个月交换一次利息，5％的利率是按照半年复利计息的。这个互换可用图 7－2 表示。

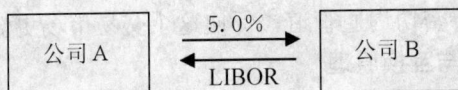

图 7－2　公司 A 和公司 B 之间的利率互换

第一次相互支付利息是在 2006 年 9 月 1 日，在协议达成 6 个月后公司 B 将支付公司 A 固定利息 ＄2500000，这个利息是按年利率 5％和本金 ＄100000000 计算的。公司 A 将支付公司 B 浮动利息，为本金 ＄100000000 乘以 2006 年 9 月 1 日之前 6 个月即 2006 年 3 月 1 日就以确定的 6 个月期 LIBOR。假设在 2006 年 3 月 1 日的 6 个月期 LIBOR 为 4.2％。公司 A 支付给公司 B 的利息为 0.5×0.048×＄100000000 即 ＄240000000。

总体来说，该互换有 6 笔利息相互交付。固定支付的利息总是 ＄2500000。在支付日所支付的浮动利息是利用支付日之前 6 个月就已确定的 6 个月期 LIBOR 来计算的。实际上，利率互换通常只需一方汇给对方这两笔支付之间的差额。在我们给定的例子中，在 2006 年 9 月 1 日公司 B 将支付公司 A ＄400000（＝＄2500000－＄2400000）。见表 7－4。

表 7－4　公司 B 支付 5％固定利率，接受 LIBOR 浮动利率的 3 年期利率互换现金流状况

单位：＄1000000

日期	LIBOR 利率％	浮动利率现金流	固定利率现金流	净现金流
2006 年 3 月 1 日	4.20			
2006 年 9 月 1 日	4.80	＋2.10	－2.50	－0.40
2007 年 3 月 1 日	5.30	＋2.40	－2.50	－0.10
2007 年 9 月 1 日	5.50	＋2.65	－2.50	＋0.15
2008 年 3 月 1 日	5.60	＋2.75	－2.50	＋0.25
2008 年 9 月 1 日	5.90	＋2.80	－2.50	＋0.30
2009 年 3 月 1 日	6.40	＋2.95	－2.50	＋0.45

表 7—4 表示了该例子中当给出一组特定 6 个月期 LIBOR 时所有的利息支付情况。该表也说明了从公司 B 的角度看的互换现金流状况。注意 $100000000 的本金只是在计算利息时用到了，本金本身并不交换。因此它被称为名义本金（Notional Principal）。

如果在互换结束时交换了本金，交易的性质仍不会改变。这是因为，对固定利息支付和浮动利息支付来说本金是相同的。在互换结束时用 $100000000 交换 $100000000 是一笔对双方都不产生金融价值的行为。表 7—5 说明在表 7—4 互换结束时加入本金交换的现金流状况。该表的第三列现金流是一个浮动利率债券产生的现金流状况。该表的第四列现金流是一个固定利率债券空头的现金流状况。该表说明利率互换可看作是固定利率债券和浮动利率债券的交换。表 7—5 描述了公司 B 的头寸，公司 B 是处于浮动利率债券多头和固定利率债券空头。公司 A 是处于浮动利率债券空头和固定利率债券多头。

表 7—5　本金进行交换时，表 7—4 中的现金流状况　　　单位：$1000000

日期	LIBOR 利率%	浮动利率现金流	固定利率现金流	净现金流
2006 年 3 月 1 日	4.20			
2006 年 9 月 1 日	4.80	+2.10	-2.50	-0.40
2007 年 3 月 1 日	5.30	+2.40	-2.50	-0.10
2007 年 9 月 1 日	5.50	+2.65	-2.50	+0.15
2008 年 3 月 1 日	5.60	+2.75	-2.50	+0.25
2008 年 9 月 1 日	5.90	+2.80	-2.50	+0.30
2009 年 3 月 1 日	6.40	+102.95	-102.50	+0.45

由于利率互换往往只交换利息差额，因此信用风险较小。

（二）货币互换

货币互换（Currency Swaps）是将一种货币的本金和固定利息与另一货币的等价本金和固定利息进行交换。

货币互换的主要原因是双方在各自国家的金融市场上具有比较优势。假定英镑对美元的汇率为 1 英镑＝1.5000 美元。借款人甲想借入 5 年期的 100 万英镑借款，借款人乙想借入 5 年期的 150 万美元借款。由于甲的信用等级高于乙，两国金融市场对甲、乙两公司的熟悉程度不同，因此市场向它们提供的固定利率也不同（如表 7—6 所示）。

从表 7—6 可以看出，甲的借款利率均比乙低，即甲在两个市场都具有绝对优势，但绝对优势大小不同。甲在美元市场上的绝对优势为 2%，在英镑市场上只有 0.4%。这就是说，甲在美元市场上有比较优势，而乙在英镑市场上有比较优势。这样，双方就可利用各自的比较优势借款，然后通过互换得到自己想要的资金，并通过分享互换收益（1.6%）降低筹资成本。

表7—6 市场向甲、乙公司提供的借款利率

	美元	英镑
借款人甲	8.0%	11.6%
借款人乙	10.0%	12.0%

于是，甲以 8.0% 的利率借入 5 年期的 150 万美元借款，乙以 12.0% 的利率借入 5 年期的 100 万英镑借款。然后，双方先进行本金的交换，即甲向乙支付 150 万美元，乙向甲支付 100 万英镑。

假定甲、乙公司商定双方平分互换收益，即甲、乙公司都将使筹资成本降低 0.8%，即双方最终实际筹资成本分别为：甲支付 10.8% 的英镑利率，而乙支付 9.2% 的美元利率。这样，双方就可根据借款成本与实际筹资成本的差异计算各自向对方支付的现金流，进行利息互换，即甲向乙支付 10.8% 的英镑借款的利息计 10.8 万英镑，乙向甲支付 8.0% 的美元借款的利息计 12 万美元。经过互换后，甲的最终实际筹资成本降为 10.8% 的英镑借款利息，而乙的最终实际筹资成本变为 8.0% 的美元借款利息加 1.2% 的英镑借款利息。若汇率水平不变的话，乙的最终实际筹资成本相当于 9.2% 的美元借款利息。若担心未来汇率水平变动，乙可以通过购买美元远期或期货来规避汇率风险。

在贷款期满后，双方要再次进行借款本金的互换，即甲向乙支付 100 万英镑，乙向甲支付 150 万美元。到此货币互换结束。若不考虑本金问题，上述货币互换的流程如图 7—3 所示。

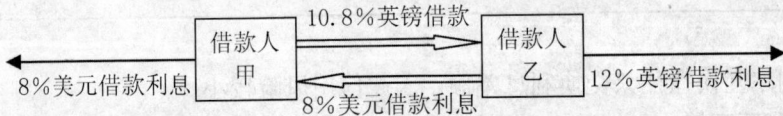

图7—3 借款人甲和借款人乙之间的利率互换

由于货币互换涉及本金互换，因此当汇率变动很大时，双方就将面临一定的信用风险。当然这种风险仍比单纯的贷款风险小得多。

（三）其他互换

从最普遍的意义来说，互换实际上是现金流的交换。计算或确定现金流的方法很多，因此互换的种类就很多。除了上述最常见的利率互换和货币互换外，其他主要的互换品种有：

1. 交叉货币利率互换

交叉货币利率互换（Cross-Currency Interest Rate Swaps）是利率互换和货币互换的结合，它是以一种货币的固定利率交换另一种货币的浮动汇率。

2. 增长型互换、减少型互换和滑道型互换

在标准的互换中名义本金是不变的，而在这三种互换中、名义本金是可变的。其中，增长型互换（Accreting Swaps）的名义本金在开始时较小，而后随着时间的推移逐渐增大。减少型互换（Amortizating）则正好相反，其名义本金随时间的推移逐渐变小。近年来，互换市场又出现了一种特殊的减少型互换，即指数化本金互换（Indexed Principal Swaps），其名义本金的减少幅度取决于利率水平，利率越低，名义本金的减少幅度越大。滑道型互换（Roller-coaster Swaps）的名义本金则在互换期内时而增大，时而变小。

3. 基点互换

在普通的利率互换中，互换一方是固定利率，另一方是浮动利率。而在基点互换（Basis Swaps）中，双方都是浮动利率，只是两种浮动利率的参照利率不同，如一方为LIBOR，另一方为基准利率。

4. 可延长互换和可赎回互换

在标准的互换中期限是固定的。而可延长互换（Extendable Swaps）的一方有权在一定限度内延长互换期限。可赎回互换（Puttable Swaps）的一方则有权提前中止互换。

5. 零息互换

零息互换（Zero-coupon Swaps）是指固定利息的多次支付流量被一次性的支付所取代，该一次性支付可以在互换期初也可以在期末。

6. 后期确定互换

在普通涉及浮动利率的互换中．每次浮动利率都是在该计息期开始之前确定的。后期确定互换（Back-set Swaps）的浮动利率则是在每次计息期结束之后确定的。

7. 差额互换

差额互换（Differential Swaps）是对两种货币的浮动利率的现金流进行交换，只是两种利息现金流均按同种货币的相同名义本金计算。如互换一方按 6 个月期美元的 LIBOR 对 1000 美元的名义本金支付利息，另一方按 6 个月期德国马克的 LIBOR 减去 1.90％的浮动利率对 1000 万美元的名义本金支付以美元表示的利息。

8. 远期互换

远期互换（Forward Swaps）是指互换生效日在未来某特定时间的互换。

9. 互换期权

互换期权（Swaption）在本质上属于期权而不是互换，该期权的标的为互换。例如，利率互换期权本质上是把固定利率交换为浮动利率，或把浮动利率交换为固定利率的权利，但许多机构在统计时都把互换期权列入互换的范围。

10. 投票互换

股票互换（Equity Swaps）是以股票指数产生的红利和资本利得与固定利率或浮动利率交换。投资组合管理者可以用股票互换把债券投资转换成股票投资，反之亦然。

三、互换的应用

（一）互换的功能

（1）交易双方利用各自的筹资优势，以达到降低筹资成本的目的。如果在债务资产管理中运用互换交易，可以防范和转移长期利率和汇率波动的风险。

（2）通过互换交易可以在尚未涉足的市场上获得成本优惠的资金。例如，有一家中国银行想通过发行债券在欧洲市场筹措 1 亿欧洲美元资金，但由于该银行从未在欧洲市场发行过债券且知名度不高，如此发行成本一定很高。所以该银行先在东京市场发行武士债券（以日元计价的外国债券），随后通过日元和美元货币互换，最终获得所需的欧洲美元资金，核算下来筹资成本十分优惠。

（3）计划将来要在某个市场筹资，暂时先从其他市场获得资金，以保持筹资者在该市场的筹资能力。1981 年 6 月，世界银行与国际商业机器公司签订的美元固定利息债务与瑞士法郎、西德马克固定利息债务的货币互换，就是一个很好的例子。世界银行需要大额的瑞士法郎和西德马克，而瑞士法郎和西德马克资本市场比美元市场小得多，为了今后还能在市场上筹措所需的瑞士法郎和西德马克，保持这两种货币的筹资余力，世界银行用筹借来的美元资金与国际商业机器公司进行货币互换，最终得到成本较低的瑞士法郎和西德马克资金。

（4）通过互换交易，筹资者可以比较容易地筹借到任何期限、币种、利率的资金。互换市场被称作最佳的筹资市场就是这个道理。另外，筹资者可以随时保持根据市场行情变化来调整债务的币种利率形式。

（5）可以用来调整财务结构，使资产负债实现最佳搭配，以分散风险。由于财务状况的改变、政府法令的修改，金融市场汇率、利率的波动等，使一些银行或公司的财务结构变得不甚理想。因此，它们通过互换交易来调整财务结构，更有效地管理资产和负债。

（6）互换交易不增加负债总额，并且不计入资产负债表，被称为最受欢迎的表外业务。有时，它还可以被用来规避各项法令的限制，如外汇管制、利率管理的规定以及税收方面的限制等。

（二）互换的风险及管理

互换交易是用来管理外汇风险最主要且最有效的金融工具之一。但是，互换交易本身也存在着风险，其中包括价格风险、信用风险和结算风险等。

价格风险指互换交易的最终用户在应该成交而来不及成交，或者刚刚成交时市场价格就发生了急剧的变化而产生的风险。还有一种情况是存在于中介人的价格风险。由于竞争的加剧，现在大多数中介人一般是同互换交易的某一最终用户先达成一个互换协议，而在冲销互换尚未成交之前。或者已做了一部分套期保值交易、市场的利率或汇率发生了变化、那么该中介人必定会承受价格变动的风险。

在不同时区的结算中心交割一笔货币互换，会使互换某一方承受结算风险。当交易一方按照合同的交割时间履行义务时，而交易另一方由于某些客观原因（非信用原因产生），或者是资金转划出现问题，或者是划款指令中遗漏某项内容而使交易的一方在同一天收不到互换的冲抵资金时，就产生了由结算引起的风险。除了价格风险和结算风险，最主要的还是信用风险。

信用风险是指互换的某一方由于违约不履行互换义务时，互换的另一方就有可能遭受一定的风险。这种信用风险随着互换市场的迅速发展而被交易者和中介人所普遍重视，尽管这种例子非常罕见，一旦发生，交易者也是倾向于私下解决。

利率互换的信用风险程度将视现行市场的利率水平而决定。当利率上涨时，支付固定利率交易方的风险小于支付浮动利率的交易方，因为在这种情况下，如果支付浮动利率交易方违约，支付固定利率交易方可以重新到市场上把原来的浮动利率在有利的条件下再互换成固定利率。例如，支付固定利率的交易方把自己 6 个月 LIBOR＋0.25％的美元利率互换成 8.55％的美元固定利率。如果此后浮动利率支付者违约，而现行市场利率比原互换时的利率上涨了一个百分点，那么，支付固定利率的交易方可以重新到市场上再一次安排一笔利率互换，最终它可以得到 7.55％的固定利率。而当利率趋于下跌时，支付固定利率交易方的风险大于支付浮动利率的交易方。

一般来说，因固定利率资金来源较少，且固定利率资金市场流动性较小，因此，以浮动利率换固定利率的交易方所面临的信用风险比以固定利率换浮动利率的交易方更大。

当货币互换的交易一方违约，交易的另一方将承受比利率互换更大的信用风险。其原因是：①汇率风险较利率风险大，因为汇率波动幅度一般比利率波动幅度更大。②货币互换的本金要交换，故交换的资金量比利率互换的交换资金量要大得多。③货币互换的流动性比利率互换的流动性更低。

由于互换交易存在信用风险，因此在合同中有对违约所造成的损失进行赔偿的详细条款，这样可以保障非违约方的合法利益。尽管合同已有明文规定违约后违约方对非违约方的损失补偿，但作为互换交易者都希望在信用风险发生之前就进行有效的管理，这样可以使信用风险降至最低限度。信用风险管理大致有以下四个方面：

（1）慎选互换对手。要严格挑选信誉良好、实力雄厚的公司作为互换的交易对手，这是降低信用风险的最基本的方面。

（2）慎选中介银行。即用中介银行的好信用来取代互换对手的信用。选择有经验而且资信较高的银行作为中介人不失为避免信用风险的一种较好办法。

（3）慎订互换合同。目前一般采用"主合同"的方法，把交易中一切可能发生的事项都规定得极为详尽，以便日后作为履约的依据。一旦一方违约，另一方按"主合同"应该享有索赔的权利。

（4）尽量减少交换的本金。利率互换不进行本金的交换，而利息也采用净额支付。另外，在资金支付时，尽可能做到同时入账。

第五节　期权市场及应用

一、期权的基本概念

期权（Option），又称作选择权，是与期货和远期合同有很大不同的一种衍生工具。期权的持有者拥有在一定条件下买入或卖出某种商品的权利，但却并无此义务。不过，与此相对应，为获得这种权利，投资者必须支付一定的费用，而期货相远期合同的交易者在协议达成时不需付出任何费用。期权是一种应用十分广泛的衍生工具，而期权的概念本身则在财务管理、商业交易及社会和个人生活中有着更为普遍、重要的意义。

期权合约是期权买方与卖方之间关于未来买卖某种商品的协议。具体来说，期权买方有在未来某一确定日期或一定时间内按照协议价格买进或卖出某种商品的权利。相应地，期权买方要为这个权利向卖方支付一笔费用，称为期权费（Premium）或权利金。而期权卖方则承担了保证期权买方实现其权利的义务，即期权卖方要按照期权合约条款规定，在期权买方卖出协议商品时充当买方，在期权买方买入该商品时充当卖方。

期权合同中规定的在合约到期日，即期权有效期的最后一日。双方买卖某商品的交割价格，称作执行价格（Exercise Price）或协定价格（Striking Price）。

任何一种交易中都既有购买方又有出售方，期权交易也不例外。期权购买方（Buyer），也称为持有者（Holder）或期权多头（Long Position），在支付期权费之后，就拥有了在合约规定的时间行使其购买或出售标的资产的权利，也可以不行使这个权利，但不承担任何义务。

相反，期权的出售方（Seller），也叫做签发者（Writer）或期权空头（Short Position），在收取买方所支付的期权费之后，就承担了在规定时间内根据买方要求履行合约的义务，但没有任何权利。也就是说，当期权买方按合约规定行使其买进或卖出标的资产的权利时，期权出售方必须依约相应地卖出或买进该标的资产。

按期权买方的权利划分，期权可以分为看涨期权（Call Option）和看跌期权（Put Option）。看涨期权是指在规定期限内，按商定的价格和数量买入某种交易标的的权利。看跌期权是指在规定期限内，按商定的价格和数量卖出某种交易标的权利。

两种期权的损益状况见图7—4，当价格看涨时，看涨期权买方的损益曲线呈上升态势，盈利可能性大；而看跌期权买方的损益曲线则呈下降态势，亏损可能性大。当价格看跌时，损益状况则相反。

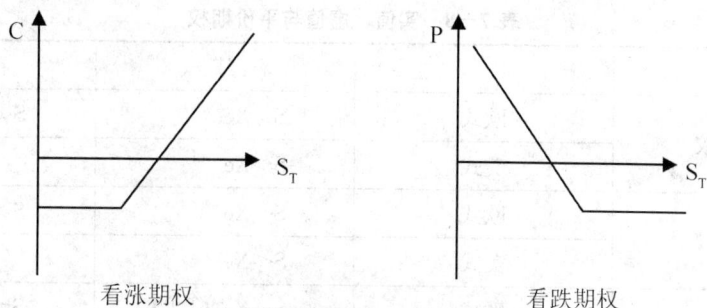

图 7—4　看涨期权买方和看跌期权买方损益状况

按照行权日可以将期权划分为美式期权（American Option）和欧式期权（European Option）。美式期权是指在期权交易期限内任何一个时点上期权持有者都可以行权，即行使其交易权利。欧式期权是相对于美式期权而言，指期权持有人仅在期权到期日才有权行使其交易权利。

期权的内在价值（Intrinsic Value），是指期权买方行使期权时可以获得的收益现值。具体而言，对于看涨期权买方来说，内在价值就是市场价格高于执行价格时带来的收益；而对于看跌期权买方来说，内在价值就是执行价格高于市场价格时带来的收益。如果用 S 来表示标的资产当前的市场价格，X 表示执行价格，则内在价值就是由 S 和 X 之间的关系决定的。准确的计算公式如表 7—7 所示。

表 7—7　期权的内在价值

欧式看涨期权	$\max(S - Xe^{-r(T-t)}, 0)$	美式看涨期权	$\max(S - Xe^{-r(T-t)}, 0)$
欧式看跌期权	$\max(Xe^{-r(T-t)} - S, 0)$	美式看跌期权	$\max(X - S, 0)$

实值、虚值和平价期权是与内在价值紧密相关的三个概念。所谓实值期权（In The Money），是指内在价值为正的期权，如果内在价值正值很大，称为深度实值；虚值期权（Out of The Money），是指内在价值为负的期权，如果内在价值负值很大，称为深度虚值；平价期权（At The Money），是指内在价值为零的期权。因此，在不考虑欧式期权到期才能执行而需要进行贴现的情况下，对于看涨期权而言，市场价格高于执行价格为实值，市场价格低于执行价格为虚值；对于看跌期权而言，市场价格低于执行价格为实值，市场价格高于执行价格为虚值。若市场价格等于执行价格，无论是看涨期权还是看跌期权均为平价期权。表 7—8 给出了更为准确的衡量标准。

表7—8　实值、虚值与平价期权

		看涨期权	看跌期权
实值期权	欧式	$S>Xe^{-r(T-t)}$	$S<Xe^{-r(T-t)}$
	美式	$S>Xe^{-r(T-t)}$	$S<K$
虚值期权	欧式	$S<Xe^{-r(T-t)}$	$S>Xe^{-r(T-t)}$
	美式	$S<Xe^{-r(T-t)}$	$S>K$
平价期权	欧式	$S=Xe^{-r(T-t)}$	$S=Xe^{-r(T-t)}$
	美式	$S=Xe^{-r(T-t)}$	$S>K$

二、期权的分类

(一) 不同标的资产的期权

按照期权合约的标的资产划分，金融期权合约可分为股票期权、指数期权、货币期权（又称外汇期权）、期货期权、利率期权、互换期权及复合期权等。其中，在交易所交易的期权主要包括股票期权、指数期权、期货期权、外汇期权和利率期权等；外汇期权、利率期权、互换期权和复合期权等的场外市场非常活跃。

股票期权（Stock Options）通常被称为股权期权（Equity Options）。1996年8月，CBOE有913个股权期权，AMEX有705个股权期权，费城股票交易所有557个股权期权，太平洋股票交易所有583个股权期权，纽约股票交易所有264个股权期权。当然，许多期权是在多个交易所上市的。在CBOE，1996年活跃的期权有IBM、Cisco Systems、Micron Technology、Hewlett-Packard、Texas Instruments、Bay Networks、Iomega、Oracle、Coca-Cola和Merck。

指数期权（Index Option）是对股票指数的期权。最早的指数期权CBOE100（后更名为S&P100）是在1983年3月11日上市的，其开盘日交易量为4575个合同。随后其他交易所也开办指数期权交易业务，指数期权交易有了明显的增长。综合所有的交易所交易量，指数期权交易量大约占期权交易总量的31%。在CBOE，指数期权交易量占期权交易总量的比例达49%。指数期权之所以普及有两个原因：第一，交易的现金结算使投资者不必交割股票就可以从事期权交易。第二，指数期权是对于市场总体的期权，由于市场的股票太多了，很少有投资者能够分析很多投资机会，许多投资者愿意对市场总体状况进行分析，并用股票指数作为预测工具。

期货期权（Futures Options）又可进一步分为基于利率期货、外汇期货和股价指数期货、农产品期货、能源期货和金属期货等标的资产的期权，其标的资产为各种相应的期货合约。大多数的期货合约有相应的期货期权合约。期货合约的到期日通常紧随着相应的期货期权的到期日。期货期权的重要特点之一也在于其交割方式：期货期权的买方执行期权时，将从期权卖方处获得标的期货合约的相应头寸（多头或空头），再加上执行价格与期货价格之间的差额，由于期货合约价值为零，并且可以立即结清，因此期货期权的损益状况就和以期货价格代替标的资产价格时相应期权的损益状况一致。由于交割期货合约比交割标的资产本身往往更为方便和便宜，期货期权产生以后，受到市场的广泛欢迎，成为最主要的期权品种之一。

利率期权（Interest Rate Options）是指以各种利率相关资产（如各种债券）作为标的资产的期权。事实上，在交易所内交易的最普遍的利率期权是长期国债期货期权、中期国债期货期权和欧洲美元期货期权，而大部分的利率期货期权合约的运作与一般的期货期权合约相似。

除此之外，外汇期权或者称为货币期权（Currency Options），是以各种货币为标的资产的期权；互换期权是以互换协议作为标的资产的期权；复合期权则是期权的期权，即期权的标的资产本身也是一种期权。

（二）常规期权和奇异期权

从期权产品结构设计上来看，我们前面所介绍的欧式期权和美式期权都是比较标准和常规化的（Vanilla Options），在产品结构上更为复杂的期权通常叫做奇异期权（Exotic Options）。

目前市场上常见的奇异期权主要包括：

障碍期权（Barrier Options），该期权的损益结果依赖于标的资产的价格在一段特定时间内是否达到某个特定的水平，这个临界值就叫做"障碍"水平。具体来看，它又包括两种类型：敲出障碍期权（Knock-out Options）：当标的资产价格达到一个特定的障碍水平时，该期权作废（被"敲出"）；如果在规定时间内资产价格并未触及障碍水平，则仍然是一个常规期权。敲入障碍期权（Knock-in Optionas），正好与敲出期权相反，只有资产价格在规定时间内达到障碍水平，该期权才得以存在（"敲入"），其损益结果与相应的常规期权相同；反之，该期权作废。

亚式期权（Asian Options），其到期损益结果依赖于标的资产在一段特定时间（整个期权有效期或其中部分时段）内的平均价格（可能是执行价格，也可能是最后的标的资产市场价格取平均值）。亚式期权是当今金融衍生产品市场交易最为活跃的奇异期权之一。

回溯期权（Lookback Options）则是收益依赖于标的资产在某个确定的时段（称为回溯时段）中达到的最大或最小价格的期权，例如，欧式回溯股票期权的收益等于最后股票价格超过期权有效期内股票价格达到的最低价格的那个量。

现金或无价值看涨期权（Cash-or-nothing Call）和资产或无价值看涨期权（Assert-or-nothing Call）都属于两值期权（Binary Options），前者是指在到期日，如果标的资产价格低于执行价格，该期权没有价值；如果高于执行价格，则该期权支付一个固定的数额；后者则是指如果标的资产价格在到期日低于执行价格，该期权没有价值；如果高于执行价格，则该期权支付一个等于资产价格本身的款额。

除此之外，常见的奇异期权还包括：打包期权（Packages），即由常规的欧式期权、远期合约、现金和标的资产等合成的证券组合；百慕大期权（Bermudan Options），即只能在事先确定的时间内提前执行的美式期权；远期开始期权（Forward Start Options），即现在支付期权费而在未来某时刻才开始的期权；复合期权，即在 t_0 时刻给予持有者一个在待定时间 $t_1 > t_0$ 以特定价格买卖另一个期权的权利；多资产期权（Multi-asset Options），即包含两个或两个以上标的资产的期权；等等。可以说，奇异期权是世界上最具生命力的金融工具之一，它的内涵和外延无时不处在变化和拓展当中。

三、期权市场及应用

期权合同在交易所内进行交易的时间要比期货合同短得多。早期的买入和卖出期权的交易活动于18世纪即已出现在欧洲和美国等地。进入20世纪之后，美国出现了一种较为有序的期权交易市场，称为"看跌期权和看涨期权经纪商与自营商协会"（Put and Call Broker and Dealers Association），该协会的成员公司负责对期权的买方和卖方进行撮合，为期权交易提供了一个可遵循的机制。当时期权的交易主要以柜台交易形式进行。但存在的一些问题，如无二级市场，缺少保证合同执行的机制等，限制了期权交易的发展。

1973年4月，芝加哥期货交易所开设一个新的交易所，即芝加哥期权交易所（Chicago Board Option Exchange，CBOE），专门进行股票期权交易，使期权合约在交割数额、时间以及交易程序等方面实现了标准化。期权交易的技术也日益完善，使之成为投资者日益熟悉的一种交易。在芝加哥期权交易所之后，美国及其他国家的一些大的期货交易所先后开展了期权交易，一些专门的期权交易所也相继成立。期权交易的种类也不断增多，从最初的、最基本的股票期权，发展到包括商品期权、股票、股指期权、利率、债券期权以及各种各样的期货期权的巨大族群，期权方面的创新更是不断出现。同期货交易一样，期权交易不仅为投资者提供了一个保期保值规避风险的工具，也为投机者所喜爱，其重要性日益提高。

从1973年CBOE开始经营并获得巨大成功开始，世界各国的交易所纷纷引进期权交易，尤其在20世纪80年代以后，世界的交易所期权取得了前所未有的发展，其中，美国在交易所期权交易方面一直居于世界前列。美国的期权交易所主要分为三种：CBOE和国际证券交易所（International Securities Exchange，ISE）都是专门的期权交易所，在美国期权市场上占有重要的地位，其中CBOE进行多种期权交易；而ISE则是期权市场上的传奇之一，它于2000年4月成立，主要交易股票期权和股指期权，是自1973年后美国证监会（SEC）批准成立的唯一一所注册交易所，其在短短的三年时间内交易量迅速超越其他期权交易所，成为美国最大的股票期权交易所，也是美国最早完全实行电子交易的期权交易所。美国费城股票交易所（Philadelphia Stock Exchange，PHLX）、AMEX和太平洋交易所（Pacific Exchange，PCX）则属于原来传统的股票市场，同时也提供期权产品交易（NYSE也曾经交易期权，但于1997年4月28日将所有的期权交易转给CBOE经营，退出期权市场），值得注意的是，在这些交易所里交易的期权涵盖多种标的资产。第三种期权交易所则由期货交易所组成，如CBOT，芝加哥商品交易所（Chicago Mercantile Exchange，CME），美国咖啡、糖和可可交易所（Coffee，Sugar and Cocoa Exchange，CSCE），堪萨斯商品交易所（Kansas City Board of Trade，KCBT），中美洲商品交易所（Mid-America Exchange，MIDAM），明尼苏达谷物交易所（Minneapolis Grain Exchange，MGE），纽约棉花期货交易所（New York Cotton Exchange，NYCE），纽约期货交易所（New York Futures Exchange，NYFE）和纽约商品交易所（New York Mercantile Exchange，NYME）等。这些期货交易所只提供期货期权的买卖，并往往只交易以本交易所上市的期货合约为标的的期权产品。

显然，交易所期权的最大特征和成功原因之一就是期权合约的标准化，每个交易所都对每种期权合约的各种规格分别进行了预先规定。

1. 交易单位

交易单位，也称"合约大小"（Contract Size），即一张期权合约中标的资产的交易数量。标的资产不同，期权合约的交易单位也不同，即使是相同标的资产的期权，在不同的交易所上市，其合约大小也不一定相同。

2. 执行价格

期权合约中的执行价格也是由交易所事先确定的。当交易所准备上市某种期权合约时，将首先根据该合约标的资产的最近收盘价，依据某一特定的形式来确定一个中心执行价格，然后再根据特定的幅度设定该中心价格的上下各若干级距（Interval）的执行价格。

3. 到期循环、到期月、到期日、执行日和最后交易日

到期循环、到期月、到期日、执行日和最后交易日等是期权交易所对期权时间的预先规定，尽管在细节上可能不甚相同，但基本的原理都是一样的。下面，我们以 CROE 的规定为例来说明期权合约的时间规定。

期权交易中使用和期货交易类似的到期循环，例如，在 CBOE，所有的期权除了LEAPS 都将在以下三个月份的基础上循环：1月、2月和3月。1月循环期权的到期月包括1月、4月、7月和10月；2月循环期权的到期月包括2月、5月、8月和11月；3月份循环期权的到期月则包括3月、6月、9月和12月。

交易所会在期权合约中进一步规定期权的具体到期日，即期权买方可以享有期权赋予的权利的最后日期。例如，CBOE 股票期权的到期日为到期月第三个星期五之后紧随的那个星期六，更精确地说，是当天美国东部时间下午5：00。但事实上，CBOE 要求期权买方在到期日的前一个交易日（如果为非营业日，则往前顺延）美国东部时间下午5：30之前就必须对其是否打算执行期权作出表示。

执行日是指交易所规定的，期权买方可以实际执行该期权的日期。显然，对于欧式期权来说，执行日就是期权的到期日，而美式期权的执行日则是期权有效期内的任一交易日。

最后交易日是和到期日紧密相连的日期，是期权交易者可以交易期权的最后日期。例如，CBOE 股票期权的最后交易日就是到期月的第三个星期五。如果在这一天期权买方没有进行对冲交易，就面对着放弃或执行期权的选择。

从交易所交易的实际情况来看，以 CBOE 交易的股票期权为例，每个月交易的股票期权实际上都有 4 个到期日：离当前最近的两个日历月和本期权所属循环中的下两个到期月。例如，在 12 月 1 日，一个属于 1 月循环的期权包括以下 4 个到期月：12 月、1 月、4 月和 7 月。当 12 月的到期日过去之后，一个属于 1 月循环的期权则包括以下 4 个到期日：1 月、2 月、4 月和 7 月。

4. 红利和股票分割

股票期权和股票指数期权往往还涉及红利与股票分割。早期的场外期权是受红利保护的，也就是说如果公司派发现金红利，则除权日后，公司股票期权的执行价格要减去红利金额。现在无论是否派发现金红利，交易所交易的期权都不进行调整。

当股票分割或送红股的时候，交易所一般规定期权要进行调整。其调整方法如下：在 n 对 m（即 m 股股票分割为 n 股）股票分割之后，执行价格降为原来执行价格的 m/m，每一期权合约所包含的交易数量上升到原来的 n/m 倍。同时，n％的股票红利等同于 100＋n 对 100 的分割，从而可以应用股票分割的方式对期权合约进行调整。

5. 交割规定

在场内期权交易中，如果交易者不想继续持有未到期的期权头寸，就可以在最后交易日结束之前，随时进行反向交易，结清头寸。这与期货交易中的对冲是完全相同的。相反，如果最后交易日结束之后，交易者所持有的头寸仍未平仓，买方就有权要求执行，而卖方就必须做好相应的履约准备。当然，如果是美式期权，期权买方随时有权决定交割。从实际来看，期权交割的比例要比期货高得多。

针对不同的期权，其规定的交割方式也各不相同。一般来说，各种现货期权在交割时，交易双方都直接以执行价格对标的资产进行实际的交收；指数期权是按照执行价格与期权执行日当天交易结束时的市场价格之差以现金进行结算；而期货期权的买方执行期权时，将从期权卖方处获得标的期货合约的相应头寸，再加上执行价格与期货价格之间的差额。

本章小结

1. 远期合约（Forward Contract）是一种最为简单的衍生证券。它是一个在确定的将来时刻按确定的价格购买或出售某项资产的协议。通常是在两个金融机构之间或金融机构与其公司客户之间签署的非标准化合约，它不同于期货，往往不在柜台市场上交易。

2. 商品期货（Commodity Futures）是以标的物为实物商品的一种期货合约，是关于买卖双方在未来某个约定的日期以签约时约定的价格买卖某一数量的实物商品的标准化协议。商品期货交易是在期货交易所内买卖特定商品的标准化合同的交易方式。

3. 债券期货（Bond Futures）交易是指通过有组织的交易场所预先确定买卖价格而于未来特定时间内进行券款交割的债券派生交易方式。具体讲，就是参与者只需支付一定的保证金，然后通过买卖证券交易所和期货交易所规定的标准化合约来买卖远期债券的交易。它既是期货市场的组成部分，又是债券市场的重要组成部分。

4. 利率期货（Interest Rate Futures）是金融期货的一种，目前国际期货业界通常将利率期货分为中长期利率期货和短期利率期货两大类。这两类利率期货的主要区别在于期限、报价方式以及交割方式的不同，而其共同点在于这两类利率期货的价格决定因素基本上相同。

5. 股票指数期货（Share Price Index Futures）简称股指期货，是指期货市场上标准化股票指数期货合约的交易。而股指期货合约则是交易双方同意在将来某一日期按约定的价格买卖标的股票价格指数的可转让合约。所有的期货品种都是因风险而生的，股指期货也不例外。作为一种金融创新，股指期货诞生于20世纪80年代这一股票市场剧烈波动的时期。目前世界上主要的股指期货品种多集中在美洲、欧洲和亚洲地区。世界上股票指数期货交易最为活跃的当推美国、日本和新加坡。

6. 互换（Financial Swaps）是两个或两个以上当事人按照商定条件，在约定的时间内，交换一系列现金流的合约。

7. 利率互换（Interest Rate Swaps）是指双方同意在未来的一定期限内根据同种货币的同意的名义本金交换现金流，其中一方的现金流根据浮动利率计算，另一方的现金流根据固定利率计算。

关键词：

远期合约（Forward Contract）	商品期货（Commodity Futures）
债券期（Bond Futures）	利率期货（Interest Rate Futures）
股票指数期货（Share Price Index Futures）	多头（Long Position）
远期利率协议（Forward Rate Agreement，FRA）	
互换（Financial Swaps）	利率互换（Interest Rate Swaps）
交义货币利率互换（Cross-currency Interest Rate Swaps）	
期权（Option）	内在价值（Intrinsic Value）
指数期权（Index Option）	货币期权（Currency Options）

思考题：

1. 简述商品期货标准化合约的基本内容。
2. 简述看涨期权和看跌期权的定义。
3. 简述期货和远期的异同点。
4. 试列举几种主要的互换种类并说出它们的定义。
5. 简述互换的信用风险管理。

案例题：

5月，一个投资者以0.6940的价格买入100手6月的瑞士法郎合约，一周后，美元贬值，6月瑞士法郎期货合约的价格变为0.6960，该投资者将合约卖出平仓。

试做一份该投资者的资金损益表。

第八章 风险投资

现代风险投资始于美国，作为美国发展高新技术战略的一个部分。美国自进入 20 世纪 90 年代之后，经济持续稳定增长，其重要原因在于高新技术产业迅速发展与壮大，而美国高新技术产业的迅猛发展与其先进的风险投资机制密不可分；欧洲高科技方面落后于美国，并不是由于科学技术的落后，而是由于风险投资体制落后于美国；亚洲金融危机的爆发暴露了亚洲忽视高科技投入、忽视风险投资的弱点；我国经济发展长期依靠大量资本与自然资源的投入，而技术进步和创新的贡献率较低，只达 30％左右，发达国家达 60％～80％，要改变传统的经济发展方式，培养经济新的增长点。产业结构的发展，有赖于高新技术产业的发展，而高新技术产业的发展，需要一套行之有效的风险投资机制。

通过本章的学习，希望读者掌握风险投资的基本内涵、运行机理以及风险投资在新经济增长中的作用。

第一节 风险投资概述

一、风险投资的含义

风险投资（Venture Capital），也称创业投资，是指新型的融资方式来支持科技事业的发展，由风险投资家出资，协助具有专门技术而无法获得资金的技术创业家，并承担创业之初的高风险。实质上是指高新技术产业化中一个资金的有效使用过程，是一种科研、企业和金融的有机结合。

根据全美风险投资协会的定义，风险投资是由职业金融家投入到新兴的、迅速发展的、有巨大竞争潜力的企业中的一种权益资本。欧洲风险投资协会认为，风险投资是一种专门的投资公司向具有巨大发展潜力的城镇性扩张型或重组型的未上市企业提供资金支持，并辅之以管理参与的投资行为。

在我国，风险投资的含义有广义和狭义两种。广义的风险投资泛指一切具有高风险、高潜在收益的投资活动。狭义的风险投资指以高新技术为基础的，生产经营技术密集型产品的投资。由于高新技术开发具有很大的不确定性，即潜在风险，同时又具有潜在的高风险性，因此称为风险投资。

风险投资在现代经济中起着举足轻重的作用。通过加速科技成果向生产力的转化推动了高科技企业从小到大、从弱到强的长足发展，进而带动了整个经济的蓬勃和兴旺。一方面，风险投资促进了高就业与高增长并举局面的实现；另一方面，也提高了就业人员的素质，调整了整个经济结构。

二、风险投资的特征

风险投资将风险资本、风险投资机构和高新技术企业三者有机结合。风险投资实质是将高新技术同金融相结合，为高新技术的发展提供资金支持和企业管理。风险投资相较于传统意义上的金融投资具有以下六个基本特征：

（一）以高新技术产业为主要投资领域

一般而言，风险投资就是对高风险项目或企业的投资。而高风险的项目或企业往往是具有开拓性和创新性的项目或企业，主要存在于高新技术领域。高新技术在研究开发阶段的失败率往往高达80％～90％，即使是比较成熟的风险投资，其成功率也可能低于30％。因而风险投资是具有高风险的。风险投资所追求的目标就是高新技术成果商品化、产业化后所能获取的高回报。受风险投资可能带来的高收益的吸引，风险投资具有很强的选择性，高新技术产业成为风险投资的主要投资对象。风险投资业的基本运行机制就是从成功的高新技术企业的高额利润中分享高于银行利率的风险收益，来弥补项目失败带来的损失。损益相抵后的盈余就成为其利润。风险投资者利用这些盈利转化为风险准备金，实现风险资本的滚动增值和循环周转，不断增强风险资本的投资实力。从具体行业来看，风险投资主要集中在信息产业和生命科学领域。

（二）高投资、高风险、高收益

企业的不同成长阶段存在着不同的风险，但创业初期风险最大。风险投资大部分投资于高科技企业或产品生命周期较短的新型事业。绝大部分是在企业或项目创始时即投入种子资金，待企业实现增值后，风险投资者才会通过上市、收购、兼并或者其他股权转让方式撤出资本，获得高额资本利得。因此风险投资实现期望回报率即期望资本利得的实现。

风险投资的对象往往是高新技术中的种子技术、创新思想、刚刚起步的创新型中小企业，不确定因素很多。此外，一项科研成果转化成一种新的产品乃至实现最后的产业化，要经过开发、试点、生产和销售等诸多环节，每个环节都存在着失败的风险。在企业发展的不同阶段，风险投资者必须不断地注入资金，并不断加大，直至退出投资。但一旦公司获得成功，首次公开发行股票，投资人就可获取几十倍甚至上百倍的投资收益。正是有获得这种巨额利润的可能性，风险投资者才甘愿承受巨大的风险。

（三）以新兴的、迅速发展的、具有潜在高成长性的中小企业为投资对象

一般金融投资主要是支持市场相对稳定、技术成熟度较高的产品或企业，高新技术

产业的高风险性使其很难获得银行贷款。新兴的、迅速发展的、具有潜在高风险性的中小企业很难通过传统的融资渠道获得融资。风险投资则对这些处于创业期、拥有良好发展前景的企业及其技术发展的各个阶段提供包括资金和管理在内的全方位支持。

（四）为企业提供管理支持风险投资是一种主动地参与管理的专业投资方式

风险投资者不仅提供资金，同时还提供管理支持，包括管理咨询、寻求新的合作伙伴、业务扩展等。一旦签订投资协议，风险投资者就会直接或间接地参与企业管理，从产品服务的设想到商业化生产，从经理人员的任命到机构的组成，从产品的开发到占领和开拓市场，从企业的创业时期到企业的成熟阶段，风险投资者和企业的关系是利益共享、风险公担。

（五）以股权形式为主要投资方式

风险投资是一种长期的、流动性较低的权益资本投资。投资者的投资目标不在于企业的短期经营利润，而在于企业的发展前景和资产增值。即使被投资企业初始阶段现金流为负，经营业绩为亏损，投资者也不会因此而收回投资，因为风险投资是从所有者权益的角度考虑，看重的是企业的价值及其未来收益。

风险投资往往是在企业创立之初就投入资金，当企业发展稳定后，才可以通过资本市场将股权变现，获得回报，继而进行新一轮投资。因此投资期限较长，通常为 3～8 年，而在此期间可能还需要不断地追加投资。

（六）特殊的退出机制

尽管风险投资是一项权益投资，但其目的并不是对企业进行控股，而是在风险投资取得成功后尽快实现回报，退出后的资金一般还给投资者或者进行新项目投资，以期实现利润最大化。因此，一个流动性较强的资本市场，特别是风险投资的退出机制，是保证风险投资成功的必要条件。风险投资的退出渠道主要有公开上市、股权回购、企业并购和破产清算等，其中公开上市是实现风险投资价值的最佳途径。

三、同传统投资方式相比较

风险投资不同于传统的投资方式，它集金融服务、管理服务、市场营销服务于一体，通过其独特的运作方式，借科技成功转化的成功，获得高额的投资回报。风险投资与传统金融投资的区别在于：

（一）投资对象

风险投资集中于高新技术产业及其新产品开发，其中投资对象又以中小型企业为主。一般金融投资主要用于收益稳定、回收安全、技术成熟的传统企业扩展及传统技术新产品的开发，其投资对象以大中型企业为主。

（二）投资审查

风险投资考虑的首要因素是技术实现的可能性，投资项目的科技含量和合作者的素质，投资者认为技术创新与市场前景的研究是关键。而传统金融投资以财务分析与物质保证为审查重点，投资者认为企业的偿还能力是投资考虑的关键。传统投资者都尽量避免风险，而风险投资却更倾向于投资高风险项目，相信高风险带来高收益，所追求的首先是风险收益，其次才是投资收益。

（三）投资方式

风险投资通常采用股权投资形式投资，在投资期间还提供管理支持，关注企业的发展前景，待项目开发成功后，按其股份取得投资收益，无法事先确定投资收益和回收日期。传统金融投资主要采用资金和贷款形式投资，有固定的偿还期限，收益形式以利息为主，安全性是其关注重点。

（四）投资管理

风险投资者参与企业经营管理与决策，提供各种专业性服务，投资管理较严密，与企业是合作开发的关系。而一般金融投资对企业经理管理有参考咨询作用，但一般不介入企业决策系统，只关心企业的财务状况，与企业的关系以借贷为主。

（五）投资回收

风险投资是中长期投资，以投资综合经济效益保证资金回收，即以成功项目的高额利润补偿失败项目的风险亏损，从而在维持收支平衡并在获得盈利的基础上得以发展。风险投资从投资到回收一般需要 3～8 年时间，在投资期间，还需要配合创业企业的发展阶段，进行不同性质的资金融通。传统金融投资是中短期投资，按贷款和合同期限回收本息，更注重现金回报，强调资金的流动性。

（六）投资风险

风险投资具有高风险性，对所开发的高技术项目能否成功，成功后能否转化为新产品正式投产，以及投产后销路如何等均不确定。风险投资者承担着创业企业在技术开发和市场开拓中的风险，因此投资风险更注重分散风险，一般采用同时、多项跨领域投资，且往往采用联合投资的方式。传统金融投资风险较小，若到期不能收回本金，除追究企业经营者的责任外，所欠本息也不能豁免。

四、风险投资的功能

风险投资是对高新技术产业化过程中的投资，对推动高新技术的发展和进步，给世界经济发展注入新的活力，带来巨大变化，在推动经济发展和改善人类生活起着越来越重要的作用。

（一）风险投资是建立科技创新体系的基石

科学技术是第一生产力，没有科技的创新，就没有经济的发展。自进入知识经济时代以来，世界各国纷纷加大力度建立本国的科技创新体系，以增强国家竞争力。然而无论采取哪种方式加速国家科技创新体系的形成，都会面临研究与开发的问题。研究与开发能力是建立科技创新体系的基石。培育研究与开发的能力、提高研究与开发的水平的关键是加大资金投入力度。由于政府政策的导向性和风险资本的特有属性，风险资本越来越成为研发资金的主要来源，对国家科技创新体系的建立起着重要的支撑作用。

（二）风险投资是科技企业成长及科技成果产业化的"催化剂"

风险投资对科研成果转化的"催化"作用已被信息技术和生物技术为代表的高技术的快速发展所证实。正如美国斯坦福大学国际研究所所长 W.F. 米勒所说："由于风险投资的参与，科学成果化为商品的周期已由原来的 20 年缩短至 10 年以下。"风险投资主要从三个方面催化了科研成果转化：首先，风险投资的趋利性特点激励着它去发掘有盈利前景的项目，并对转化项目的前期阶段予以资金资助，推动科技成果从实验室走向市场；其次，在风险投资支持下，科技成果转化过程可以在不同层次上同时展开，而不必按部就班地按照既定的阶段顺序进行，从而大大缩短了产品的开发周期；最后，风险投资会适时地将新兴企业推销上市，通过股票市场快速积聚发展资金，加速科技成果的产业化进程。

（三）风险投资优化了资本配置

在市场经济条件下，对利润最大化的追求能够带来资源的最佳配置。风险投资追求的目标就是投资利润最大化，这与以银行为代表的传统金融投资有着本质的区别。对于传统金融投资而言，投资与需求是不对称的。最需要资金而生产率高的项目往往因为风险高而得不到贷款，而这样的项目相对较多；而发展成熟、收入趋于稳定的企业因为风险小而受到银行的青睐，这样的项目相对较少。这就导致了急需资金发展的中小企业得不到银行贷款支持。而对于风险投资而言，其投资理念便是通过投资高风险项目获得高收益，在新兴的中小企业中，具有高成长、高回报特点的科技企业恰好满足风险投资的要求。因此风险投资满足了投资与需求的需要，优化了资本配置，使资本的使用更趋向合理化。

（四）风险投资促进了产业结构和经济结构的调整

风险投资推动了高新科技企业的兴起，加速了高新科技企业的发展，扩大了高新技术产业化的规模，从而带动了相关服务业的发展，也大大加速了利用高新技术改造传统工业的进程。高新技术的发展不仅极大地提高了劳动生产率，而且使生产过程中的各要素发生了重大变化，从而使经济效益显著提高。高新技术的发展促进了产业结构高级化，随着第三产业特别是信息业的迅速发展，技术密集型部门比重不断提高，传统产业在产业结构的中心地位日益衰落，传统产业与高新技术结合带来的"再工业化"兴起。风险投资促进了产业结构的调整，而这种产业结构的变化也带动了经济结构的变化，从而加速了旧经济向新经济的转型。

（五）风险投资推动了国民经济的增长

风险投资是向高新技术产业的新兴的、迅速发展的、具有潜在高成长性的中小企业的投资。所创造的社会经济效益大大高于对传统企业的投资。一方面，风险投资通过对高新技术产业的支持，促进劳动生产率迅速提高，产生惊人经济效益，间接地推动了国民经济的增长，在美国等高科技产业发达的国家，科技产业对国民经济的贡献率已达40％以上。另一方面，风险投资作为一个新兴的产业，对国民经济的增长又有着直接推动作用。自 20 世纪 80 年代以来，风险投资的迅速发展，使其无论从资本规模上，还是从所实现的产值上看，都对国民经济的增长产生了巨大的推动作用。

（六）风险投资创造了大量的就业机会

风险投资支持的高新技术企业发展迅速，在创立期、扩展期和成熟期阶段均需要不断吸纳大量营销人员、管理人员，创造了充分的就业机会，为地区的经济繁荣提供了条件。一个风险企业的创立，可以解决数百人甚至数千人的就业问题。风险企业在开发高新技术领域时，不仅可以生产出新的工业产品，还可以建立起相应的附属部门，伴随着劳动内容和产业结构的深刻变化，还创造出许多新型就业岗位，提供更多的就业机会。

第二节　风险投资的运作方式

一、风险投资的资金来源

由于世界各国的金融市场环境、投资文化理念、管理条件等方面存在着差异，风险投资行业的资金来源也各不相同。尽管如此，我们还是可以从中找到一些共同之处。

（一）个人投资者

个人投资者一般分为两类：一类是一般投资者，以普通合伙人的身份加入到一个风险基金中，这类投资者一般只作为风险投资机构或风险企业的股东，不参与经营管理。另一类是"天使投资者"这类投资者兼有资本与能力，他们既是风险投资者又是投资管理者。在风险投资的发展初期，个人投资是风险投资的主要来源，特别是天使资本为企业初期投资作出了很大的贡献。

（二）政府投资

出于对产业政策、宏观经济发展规划的考虑，政府会通过财政拨款、直接投资、政府担保的银行贷款等方式对风险企业金融融资。政府不可能将大量资产投入到高风险的投资市场，而政府官员也无法兼任风险投资的负责人，政府官员不必对其投资行为的结果负责，由此可能产生的机会主义行为往往会影响到投资决策的正确选择。随着风险投资的不断壮大，政府对风险资本的投资逐渐减少。

（三）机构投资者

机构投资者是风险资本的主要提供者，机构投资者主要包括各类基金、大型企业资本、投资银行资本、保险公司资本、银行控股资本、外资。机构投资者资金实力雄厚，而且具有长期投资意愿和动机，所以，风险资本的主要提供者是机构投资者。

机构投资者进行风险投资主要有以下两种方式：一种是对风险企业进行直接投资，另一种是以普通合伙人或有限合伙人的形式通过风险投资基金进行投资。由于直接投资具有较大的风险性，因此大多数机构投资者通过风险投资公司或风险投资基金的形式在风险投资市场上投资。

二、风险投资的主要组织形式

风险投资的主要组织形式有以下三种：有限合伙制、公司制和信托基金制风险投资组织。

（一）有限合伙制

有限合伙制公司是合伙企业的一种，通常由两类合伙人组成，一类是普通合伙人，既是风险投资公司的投资者，又是公司的管理者；另一类是有限合伙人，是公司的主要投资者。二者合伙组成一个有限合伙企业。为了规范普通合伙人的行为，合伙企业往往要求普通合伙人象征性地投入一定的资本，一般占总资本额的1%，同时，普通合伙人可以得到合伙企业净利润的20%的收入。

有限合伙制的资金募集主要有两种形式：第一种是基金制，即投资者将资金集中到一起，形成一个有限合伙制的基金。第二种是承诺制，即有限合伙人只承诺提供一定数量的资金，在合伙企业成立初期，有限合伙人不注入全部资金，只提供少量必要经营费用，等到有了合适的投资项目时，再根据普通合伙人的要求提供必要的资金。这种承诺制对有限合伙人和普通合伙人都是有益的，既降低了投资风险，也减轻了普通合伙人为确保基金保值增值的压力。

有限合伙制一直是风险投资的主要运作者，有限合伙制风险投资公司之所以会成为风险投资公司的主要组织形式，有以下三个方面的原因：

1. 高效的激励机制

风险投资家一般每年除了收取2%左右的管理费作为固定的劳动补偿外，其每年可以得到公司净利润20%的收入，而作为合伙企业的普通合伙人，在合伙企业的总投资中只有1%的投资份额。这种高杠杆比例的投资回报，对风险投资家而言是一种高效率的激励机制。

2. 道德风险大大降低

在有限合伙制中，风险投资家作为唯一的无限责任的风险承担者，合伙企业的收益首先会影响到其收益，而如果由于他们的错误投资决策导致合伙公司资不抵债，那么他们还必须用自己的其他资产来弥补损失，这就大大降低了风险资本家的道德风险。

3. 避税效应

有限合伙制风险投资公司并不是纳税义务人，政府只对合伙人按个人边际税率征税，不对合伙制实体征税，在合伙制企业初期，投资处于亏损状态，投资损失可以扣减应税收入，对于承担高边际税率的富有个人来说很具吸引力。

（二）公司制

风险投资公司采用公司制可以有有限责任公司或股份有限公司两种形式。美国资本和黑石基金就是股份公司制的投资公司。瑞士、澳大利亚、德国的风险投资机构也采用公司制。

在公司制下基金的使用和退出没有严格的时间限制，导致经营者没有明显的资金退出方面的压力，一定程度上降低了风险投资资金的使用效率和收益率。公司制的管理是垂直式的，董事会负责对公司重大投资进行决策，所有费用的开支也都是由公司内部支付，从而对经理人缺乏有效的激励机制和约束机制，公司的经营者可能受到个人利益的驱动或其他因素的影响而做出对投资不负责任的举动。

（三）信托基金制风险投资组织

信托基金制风险投资组织是风险投资者、风险投资基金管理公司和受托金融机构三者之间通过信托契约方式将三者的关系书面化、法律化，来约束和规范当事人的行为。在信托基金制框架下，投资者为信托人，经营人和保管人为受托人，分别根据信托合同对风险资本进行经营和保管，并向投资者收取信托费用，而基金经营的盈利所得则归投资者支配。从发达国家的实践来看，一国法律制度尤其是税务制度的安排，对信托基金制的运营成本、代理人风险和激励机制三个方面都会产生重要的影响。

信托基金制通常也都采用类似于承包的方式支付给受托人（经营者和保管者）一笔固定的费用，以此来控制基金的日常开销。信托基金制的运营成本在很大程度上取决于一国的税务政策。不同的税务政策会产生迥然不同的运营成本。

与公司制一样，信托基金制也无法有效地控制代理人风险。在信托基金架构下的基金经理人作为受托人，仅在有过错时对基金的亏损与债务承担有限的责任（如罚款、降薪和撤职等），但是对于一般情况下基金经营的亏损与债务无须承担责任。受托人也可以通过信托合同规定基金的经营年限、受托者分阶段注资及强制分配政策等手段对经营者进行约束，以控制代理人风险。银行、保险公司等金融机构作为保管人对基金的资产进行保管，经营者使用和运营资金都必须通过保管人，这就对经营者产生了一定的约束。

在传统的信托投资基金中，委托人一般都向受托人支付固定的劳务费作为经营者的报酬，这种收益分配方式并不能激励经理人全身心投入工作。近年来，在发达国家，信托风险投资基金纷纷仿效有限合伙制的做法，对经营者收益分配的方式进行了改革，把基金经营业绩与经营者报酬紧密地结合起来，对经营者的激励产生了良好的效果。

三、风险投资公司的投资过程

风险投资的投资过程可以分为三个阶段：第一阶段是项目的筛选和评价，该阶段要解决的问题是风险投资机构如何从不同的项目中挑选可供投资的项目。第二阶段是经营投资项目，包括对创业企业的管理活动进行监督、对创业企业的管理层提供咨询建议等。第三阶段是风险资本的退出，该阶段要关注于解决如何保证资本增值的前提下退出投资。风险投资的运作过程如图8—1所示。

（一）项目初选

1. 项目的来源

对风险投资公司而言，投资项目的产生并不是什么问题，最难的是怎样能找到真正的好项目，为此建立多渠道的项目资金来源是风险投资公司不可忽视的工作之一。一般

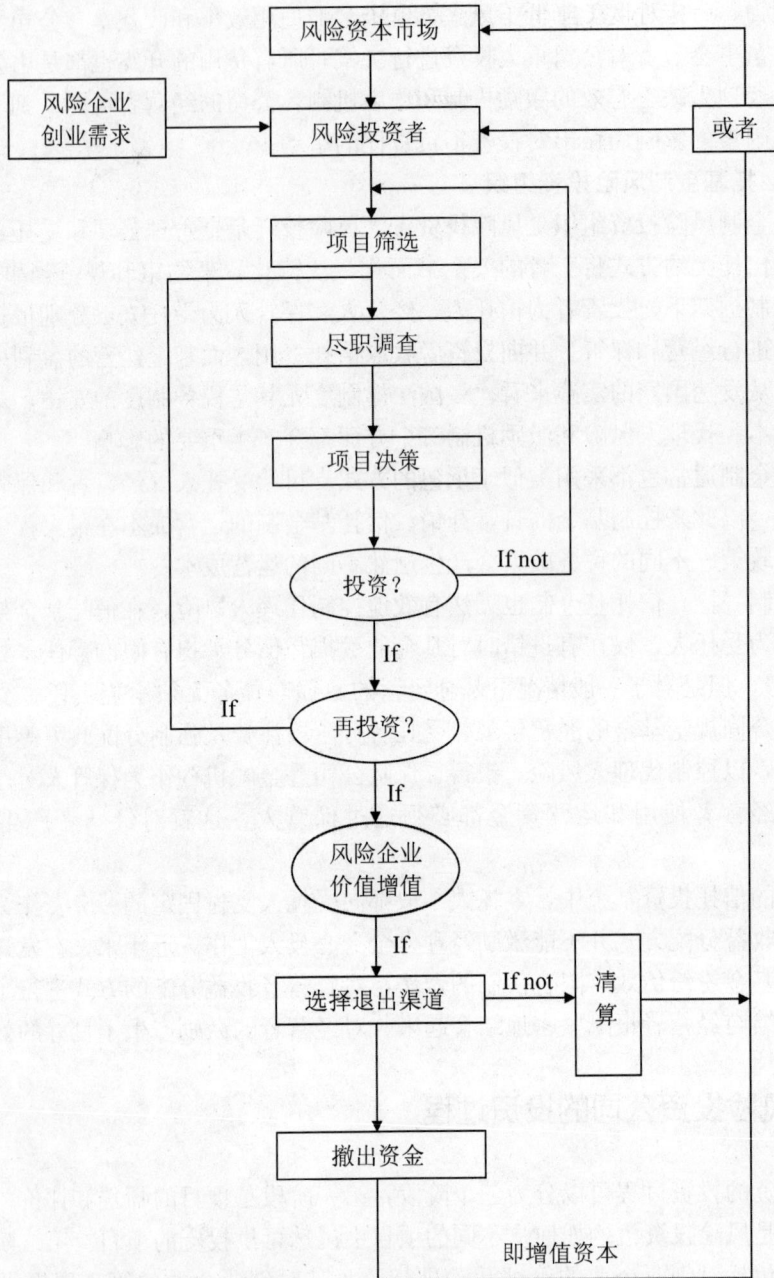

图 8—1 风险投资的运作过程

来讲，获得投资项目的途径有以下三种：

（1）中介推荐投资项目，如风险投资网络的推荐。

（2）风险投资家主动寻找项目，如通过风险投资机构项目库寻找、参加贸易洽谈会、展览会等方式。

（3）风险企业的创业家自荐寻找投资项目。

2. 项目的筛选

通常，风险投资公司收到的项目申请远比他们愿意或能够投资的数目多得多，他们要从大量的投资机会汇总选择一部分进行深入研究，只有其中一部投资项目被认为有价值而进行进一步评估。对于机会的筛选投资公司一般考虑以下四个方面的问题：

（1）风险企业投资的规模。由于风险投资公司要参与受资公司的管理，因此他们所投资的项目数量要受自身人员数量的限制。另外，为降低风险，任何一家风险投资公司不会把所有的资本都投入到一个或极少数投资项目中。一般投资公司的投资政策是把单个被投资风险企业的投资规模限制在公司可供投资资本总额的10%左右。

（2）风险企业所处的产业。风险投资家通常是某个或几个特定行业的专家或成功人士，他们只对熟悉的产业或行业领域的技术、市场和管理有较为准确的判断力，所以风险投资家会倾向于考虑他们所熟知的产业或行业，以便充分发挥其丰富的经验从而避免风险。

（3）地点偏好。投资家比较倾向于对公司所在地附近区域或主要大都市的企业进行投资，以便对企业进行全面的了解和有效的监督管理。

（4）风险企业所处的投资阶段。处于不同发展阶段的风险企业的风险大小与收益是不同的。一般处于早期发展阶段的风险企业的风险较大，但同时风险投资的收益也较大。风险投资家会根据自己所服务的风险投资公司的特点选择适合的风险企业。

（二）尽职调查

风险投资公司在对风险项目进行初步筛选后，会对入选项目进行尽职调查。尽职调查也称审慎调查，是指投资人在投资前对创业企业现在、前景和管理团队作的独立调查。其目的是核实企业投资项目计划书的真实性，同时为进一步深入的项目评估提供可靠的信息来源。风险投资家一般通过对风险企业进行实地考察、对风险企业的创业家及其管理团队综合评价、对产品进行市场调查等方法对风险企业进行调查评估。尽职调查的主要内容包括：

1. 管理者的素质

管理者的诚信度、是否精通公司业务、处理危机状况的能力、是否明确双方的利益、管理能力大小、团队精神。

2. 产品和技术特征

风险投资家希望风险企业的技术具有独特性，从而提高技术的进入壁垒，保证产品的利润空间。考察技术的竞争性也是风险投资家考虑风险项目的一个因素，一般从技术存在的可比性和该技术产品同其他产品的优势等方面考虑。

3. 公司的财务经营状况及其资本回报

风险投资家通过分析风险企业过去和现在的财务状况，来评估其契约的经营业绩与经营状况，预测企业未来可能遇到的财务问题。风险投资的意图主要是投资于未来。企业的发展必须是高速度的，否则很难打动人心。风险投资应追求远高于银行利息率的内部收益率。创业家为了获取投资资金，经常会高估投资回报，因此风险投资家必须十分慎重地分析、评估各项财务数据，并以较保守的态度估计可能实现的投资回报率。

（三）项目决策

项目决策是在尽职调查的基础上，从风险投资的特征出发，设置一系列指标，构成风险投资项目终选的评价指标体系。这些指标包括技术水平、市场前景、人员素质、财务状况等。

1. 技术水平评估

主要从以下几项评估：

（1）产品的独特性、新颖性和先进性评估。产品的技术进入壁垒越高，产品就越能以比较高的价格进入市场，产品的利润也就越大。

（2）产品的竞争优势。即现有的技术在同类竞争产品中是否有绝对或相对优势，这种优势能否在以后的工程中继续保持。

（3）技术的拓展性评估，即市场的更新周期。任何一项使用新技术的产品都存在一定的周期性，也就是说产品的寿命是有限的，在目前条件下，产品的更新速度越来越快。例如，电子产品的更新周期不足一年。一项技术在第一次使用之后，如果还可以在其他方面存在再开发的潜力，那么这种技术的价值将会大大得到提升。

2. 市场前景评估

主要分析市场的现状、容量、发展潜力、市场细分、主要消费群体、主要竞争对手、竞争策略等方面的进行评估。

3. 人员的素质评估

经营管理能力、市场开拓能力、融资能力、技术实现能力等方面评估创业企业的人员素质。

4. 财务状况评估

从资本结构、偿债能力、资金经营能力、获利能力、现金流量状况等方面来评估创业企业的素质。

（四）合同谈判

风险资本家对某一项目评估后被认定是可行的，必须和企业家一道设计出一个双方都可以接受的投资合同。企业的成长是双方共同关注的话题，但投资者和被投资者的主要需求不同，只有各自正视对方的主要需求，才可能寻找到一个平衡点，从而形成有效的合作。

一般来说，风险企业关注的问题是：第一，保证一定的利润回收；第二，基本上可以控制和领导企业；第三，货币资本能够满足企业运转的要求。

风险投资机构则关注以下四个方面的问题：第一，在一定的风险情况下投资回报的可能性；第二，对企业运行的参与和影响；第三，保障投入资金一定程度的流动性；第四，在企业经营绩效不好时对企业管理进行直接干预，甚至控制。

经过长达为期数周或更长时间的谈判，风险企业双方就各自应承担的义务和应有的权利达成协议。风险投资家和被投资企业所签订的协议中通常包括下列内容：

（1）投资金额与投入时间的安排及其检查标准。投资的多阶段性对企业家形成了一种激励。在每一阶段，都制定一些财务或经营指标，风险投资者对这些指标进行跟踪评估，以便决定是否要撤资或追加投资。

（2）作为融资工具所使用的证券类型与构成。规定采用何种工具作为融资的手段，如债券、股票、优先股、可转换证券等，以及各种工具融入资金总额占总融入资金总额的比例。

（3）股份比例和证券转换价。通过这一条款，通常做出这样一些约定，如只有当约定的事项出现时，风险投资者的股权份额才可以减少；当创业企业股份以低价出售给后来的风险投资者时，必须无偿给予原始投资人一定的股份。这种反摊薄权利被称为"棘轮"。

（4）有关表明和保证条款、承诺条款、违约及补救措施。这里包括：表明和保证条款，该条款规定了创业企业提供相关信息的质量和标准；卖出选择权，为风险投资者设计了一条退出通道；限制条款主要规定了创业企业必须做什么、禁止做什么，以保障投资人利益。

另外在合约中还要规定红利政策、股权回购方式、退出机制、管理者和员工条款、信息披露程序、董事会、违约责任、股东协议等。

（五）项目投资定价方法

风险项目投资的价格是指风险投资家在投资寿命期内获得的总回报，它既包括当期收入（股利与利息），又包括资本利得。由于风险企业经营业绩的不确定性，风险项目投资的价格一般表示为风险企业为获得风险资本而提供的股权份额，或风险投资机构对风险企业投入资金所要求的股权份额，也反映了风险投资机构与风险企业在共同合作过程中所要承担的风险与应得的利益。

1. 哈佛定价方法

哈佛定价方法对风险企业定价的一般程序为：

（1）对风险企业长期目标的实现进行预测，主要是投资的收回时间，即第 n 年的税后利润 C_n。

（2）估算第 n 年投资收回时风险企业的可能价值 V_n。

V_n 为第 n 年行业平均市盈率（P/E）与第 n 年风险企业税后利润（C_n）的乘积。

（3）估算投资期限内调整风险的贴现率（r），并将投资收回时的风险企业价值（V_n）折为现值 P_n。

$$P_n = V_n/(1+r)^n$$

（4）将所需投资额现值（I）除以风险企业价值的现值（P_n），求得风险投资机构应得到的股权比例，即：风险投资机构要求的股权份额＝I/P_n。

2. 曲棍球法

该方法名称源于风险企业财务状况的预计类似曲棍球棒，即当前风险企业处于曲棍球棒的底部，如果筹集到一定资金，风险企业财务状况可在若干年内达到球棒的顶端。利用该方法对风险企业定价的一般程序为：

（1）预测第 n 年投资收回时风险企业的可能价值（V_n），方法同上。

（2）估算投资回报倍数（R）。

(3) 估算风险投资机构投入资本的现值（I）。

(4) 估算风险投资机构的预期投资收回价值，即 I×R。

(5) 估算风险投资机构要求的股权比例，即 I×R。

上述定价过程中的一个核心问题是贴现率（或投资回报倍数）的估算。这些收益率应当明显高于市场上其他投资的收益率水平，因为风险投资要求的收益率包含着市场上的无风险收益、风险收益以及资产的流动性等的补偿。实践中，风险投资家使用高贴现率的另一目标，就是防止风险企业对预测的过于乐观。

四、风险投资的管理

参与投资对象的管理是风险投资最主要的特色之一，也是风险投资与一般商业性投资的主要区别。风险投资公司参与被投资企业的管理，一是通过定期获得的企业财务报表，直接了解企业的经营状况，降低信息的不对称程度；二是通过亲自参与风险企业管理，和风险企业家进行有效的合作并实施监督，减少由于企业家的某些不道德行为而造成投资损失。

(一) 风险投资管理的内涵及特点

风险投资管理是风险投资家与创业者签订投资合约后，风险投资家积极参与风险企业的管理，为其提供增值服务并对其实施监控等各种活动的统称。具体来说，风险投资管理是风险投资整个运作过程的最后一个阶段，它起自投资合约的签订，止于风险资本的退出。它是一个具有特定内涵的专业术语，是一个广义的概念，它涵盖了投资后风险投资家对风险企业所实施的监督与控制以及所提供的各种增值服务（包括管理）。

(二) 风险投资管理的特点

风险投资管理有如下四个基本特点：

1. 管理的主体是风险投资家

风险投资管理是从风险投资家的角度研究探讨如何对风险企业进行监控和服务，其管理的主体是风险投资家。通常所谓的企业管理，其内容十分广泛，管理的主体是企业管理者；创业管理则是从创业者的角度研究探讨如何对创业过程进行管理，其管理的主体是创业者。

2. 管理的重点是战略和策略问题

风险投资家往往通过在董事会中的席位影响企业的决策，通过在产品市场、原料市场和资本市场上的优势帮助企业发展，一般不过多涉及企业日常管理。企业的日常管理由创业者及管理团队来完成。

3. 风险投资管理的方式是间接的

通常，风险投资家只与风险企业的高层管理人员接触，向他们提供一些有创意的经营管理思路或方法，很少或根本不与基层经理人员接触。换言之，风险投资家是通过提供自己的学识、经验以及广泛的社会联系来间接地管理风险企业的。

4. 风险投资管理的目的是实现增值

风险资本是一种权益资本，风险投资家一旦与创业者签订合约后，二者就形成了成败与共、同舟共济的合作关系。风险投资家积极参与风险企业的管理、提供增值服务，为的是帮助创业者办好企业；实施监控为的是规避企业发展过程中的风险，特别是创业者的道德风险。无论是增值服务还是监控，其根本目的都是为了实现风险资本的增值。

（三）风险投资管理的方式与内容

1. 风险投资家进行风险投资管理的方式

（1）审查风险企业财务报告。风险投资家往往要求风险企业每月送交一份财务分析报告。通过财务报告中的数据了解风险企业业务进展情况、财务控制能力和潜在的问题。风险投资家善于从财务报告中发现潜在的问题，如延迟财务报告、发生重大变化、出现亏损等，善于利用现金流量表去发现风险企业的现金收支情况。如果是新创企业，他们还知道现金流量应在何时达到盈亏平衡点。

（2）参加风险企业董事会。通常情况下，风险企业董事会由名义上的非执行董事的风险投资家领导，董事会的成员比较少，风险投资家往往担任董事会主席，为企业提供管理支持。风险企业的董事会对企业的经营状况负责，包括聘任或解雇企业总经理、监督与评价企业的经营状况。风险投资家很少参与风险企业的日常管理，因而他们都把出席董事会作为提出自己的建议、影响创业者决策、保护自身利益的极好机会。

（3）与风险企业高层管理人员通电话或会晤。风险投资家常常采取电话或会晤等方式，与创业者或风险企业重要的管理人员进行交谈和接触，了解风险企业的情况，进行指导或咨询，实现有效的沟通。根据国外调查统计，风险投资家平均每年到每个被投资企业视察19次，通过面谈或打电话与企业进行直接接触共花100个小时。

据有关调查显示，中国风险投资机构对风险企业的投资管理通常选择的方式依次为：参加董事会、提供管理咨询、派驻高层管理人员、派驻财务人员。由此可见，这些选择与国外风险投资机构的做法也大致相同。

2. 风险投资管理的主要内容

风险投资管理的主要内容可分为两个部分，即增值服务和监控，主要包括战略规划、人际沟通、社会资源网络和风险控制等方面的内容。

增值服务即将风险投资家为风险企业所提供的一系列的咨询服务，归纳起来，其具体内容包括如下六个方面：

（1）帮助企业筹集后续资金。风险投资家运用自己在资本市场上的联系和技能为风险企业的进一步发展筹集后续资金。为了实现组合投资，风险投资家往往利用其在投资业内的广泛联系，邀请其他风险投资公司一起投资。在风险企业的成长过程中，风险投资家常采取分段投资，其后续资金往往通过前一阶段风险投资家的示范效应或引荐得以解决。风险投资家往往与投资银行、基金组织或者保险公司有十分密切的往来，能够帮助企业选择适当的时机公开上市或者发行债券，让企业得到发展所必需的资金。正是由于风险投资家能够为企业创造出源源不断的资金供应源，许多企业为了能够得到连续的资金注入，往往寻找那些在投资业内有广泛联系的风险投资公司或个人，希望通过他们的加入来保证企业后续资金的供给。

（2）帮助实现并购或公开上市。风险资本的增值在很大程度上是通过其在风险企业的股权退出得以实现的。风险资本的退出渠道主要是并购和公开上市。风险投资家为了实现资本增值，要参与风险企业的资本运营，帮助风险企业进行一系列并购或上市前的准备工作，引入证券公司开展辅导工作，并利用自己在资本市场的关系，推荐并购的相关企业或上市的证券交易所。

（3）帮助寻找和选择重要管理人员。一般情况下，除首席执行官的挑选外，风险投资家往往并不积极参与整个挑选过程，但参与面试潜在的经理人员，并向首席执行官提供决策参考意见。

（4）制定战略与参与经营计划。提高风险企业的管理能力是风险投资管理中最重要的工作。风险投资家利用其在董事会的席位来影响风险企业的行业选择和市场定位，对风险企业的重大经营问题与影响风险资本未来运作的战略规划提出自己的建议，并经常作为顾问专家向管理层提供一些有创意的经营管理思路或方法。例如，回答某位首席执行官提出的如何应对一名重要客户的问题。

（5）帮助寻找重要的客户和供应商。风险投资家不仅利用他们业已建立的无形关系网络为风险企业寻找合适的管理人员和募集资金，而且还经常为其提供合适的供应商、销售商等，帮助企业顺利进行生产、销售和售后服务。在风险企业创建或早期发展阶段，这种帮助对企业的成功至关重要。因为在这个时期，风险投资家比创业者能更加客观、有条理地表达为什么供应商、销售商或者其他公司应该与他们的风险企业合作，且由于风险投资家们多年在相关领域的经验往往能打消这些公司的疑虑而信赖他们的企业。

（6）风险投资项目的沟通管理。沟通管理包括沟通规划、信息管理与沟通控制。风险投资管理与传统投资不同，也不同于一般的企业管理和项目管理，因为风险投资家与项目之间存在间隔，项目信息的传递需要一定的渠道才能顺利进行。通过电话或会晤等信息沟通渠道，定期或不定期地获取企业经营信息，并对其进行综合分析、评价，从而把握企业的经营动态，影响创业者的经营理念和运作原则，帮助创业者建立完善的管理团队和组织制度，实现创业企业的快速增值。

风险投资家要采取各种具体的监控措施，以使风险企业按照投资合同所设定的目标发展，特别是规避创业者的道德风险。这些措施主要有以下三个方面：

（1）表决权的分配。通常情况下，风险投资公司持有的可转换优先股可以拥有和普通股一样的表决权，长期债权人也可以拥有一定的表决权。

（2）分期注入资本。风险投资机构按照创业发展的不同阶段，分期注入资本（或称分段投资），这将使风险企业在一开始就认识到它所能得到的资金只能支持到某阶段目标的实现为止。如果风险企业运行一段时间（通常为一年），经考察投资效果和项目开发前景，认为发展趋势不好，且又找不到适当的补救措施，风险投资家就应当机立断，终止投资，赶紧处理已有资产和成果，尽可能减少损失。

（3）适时替换不称职管理人员。如果不能拒绝向企业投资，风险投资家还可以通过解雇不称职的管理者或使其降职的办法约束他们的行为。国外有关研究表明，40％业绩较好的风险企业和70％业绩较差的风险企业至少换一次首席执行官。甚至有的风险投资家将管理人员撤换后，自己愿意亲自接管日常经营工作。这对有效规避管理者的道德风险，确保企业目标的实现有积极的作用。

（四）风险投资管理应考虑的因素

风险投资家在确定风险投资管理的方式与参与程度时，应主要考虑以下因素：

1. 投资阶段的分期因素

根据风险企业所处的发展阶段不同，风险投资管理的方式和参与程度应有所不同。在风险企业的早期阶段，由于创业者一般缺乏创业管理的经验，管理班子往往不健全，各种关系网络特别是市场网络尚未建立起来，这时风险投资家能否积极介入对风险企业的成功与否十分关键。此外，创业者在企业开始创办的阶段常常会遇到各种挫折或障碍，并且伴随着孤独，风险投资家的介入不仅给创业者商业上的支持，而且还能够给他们感情上的支持，使他们能调节与超越孤独。随着风险企业的发展壮大，增值服务的方式和内容将随之变化，风险投资家介入程度可能没有早期那么深，且多提供战略管理方面的帮助。

2. 股权比例因素

风险投资公司根据投资于风险企业资本股权的比例不同确定风险投资管理的方式和参与程度。一般来说，股权比例越大，参与越深入，选择的方式越多。

3. 投资行业因素

根据所投资的行业性质不同，风险投资管理的方式和介入程度也不同。一般而言，对于高新技术企业，由于其不确定性大，风险投资家介入程度较深；反之，其他非高新技术企业，则介入的程度可以浅些。此外，风险投资家往往选择自己较熟悉的行业进行投资，这样可以利用自身优势对风险企业提供增值服务，其介入的程度将比投资于自己不熟悉行业要深。

4. 企业运行状况

一般而言，在风险企业运行正常时，风险投资家介入的程度可浅些；而在风险企业面临困境、出现经营困难时，风险投资家往往挺身而出，积极支持风险企业。新企业可能遭遇诸如未能如期生产出商品、大客户撤回合同、关键人物突然辞职等困境。风险投资家在这种时候仍然要有耐心，提供支持，使企业渡过难关。倘若风险投资家解决危机的各种措施都无济于事，则应尽早退出，以免造成更大损失。

需要指出的是，在确定风险投资管理的方式与参与程度时，除了考虑以上四个因素外，还必须考虑风险投资机构和风险企业的实际状况。例如，美国风险投资机构与英国风险投资机构所采取的方式就有所不同。前者主要采取积极干预型，后者则采取放任自由型。出现这种差异主要是因为美国风险投资家多投资于处于初创时期的企业，而英国风险投资家倾向于向企业提供后期融资。

第三节　退出机制

　　风险投资退出机制是指风险投资机构在其所投资的风险企业发展到相对成熟之后，将所投资的风险资本由权益形态重新转化为资本形态的机制及其相关的配套制度安排。

　　风险资本退出机制是风险投资机制上的一种要求，风险资本退出是风险资本规避风险、收回投资并获取收益的关键。风险资本是以资本增值的形式取得投资报酬的，不断循环运动是风险资本的生命力所在。因此，当风险资本伴随着企业走过最具风险的阶段后，必须有一个出口使其退出，兑现收益并进入下一个循环。否则，风险资本呆滞，不能增值和滚动发展，更无力投资新项目，风险投资也就难以维持下去。因此风险资本家必须在企业发展到一定阶段后退出，才能发挥非货币资本的最大效益，并兑现风险投资所得到的回报。如果只有投入没有退出，风险资本就难以运作下去。

一、风险投资退出选择的时机

　　在风险投资退出机制中首先要选择风险投资退出的时机。退出时机选择是否恰当，直接影响到风险投资退出的效率和效果。分析风险投资在各个阶段上的规律，判断所投企业的风险程度，把握退出时机。风险投资人应该利用自己掌握的信息，一旦察觉到有此迹象，就应将工作重心迅速转移到投资退出上来，及时作出决策，转让部分乃至全部股权，达到保值资产、规避风险的目的。

　　种子阶段，资金主要投向专利技术、商业计划等无形资产，企业的发展前途的不确定性很大，此时如果风险投资选择退出的话，将会面临两方面的困难。一是流动性比较差，二是定价方面的困难。目前还无法对无形资产进行相对有效、准确的定价，此时选择退出，在寻找交易对手、评估企业价值方面将会花费相当多的时间和费用，使得退出的效率和退出的效果较差。

　　创建阶段，资金主要投向风险企业的建立、运营和销售网络等建设，开始步入正常的运营轨道，此时风险投资选择退出，由于产品的市场前景和企业发展战略等影响企业价值的重要因素仍然存在很大的不确定性，因此，仍然面临退出效率和退出效果方面的问题。

　　扩张阶段，资金一般投向公司业务领域的扩展和新产品、新工艺、新技术的后续开发研究，已经在市场竞争中形成较强的竞争力。此时风险投资选择退出，由于风险企业的成长性等价值因素得到市场广泛认同，因此风险投资的退出回报也将得到有力的保障。

　　成熟阶段，风险企业的市场地位比较稳定，此阶段的风险企业价值主要受企业的市场地位、核心竞争力的稳定性和其对产业的整合效果等因素影响，此时风险投资选择退出，退出效率和退出效果要比前面几个阶段高。

二、风险投资的退出渠道

在风险资本市场上，主要有以下六种风险退出方式：

（一）以首次公开发行股票的方式退出

公开发行（IPO）之后，风险企业变为上市公司，其股票可以在证券市场上公开交易，所以风险投资机构可以将其所持有的股份通过证券市场出售给其他投资者，收回现金。公开上市一般伴随着巨大的资本利得，所以被认为是风险投资退出的最佳渠道。

IPO的最大优点就是可以获得高额的回报，这是金融市场对公司发展业绩的一种认可。这个过程可以使风险投资公司顺利退出风险企业，并获得很高的"风险溢价"，即公司市场价值超过公司账面价值部分。从风险投资业发达国家的情况看，风险投资公司以IPO方式作为风险投资退出方式时，一般可以获得高达200％以上的回报率。从经典的案例来看，苹果公司、莲花公司、康柏公司通过IPO则分别获得了235倍、63倍、38倍的收益。公开上市后，由于风险投资机构会逐渐减持其持有的风险企业股份，风险企业家保持了对风险企业的控制权，保持了上市后公司的独立性。风险企业变为上市公司之后，就要遵守严格的财务报表制度、定期进行财务信息披露。同时股东大会、董事会、监事会等公司治理结构得以完善，有利于长期的发展；而且上市具有很好的广告宣传效应，提高了风险企业的知名度。另外，风险企业上市后在资本市场上获得了持续融资的渠道，可以通过增发股票或公司债券进行融资，从而保证了企业持续发展的资金供应。

但IPO也不是完全令风险投资家满意，它的最大缺点就是"限制出售条款"。为稳定股价和保护大众投资者，该条款规定，在锁定期限内，风险投资机构所持有的风险企业的股份在上市后不能立即全部出售，而是要经过若干年的逐渐减持的过程。风险投资机构保留的股份虽然可能使其分享公司增长的成果，但同时意味着收益推迟实现甚至无法实现的巨大风险。另外，IPO的费用较高，风险企业需要向其他机构支付承销费用、注册费用、宣传费、审计费、律师费、印刷费等，这些额外费用约占股票总发行额的15％；而且在上市后由于要遵守严格的信息披露制度，会计、审计的费用还会增加。并且，上市程序繁琐，风险企业从准备上市到正式上市通常至少要6个月或者更长。

（二）并购

并购的主要形式有以下四种：控股式并购通过购买风险企业的股权达到控股，从而拥有控制权和经营管理权；购买式并购可以通过一次性或分期购买进行，以取得风险企业资产的全部所有权与经营权；吸收股份式并购是指被并购的风险企业以其净资产、商誉及发展前景为依据综合考虑其折股比例，作为股金投入到新公司中，从而成为其股东；资产置换式并购是指公司将优质的资产置换到风险企业中，同时把风险企业原有的不良资产（连带负债）剥离，依据资产评估价值进行等额置换，以取得对风险企业的控制权和经营管理权。

并购在收益上虽然不如IPO惊人，但由于买主范围一定，交易对象相对要少，因此比IPO简捷便利，费用也低很多。并购涉及买卖双方竞价及产权转让过程，其间不需要经过繁琐的审批程序，因此风险资本的退出实现时间 IPO 短，交易一般只需要 4～6 个月。对风险投资机构来说，风险企业被其他公司并购可以实现即时的确定收益，资金可以完全退出。但是，并购容易使原有风险企业丧失独立性，一般为风险企业管理层所反对。风险投资机构在退出过程中可能会由于信息不对称而遭受损失，而且，在特定行业中寻找合适的主并方，需要做出很大努力。尽管这样，从世界范围看，并购仍是风险资本退出的主要方式。

（三）买壳上市与借壳上市

买壳上市与借壳上市是较高级的资本运营现象，是间接上市的方法，为不能直接公开上市的风险资本提供了很好的退出途径。所谓的"壳"，是指"壳公司"，指公众持有的、已经基本停止运营的上市公司。壳公司由于经营不善，资产质量较差，有很多未清偿的负债，但是其股票仍然在市场上交易，没有被"摘牌"，而且需要向监管者递交有关报告。

买壳上市，是指风险企业收购壳公司的股权从而控制壳公司，之后通过资产置换等方式将风险企业的资产和业务注入壳公司，由于"壳公司"的股票仍然在证券交易所交易，风险企业以间接的方法达到了上市交易的目的。借壳上市多发生在境外，指风险企业在境外的避税地（例如，百慕大、英属维尔京群岛、开曼群岛等）注册公司，用以控股境内资产，境内则成立相应的外商控股公司，并将相应的资产及利润并入境外公司，从而在境外申请上市。

买壳上市或借壳上市具体的操作方式有以下四种：一是风险企业在二级市场上公开收购壳公司，又称要约收购；二是风险企业与壳公司通过谈判，实现非流通股股权的有偿转让；三是以风险企业的资产或股权与上市公司合并，并改变上市公司的资本和股权结构；四是风险企业控股上市公司的母公司而间接上市。

在资本市场不成熟上市公司数目受到限制情况下，买壳上市或借壳上市是风险资本的重要撤出机制。由于"壳公司"质量良莠不齐，大多数有大量的负债，风险企业应该在利用壳公司前仔细调查和考虑，避免法律诉讼。

（四）企业回购

企业回购，是指风险投资机构将所持有的风险企业的股权回售给风险企业的管理层或员工，从而退出的方式。回购的优点在于将外部股权全部内部化，使风险企业保持充分的独立性，预留了巨大的升值想象空间，同时风险资本得以一次变现。

企业回购通常在以下两种情况发生：一是被动回购。为了控制投资风险，风险投资家在与风险企业签订投资协议时，可以附加签订回购条款，即风险投资机构有权利在一定投资期限之后以确定的价格和支付方式将其持有的股份回售给风险企业，以变现风险资本。这相当于风险企业赋予了风险投资机构一项卖股期。当风险企业无法实施首次公开发行，风险投资机构所持有的风险企业股份又无法通过并购出售时，风险投资机构为了变现投资而要求执行投资协议中的回购条款。二是主动回购。风险企业管理层出于保持企业独立性的考虑，或者对风险企业的前景看好，不愿企业股份被他人所购买，因此要求购回风险投资家持有股份。主动回购可以采取管理层收购，即风险企业的管理层通过融资的方式将风险投资部分的股份收购并持有；也可以采取员工收购，即组建员工持股基金作为收购资金的来源，收购并持有风险投资机构的股份。在国外，股份回购还可以通过买股期权来实现，买股期权是风险投资机构赋予风险企业家或风险企业的一项期权，使风险企业有权在一定时期后以约定的价格购回风险投资机构持有的股票。

风险企业的股票回购主要有以下几种方式：公开市场收购，是指风险企业在股票市场上以等同于任何潜在投资者的地位，按照公司股票当前市场价格回购。私下协议批量购买，通常作为公开市场收购方式的补充而非替代措施，批量购买的价格经常低于当前市场价格，尤其是在卖方首先提出的情况下。现金要约回购，主要指风险企业在特定时间发出某一要约，要求以高出股票当前市场价格的价格水平，向风险投资机构回购既定数量的股票。交换要约，是现金回购股票的替代方案，指风险企业向风险投资机构发出债券或优先股的交换要约，由于风险投资机构不能实现资本的完全退出，这种方式在现实中并不多见。

风险企业回购的优点是实现了风险资本的一次性完全退出，对于风险企业而言，由于管理层和员工拥有的股权提高了，他们和风险企业的利益更紧密地联系在一起，有利于降低委托代理风险，提高工作效率。企业回购的缺点就是要求风险企业的管理层或员工具备足够的现金来购买风险投资机构手中的股份，现实中这一条件经常难以满足；管理层持股比例的提高增强了其抵御收购的能力，从而降低了内外部监控的力度，可能会使公司价值下降。

（五）二次出售

二次出售是指风险投资机构将其持有的风险企业的股权出售给其他风险投资商，风险企业家和其他投资者仍保留他们所持有的股份的一种资本推出方式。收购兼并、企业回购和二次出售都是风险投资机构出售风险企业股份的过程，只是出售的对象有所不同。

二次出售多数用于缓解风险投资机构紧急的资金需求，是由风险投资基金的生命周期决定的无奈的退出方式。虽然风险投资机构会根据资金来源等规划风险资本的退出年限，使其有与资金需求相适应的期限结构，但是由于投资期限较长，预测不可能面面俱到，当基金终止时会产生大量的资金流出，风险投资机构为了满足资金需求会采用"紧急出售"的方法来解决问题。由于二次出售标志着风险投资机构与风险企业良好关系的破裂，人们会形成一种思维定式，认为 IPO 和并购是高质量企业偏好的退出方式，而采用企业回购和二次出售方式退出的为低质量企业。

在二次出售中，由于风险投资机构出售的股权仅为风险企业股权的一部分，而且购买者难以具备如原来的风险投资机构和风险企业及其他股东之间的良好关系，新接手的风险投资机构难以对风险企业实行有效的监控，从而面临着更大的委托代理风险。

（六）清算退出

清算退出是指当风险投资公司意识到风险企业缺乏足够的成长性而不能取得预期的投资回报时，或者当风险企业经营陷入严重困境出现债务危机时，风险投资公司采取清算的方式收回部分或全部投资的一种退出方式。风险资本的高风险性决定了风险企业破产的可能性，总会有一批风险企业以破产或解散而告终。一项关于美国 13 个风险投资基金的分析表明，风险投资总收益的 50％来自其中 6.8％的投资，总收益的 75％来自 15.7％的投资，风险投资越是处于早期，失败的比例越高。如果风险企业经营失败，投资家确认企业已经失去了发展的可能，或是成长缓慢不能给予预期的高回报，就不应再进行追加投资，而应宣布企业破产或解散，对企业资产进行清理并将收回的资金投资于其他项目。因此，风险资本退出模式中也就必然包括破产和清算这种方式，它是投资失败后资本退出的必经之路。

风险企业进行清算，主要在以下三种情况下出现：一是由于风险企业所属的行业前景不好，或是风险企业不具备技术优势，利润增长率没有达到预期的目标，风险投资机构决定放弃风险企业。二是风险企业有大量债务无力偿还，又无法得到新的融资，债务人起诉风险企业要求其破产。三是风险企业经营太差，达不到 IPO 的条件，没有买家愿意接手风险投资机构持有的风险企业的权益，而且继续经营企业的收入无法弥补可变成本，继续经营只能使企业的价值变小，只能进行破产清算。

清算退出，一般有三种方式：解散清算、自然清算和破产清算。解散清算是在风险企业经营尚好但前景不好的情况下，由风险企业的各股东主动协商，达成停产解散的协议。由于此时的风险企业还拥有质量较好的固定资产，风险投资机构能够收回的资金在各种清算方式中是较多的。

自然清算指风险企业出现偿债危机时，与债务人达成协议进行的清算。由于风险企业所有的资产变现后要首先偿还给债权人，作为股东的风险投资机构只能收回初始投资的一部分。破产清算就是企业经营不善而长期入不敷出，依法申请破产后进行的清算。如果公司积累的不动产较多，通过破产清算方式进行退出可能部分或全部弥补初始投资。

清算方式退出资金是痛苦的，但是在很多情况下却是必须果断采取的方案。因为风险投资机构一方面面临的投资风险很大；另一方面却允诺给投资者固定的投资收益，风险资本有着较高的资金成本，对于亏损的风险企业只有及时抽身退去，才能将资金投资于盈利性的项目。即使风险企业能正常经营，如果成长缓慢，收益很低，一旦认为没有发展前途，也要立即退出。根据统计，清算退出仅能回收原投资额的 64％。清算退出的缺点不仅是收益为负，还表现为消耗时间长、法律程序繁杂等方面。

第四节 中国风险投资业

一、中国风险投资业现状

20 世纪 80 年代初，风险投资开始在我国出现。当时最主要的地区为北京的中关村，许多高科技人才聚集在中关村，以美国硅谷的风险企业为样本，进行我国的高科技风险企业的创建过程，并开始了风险投资在我国的尝试与探索。中关村地区通过十多年的发展，已发展成为我国高科技产业特别是信息产业的市场和信息中心。联想、四通、方正、紫光、用友和科利华等一大批高科技民营企业在此得到快速的成长。

1985年中共中央在《关于科学技术体制改革的决定》中指出："对于变化迅速、风险较大的高技术开发工作，可以设立创业投资给予支持。"1985年9月，在国家科委和中国人民银行的支持下，我国第一家风险投资公司——中国新技术创业投资公司宣告成立。这是我国第一家专营风险投资的全国性金融机构。中国新技术创业投资公司通过投资、贷款、租赁、财务担保、咨询等方面的业务，为风险企业进行高新技术的创新和产业化提供资金支持。同时，各国有专业银行为配合政府政策纷纷介入风险投资业，给予资金支持。

1986年开始实施的"863"计划和1988年开始实施的"火炬计划"可以看成政府风险投资规划。1991年3月，国务院又在《国家高新技术产业开发区若干政策的暂行规定》中指出："有关部门可以在高新技术产业开发区建立风险投资基金，用于风险较大的高新技术产品开发。条件成熟的高新技术开发区可创办风险投资公司。"这标志着风险投资在我国已受到政府的高度重视。1992年，沈阳市率先建立科技风险开发投资基金，采取贷款担保、贴息垫息、入股分红等多种有偿投资方式，向风险企业提供风险资金。同年，由国家经贸委和财政部创办的我国第一家以促进科技进步为主要目标、以人民币经济担保为主业的全国性金融机构——中国经济技术担保公司，开展对高新技术成果进行工业性实验的担保业务，兼营高新技术产业和企业技术进步方面的投资、融资业务，并为这些项目开展评审、咨询业务。这一举措无疑对鼓励更多的社会力量参与到风险投资领域中来发挥了积极的作用。

1995年以来，国务院在《关于加速科技进步的决定》和《关于"九五"期间科技体制改革的决定》等文件中，再次强调要发展科技风险投资。近年来，各地出现了大量风险投资公司。在这些风险投资公司中，大部分的资金来自政府的财政拨款，其本质基本上属国有风险投资公司。由于管理制度不健全和经营不规范，我国的风险投资公司在发展过程中存在着很多问题。第一家国有风险投资公司——中国新技术创业投资公司的破产就是一个典型的例子。从风险投资的发展的成功经验来看，目前我国的风险投资应主要投资于新兴高科技企业的研发阶段，因为在此阶段的其他投资资金较少。但在实践中，风险投资公司的投资主要集中在风险企业发展的中后期。

1998年，随着知识经济对我国的冲击和影响，越来越多的有识之士，认识到发展风险投资对我国高科技产业和经济发展的巨大作用。1998年3月在全国人大、全国政协"两会"上，民建中央提出了《关于尽快发展我国风险投资事业的提案》，并被列为"一号提案"。在高科技产业界和经济界，风险投资、创业投资、风险企业等已不再是陌生的名词，风险投资已成为人们日益关注的热门话题。

随着发展我国风险投资的呼声日益高涨，我国正在制定建立风险投资体制的框架，发展风险投资已正式列入各级政府议事日程。国家科技教育领导小组在1999年召开全国创新工作会议，重点探讨创新工作和风险投资问题。在21世纪我国出现发展风险投资的新高潮。

二、中国风险投资业存在的问题

目前我国风险投资还是只刚刚起步，没有形成高科技产业发展的一个强有力的融资渠道。我国的风险投资产业目前正处于一个十字路口，既面临着非凡的机遇又面临着现实的挑战。回顾我国风险投资的发展历程，可以清楚地看到，我国风险投资发展中还存在许多问题，主要表现在以下五个方面：

(一) 我国的风险投资规模较小

风险投资业的规模较小，形成产业规模难，难以在高科技产业化方面起到主导作用。目前，我国风险投资的主要资金来源仍是政府的财政拨款和银行贷款，投资主体单一，投资渠道过窄。没能充分利用个人、企业和金融机构等具有的投资潜力，机构法人和私人投资者在高科技产业发展中的投资主体地位尚未真正确立。而国家的科技拨款在财政支出中所占的比重正逐年下降，银行因控制风险的需要也始终把科技开发贷款控制在较低规模。

在风险投资业发达的国家，风险投资家融资的对象几乎包括所有的机构、富有的家庭和个人。在美国，这些来自民间的资金就占到风险投资的70％。而在我国，长期以来，科研经费主要通过行政拨款方式解决，风险投资基金中，80％左右是政府的投入。作为主力资金的财政研发投入占我国 GDP 的比重十分小，平均每年所占的比重只有2％左右；而亚洲新兴国家和地区，如韩国、新加坡和印度，所占比例分别达 2.5％，1.1％和 0.8％；经合组织国家多年来的这一比例平均达 2.2％；美、日则一直稳定在2.8％。相比之下，我国的资金投入很难满足科研成果转化对资金的大规模需求。

此外，现有的风险投资公司数量少、资金实力弱，只能支持一些投资少、风险低的短平快项目。受公司的资金规模和实力的限制，无法采用组合投资和平衡投资来分散投资风险，缺乏抵抗风险的能力。因此，风险资金不足是我国风险投资业不能快速发展的主要原因。

(二) 我国的风险投资过程欠规范

许多由政府出资设立的风险基金在选择投资对象时，经常会受到一些非经济或非市场因素的影响和干扰，对投资项目的确定和评价带有浓厚的人情色彩，缺乏严肃性、科学性，投资并不是集中于新生的高科技企业的创业期，而是侧重于一般企业发展的中后期。甚至有部分风险投资将大量资金投入房地产、股票等投机性极强的行业，背离了风险投资的初衷。

风险投资的投资方式通常是采取股权投资的方式，有一套严格的运作程序，而我国有相当多的风险投资公司在确定投资对象时缺乏系统、细致的挑选，确定投资对象后，也不参与风险企业的经营管理，甚至直接以发放贷款的形式进行投资。风险投资公司管理制度不规范，风险投资缺乏有效的营运机制，因此风险投资项目风险极高，投资回报率极难保证，投资收益率偏低。加上中国经济中缺乏基本的商业信用和权责对称的投资管理体制，风险投资的信用风险极大。此外，许多风险投资公司基本上沿用传统国有企业的管理模式，没有建立起适合风险投资运行的激励和约束机制，导致了风险投资的低效率和缺乏安全性。

（三）我国的风险投资缺乏优秀的风险投资家和具有远见卓识的创业家

风险投资的成功既要有高水平的风险投资家，又要有远见卓识和具有战略眼光的创业家，二者缺一不可。风险投资是一项高风险的投资活动，因此既要求风险投资家要有良好的教育背景和丰富的工作经验，要有极大的勇气和不屈不挠追求成功的进取精神和冒险精神，也要求创业家要有战略眼光，有企业长期发展的战略部署，有很强的创新意识，有不怕困难勇于开拓的坚韧意志，有科学管理、善于激励、团结协作和追求成功的工作精神。目前我国风险投资业正是缺乏这种具有资本市场实践经验的复合型专业人才。

风险投资能否成功很大程度上取决于有没有一批高素质的人才队伍，特别是具有丰富知识和经验、能够驾驭市场风险的风险投资家。风险投资是资本、技术和管理艺术相结合的新型投资形式，它要求从业人员必须拥有较高的金融、管理、科技等方面的知识和实际操作能力，能够准确地把握投资方向和投资机会，并积极参与被投资企业的经营管理，为企业出谋划策，促其早日成功。但如今我国真正懂得风险投资的人还不多，具有现代意识的风险投资资本运作家更是凤毛麟角。目前，我国许多风险投资企业工作人员限于自身能力的不足，既不能有效地参与风险项目的决策、管理和监督，也不能对企业的经营战略、形象设计和组织结构等高层重大问题的决策提供帮助。高素质从业人员的缺乏，严重影响了我国风险投资业的发展，已成为制约我国风险投资发展的瓶颈。

（四）我国的风险投资缺乏通畅的退出路径

获利性退出是风险投资的最终目标。目前，良好的风险投资退出机制在我国尚未形成，这是阻碍风险投资规模化发展的一大"瓶颈"。

风险资本的退出最重要的是要有一个以发达股票市场为核心的资本市场。2009 年10 月中国创业板开板、开市，构建了我国创业板的基本制度框架，增加了新的投融资关系。但是仍然缺乏适合创业企业特点的二板市场。建立一个以增长公司或成长型企业为目标的二板市场，不是过分注重企业规模和既往业绩，而是强调企业有明确的发展主题和经营业绩、有可观的发展前景和成长空间、有周详的发展计划和实现步骤，为那些具有较好的内在质地和较大的发展空间的中小企业特别是高新技术企业打开了通向资本市场的大门，形成风险投资和二板市场之间良好的连动体系，能够较大地促进我国风险投资业的发展。

目前，我国的风险投资仍缺乏完善的场外交易市场。兼并、二次出售和管理层回购也是风险资本退出的重要渠道，而大宗股权的转让依赖于一个完善的产权交易市场。但是，目前在我国从产权交易市场中退出风险资本且增值或由其他企业并购风险企业是相当困难的。其原因在于：首先，我国产权交易成本过高，目前在产权交易市场进行产权交易的成本远远高于股票市场的成本。过高的税和费，使风险资本在投资不理想或失败后退出较为困难，退出成本高，加大了投资的风险。其次，尽管产权交易形式开始趋于多样化，但是非证券化的实物型产权交易仍占主导地位，产权市场并不允许进行非上市公司的股权交易。再次，产权交易的监管滞后，阻碍着统一的产权交易市场的形成，使得跨行业跨地区的产权交易困难重重。最后，产权交易一般都通过契约方式完成，过程漫长，风险资本通过产权交易成功退出的例子在我国尚不多见。因此，在一定范围内设立风险投资项目和风险投资企业的柜台交易，将有助于开辟风险投资新的退出渠道。

此外，不少高科技企业脱胎于高校、研究机构或传统企业，它们与原单位的产权关系模糊，加上我国产权评估机构和产权交易市场不发达，使得我国高科技企业不能很自由地转换产权，严重制约了我国风险投资的发展。

（五）我国的风险投资缺乏相应的法律法规环境和优惠的税收政策

我国至今没有颁布风险投资的专门法案或条例，这不仅使风险投资业的发展无法可依，而且加剧了风险投资业发展的风险性，极大地挫伤了广大投资者的投资积极性。与此同时，现行的经济法律法规中，有许多规定既不符合高科技产业与风险投资发展的客观要求，也滞后于我国高科技产业和风险投资迅速发展的实践。

制度供给的不足表现为政府对企业投资行为支持不力、规范不够。风险投资需要有良好的法律和制度环境，但目前国家对风险投资的关注尚停留在试点阶段，其发展多处于自发状态，缺乏风险投资的激励机制和保障机制，不具有像美国等发达国家那样的投资环境和创业环境，风险投资难以走上快速发展的轨道。

此外，我国还没有制定明确的优惠的税收政策来吸引风险投资。国外风险投资发展的成功经验表明，政府要对风险投资加以引导，要以优惠的税收减免政策来吸引投资者。只有这样，才能通过风险投资这个高科技产业的"孵化器"和"加速器"，加快高科技产业的发展。

目前我国尚没有这种专门针对风险投资的税收优惠政策，有些税收政策更是起到限制高科技产业的发展。例如，增值税是 1994 年税收改革后的主体税种，它在促进市场经济发展、公平税赋等方面起到了积极的作用。但在现行的增值税税收政策中，由于高科技产品附加值高，消耗的原材料较少，因此允许抵扣的进项税就少，加上技术转让费等不能抵扣，造成高附加值产品高税赋的现象，这使高科技产品的税赋比一般产品都要高。此外，在投资所得税上，国家对高科技企业已有享受 15％的所得税税率的优惠政策，但对高科技企业的投资者却没有所得税的优惠，风险投资者在高科技企业所取得的股息和红利要双重征税。投资于高科技产业风险大，优惠政策少，因此无法有效地吸引广大投资者参与风险投资，也无法促进风险投资的快速发展，这对高科技产业的发展是极其不利的。

对风险企业，我国目前仅有税收优惠和出口优惠两项优惠政策。其中，税收优惠还仅仅适用于高新技术产业开发区内的企业，其力度尚不如经济技术开发区和特区。而创业投资的政府担保和政府补贴制度尚未建立，使得许多投资者"望险生畏"，不敢轻易涉足，导致许多高新技术贻误了发展时机。

三、建立完善风险投资业

培育我国的风险投资市场，关键在于培育风险投资的主体，建立相应的风险投资运行机制和投资信用工具，发挥市场机制在社会资源配置方面的作用，构建多元化的高技术风险投资，才能吸引更多的资金参与风险投资，保证风险机制的正常运行。

（一）拓宽风险资本来源渠道，规范风险投资公司经营机制

1. 政府应当引导而不是领导风险投资的发展

虽然在短期内，国家的直接投资是必要的，但从长远来看，政府不能成为主要的投资主体，它只能是私人投资的补充，其目的是用较少的政府资金带动较多的私人风险投资。政府对风险投资的参与，应当从宏观层面上解决我国当前风险资本供给不足的问题；应当满足风险投资对融资渠道多样化和融资成本尽量低的要求，并通过有效的政策措施，对风险投资行为实施强化激励，在鼓励社会资本投入并承担风险的同时，也要支持他们从中获得高额回报，以维护其正当权益和投资积极性，满足风险投资对高收益率的追求。

2. 拓宽资金来源，扩大资本有效供给

风险资本的来源不应局限于财政的、银行的和科技部门的风险资金，还应扩大到企业的、个人的、保险公司等，形成跨行业跨地区的风险投资来源。建立我国多层次的风险投资网络，必须充分调动起社会各界参与风险投资的积极性，政府应采取相应措施，建立起能够吸收民间资本参与风险投资的渠道，并以法律手段加以保障。

3. 积极创造优惠条件，吸引国外风险投资基金来华投资

允许外商独自设立风险投资公司或者和中方共同设立风险投资基金；允许国外风险投资公司将其资本利得或到期本金向境外转移；简化政府对外资立项审批的环节，增强执法的透明度，树立政府的服务意识，从软环境上切实鼓励和吸引国外风险投资。此外，在吸引国外风险资金的过程中，要引进符合国际惯例的风险投资运作机制；要学习国外先进的风险投资管理经验，提高运作效率；要沟通与国际资本市场和高新技术市场的联系渠道，方便地获取国际风险投资市场的信息，扩大与国际同业组织的交往和联系；要改善我国风险投资公司的股权结构，使我国从事风险投资的人员能够在与国外风险投资家的长期合作中，逐步成熟，成为高素质的复合型人才。

4. 严格规范风险投资公司的经营机制

风险投资公司必须根据自身资本结构、投资规模、投资方向及税收待遇情况，从公司运行起就需要建立经营、激励、约束、决策、风险控制等一系列微观制度，将风险投资与常规投资区分开来；要明确规定风险投资公司对风险企业的权利和义务，防止风险投资信贷化和长期化；要规范风险投资公司在投资项目评估和筛选阶段、谈判阶段、运作阶段和退出阶段等各阶段的操作程序，防止低质量投资项目的入选；要建立健全风险投资公司的总经理负责制、董事会监督制、会计审查制、项目经理负责制和项目交叉参与制等内部监督制度，以减少风险投资的经营风险；要在风险投资公司内部设立专家咨询评估委员会、经营管理委员会和项目开发中心等专门机构，以提高风险投资决策的科学性。

（二）培养高素质风险投资专业人才

风险投资家是风险投资的灵魂，他们是连接投资者和创业家的桥梁，风险投资的成

功与否与风险投资家的素质高低密切相关。一个高素质的风险投资家不仅要为企业筹措资金，还要为企业制定战略，提供管理咨询，甚至寻找销售渠道。目前我国还十分缺乏风险投资家这样的复合型人才。

我国应通过各种方式和途径加紧培养具备金融、保险、企业管理、科技、经济等各方面知识以及具备预测、处理、承受风险能力的人才，以适应风险投资事业发展的需要。建立职业人才市场，促进人才合理流动，实现人才的有效配置。同时，应建立起有竞争性和吸引力的激励机制，吸引和鼓励大批高层次的经济、科技人才投身到风险投资事业中来。积极开展与国外风险投资机构的合作，引进和学习先进的风险投资管理技术。此外，可以高薪聘请国外有经验的风险投资专业人才，帮助开辟我国风险投资的新领域。

（三）完善我国风险投资的外部环境，制定相关法律法规

政府要采取风险补偿、制度创新和直接投资等办法对风险投资业进行扶持。政府要建立和完善风险投资的风险补偿制度，通过税收减免和政府补贴等优惠政策，建立政府对风险投资业的支持体系，要通过制度创新和市场建设，改善风险投资的市场环境，包括建立对风险投资公司的信用担保制度和对风险企业的产品采购制度，建立和完善产权交易市场和技术交易市场等市场体系。

法律法规体系的完善是风险投资机制正常运行的基本保证。加快风险投资的立法工作，是发展风险投资的重要保证。风险投资涉及向社会公众及机构投资者筹资和向风险企业投资两个阶段，它牵涉较为复杂的契约合同关系，由于它本身具有的高风险性，因此要求它的运行要有一个完备的法律环境。目前我国还缺乏有关风险投资公司和风险投资基金等方面的法律法规，这使我国的风险投资事业无法规范化运行。因此，我国在发展风险投资时，必须加快风险投资的立法工作，研究和制定完整的风险投资市场法规和监管法规，并颁布与之相配套的政策措施，制定对投资者、风险投资公司和风险企业的税收优惠、财政补贴和信用担保政策，保护国内外投资者的合法权益，为我国风险投资的正常运作提供完善的法律环境。

（四）建立有效的风险退出机制

完善的退出机制是发展风险投资业的前提。风险投资的最终目的是从所投资的高科技项目中获得超额利润，再用收回的资金投入到新的项目上，实现利润的滚动增长。因此，退出是风险投资最为关键的一环。

由于目前沪深两市上市条件较为严格，审批手续复杂，且受上市规模的限制，这对于那些刚刚步入扩张阶段或成熟阶段的中小高科技企业，特别是民营高科技风险企业来说，是很难达到主板市场的标准而上市的。大力发展创业板市场，将大力推动风险投资的发展，大大降低风险企业上市的门槛，为风险投资提供退出路径和实现投资回报，促进风险投资的良性循环，提高风险资本的流动性和使用效率。

当然，第二板市场并不是风险投资的唯一退路，发展兼并收购市场也是风险投资的重要退出途径。在目前的条件下，可以借助在主板市场上的上市公司在资金募集方面的优势，鼓励上市公司收购兼并已处在扩展期的创业企业，使风险投资尽早以高收益的结

果成功退出。这样，才能使风险投资形成资金运作的良性循环，也才能吸引更多的投资者参与风险投资，吸引更多、更大规模的风险投资投向高新技术产业，促进科技成果的转化。

本章小结

风险投资是指投资人将风险资本投向刚刚成立或快速成长的未上市的高新技术产业，在承担很大风险的基础上，为融资人提供长期股权投资和增值服务，培育企业快速成长，待企业或项目取得成功后，再通过上市、兼并或其他股权转让方式撤出投资，取得高额投资回报的一种高风险、高收益的投资方式。风险投资主要由六大要素构成，即风险资本、风险投资人、投资对象、投资期限、投资目的和投资方式。

风险投资的投资过程可以分为项目的筛选和评价、经营投资项目、风险资本的退出。项目的筛选和评价要经过项目初选、尽职调查、项目决策、合同谈判者一系列的程序得以完成，风险投资项目的筛选是一项复杂庞大的工程。

国外以及发达地区与我国风险投资的资本来源渠道存在明显差别。

不同国家的风险投资的资金来源有所不同，归结起来，风险投资资金的主要来源有个人投资者、政府、机构投资者，其中机构投资者是风险资本的主要提供者。风险投资的主要组织形式有三种：有限合伙制、公司制和信托基金制风险投资组织。其中有限合伙制是风险投资的主要运作者。

风险投资发展阶段可划分为五个阶段：种子期、启动期、成长期、扩张期和成熟期。不同投资主体在投资时期选择上存在差异。

参与投资对象的管理是风险投资最主要的特色之一，也是风险投资与一般商业性投资的主要区别。风险投资管理是风险投资家对通过自己所学的知识、经验来对企业实行间接管理以实现项目的增值的一种活动。

风险投资退出机制是风险投资机制上的一种要求，风险投资退出是风险资本规避风险、收回投资并获取收益的关键。风险投资退出机制中首先要选择风险投资退出的时机。风险投资家一般会选择以下几种方式退出：以首次公开发行股票的方式、并购、买壳上市、借壳上市、企业回购、二次出售、清算退出。

创业板市场指以扶持中小型高新技术企业发展为使命的新型市场，作为风险投资主要的退出渠道，它是风险投资退出机制问题中研究的重点。

关键词：

风险投资（Venture Capital）　　　　　　　公开上市（Initial Public Offerings）
并购（Merger and Acquisition）

思考题：

1. 简述风险投资的特征与组成要素。
2. 比较国际、国内风险投资主体的构成。

3. 简述风险投资管理的特点。

4. 简述风险投资对我国经济发展的促进作用。

5. 简述税收政策对我国风险投资发展的影响。

练习题：

1. 风险投资与传统金融投资的异同点是什么？

2. 项目筛选主要考虑哪几个方面的因素？尽职调查的主要内容是什么？

3. 风险投资的退出机制有哪些？试作出比较分析。

4. 风险投资的组织形式主要有哪几种？风险投资的主导组织形式及其原因分别是什么？

5. 我国风险投资发展面临的问题主要有哪些？

案例题：

金蝶国际软件集团有限公司是中国第一个 Windows 版财务软件，第一个纯 JAVA 中间件软件，第一个基于互联网平台的三层结构的 ERP 系统——金蝶 K/3 的缔造者，其中金蝶心 KIS 和 K/3 是中国中小型企业市场中占有率最高的企业管理软件。

金蝶在中国大陆拥有 39 家以营销与服务为主的分支机构和 750 余家咨询、技术、实施服务、分销等合作伙伴。金蝶营销、服务及伙伴网络在中国大陆分为华南、华东、华北、华中、东北、西南、西北七大区域，遍及 221 个城市和地区；目前该集团拥有员工 2800 人（其中研发人员 600 人，咨询及客户服务人员 1071 人），产品用户总量达到 60 万个，安装点 21 万个，总客户数量超过 40 万家。

而这一切的迅速取得和风险投资的介入是密不可分的。1998 年 5 月 6 日，世界著名的信息产业跨国集团——国际数据集团（IDG）与金蝶公司正式签订协议，IDG 设在中国的风险投资基金公司——太平洋技术创业有限公司向金蝶注入 2000 万元人民币的风险投资，用于金蝶软件公司的科研开发和国际性市场开拓业务。这是继四通利方之后国内 IT 业接受的最大一笔风险投资，也是中国财务软件行业接受的第一笔国际风险投资。

金蝶公司曾数次主动向银行申请，也有几次银行上门来洽谈，最终却只获得 80 万元贷款，原因就在于没有足够的资产作抵押，也缺乏担保，因为此时金蝶公司只有区区 500 万元固定资产。事实证明，金蝶公司向银行贷款这条路走不通。而且与社保公司的令人愉快的合作又由于 1997 年的一纸文件而改变：国家于当年作出规定，不允许保险公司的资金投向高风险行业，这就意味着社保公司必须退出。同时，国内募集资金渠道的单一也令金蝶捉襟见肘，金蝶历史上数额最大的一笔贷款只有 80 万元。方向明确了，1997 年版本的金蝶必须重新洗牌。

1998 年对金蝶公司来说是极具历史转折意义的一年。此时，IDG 广州太平洋技术创业有限公司正在广深两地寻找投资项目。通过深圳市科技局，IDG 广州太平洋技术创业有限公司总经理王树了解到金蝶公司的基本情况，即对金蝶公司登门造访，洽商合作事宜。对金蝶公司来说，IDG 广州太平洋技术创业有限公司的介入正是时候，而且无须经历国外风险投资申请的种种复杂程序。短短 3 个月的接触，双方就达成了合作协议。

IDG 选择风险投资项目的标准是：①公司的产品要有很广阔的市场，且企业发展速度很快。②管理团队要非常有活力、有激情。③产品具有独特性或有独特的技术，不容易被对手复制。④在今后 5～7 年内，这个企业能实现每年 35%～45% 的回报率。

而金蝶公司的资产总额以每年 200%～300% 的速度增长，作为国内最大的财务软件开发商和供应商之一，其在 1988 年，软件销售总额就超过了 1 亿元，同时又在企业综合管理软件开发方面取得了可喜进展。具有这样卓越成就的企业，对风险投资者的吸引力是巨大的。

IDG 广州太平洋技术创业投资基金对金蝶公司进行考察时，十分注重对风险企业家和他的管理团队的评估。被投资人的能力、知识、经验、个人品质和团体协作能力是风险投资者所特别看重的。IDG 广州太平洋技术创业投资基金很欣赏以思想开放的徐少春总裁为首的管理团队。这个团队的特点是具备超前的战略眼光和企业战略设计能力，始终保持着稳固的务实风格和创新精神。1988 年 3 月，IDG 董事长麦戈文先生亲自到金蝶进行考察，他对金蝶公司总裁徐少春先生给予了高度的评价，并认为金蝶公司是一个有远见、有潜力的高新技术企业，金蝶公司的队伍是一支年轻而优秀的人才队伍。另外，IDG 看中了金蝶是一个典型的民营企业，企业机制灵活，在思想观念上比较开放，善于接受新事物，同时金蝶公司也非常欢迎这种形式的投资注入。

IDG 广州太平洋技术创业投资基金以参股形式对金蝶公司进行投资后，折价入股，成为金蝶公司的股东之一，享有股东的权利，但对金蝶公司不控股，不参与经营，只是通过不断地做一些有益的辅助工作，如介绍和引进专家做报告、开研讨会、帮助企业做决策咨询、提供开发方向的建议等方式来施加影响。第一笔资金到位后，IDG 委派王树担任金蝶的董事，对金蝶公司进行监控，王树不过问金蝶公司的经营。但在这看似宽松的合作之下，风险投资带给金蝶公司的风险意识和发展压力陡然增加。因为按照金蝶公司与 IDG 的合作协议，金蝶公司必须在获得第一笔投资后的一年间，达到双方规定的目标，即在 1997 年的基础上，1988 年取得 200% 增长，才有资格获得 IDG 的第二笔 1000 万元的投资。正是这种风险压力，促使金蝶公司迅速地调整自己。

金蝶在港上市第二年，IDG 开始首次大幅减持。年报显示，至 2003 年年初，IDG 持股比例已经低于 10%，据估算，IDG 在 2002 年年底至少回收了 6300 万港元。据估计，2003 年 IDG 减持了约 5% 的股权，至少套现了 5500 万港元。也就是说，IDG 在 5 年之后，从金蝶至少收回了 1.2 亿港元。中国香港一位基金经理分析，余下的 4.1% 套现后，预计 IDG 最终将从金蝶身上收回 2 亿港元左右回报，投资回报率高达 10 倍。

根据本章所学知识，试分析：

1. 风险投资对我国企业的发展，尤其是民营企业的发展有何意义？
2. 风险投资家对风险投资项目的筛选评估标准有哪些？
3. IDG 公司对金蝶的风险投资管理内容有哪些？
4. IDG 公司采取的风险资本退出方式是什么？这种退出方式的优点有哪些？

第九章　现代金融市场理论基础

现代金融市场理论被认为是从 20 世纪 50 年代开始发展起来的。其中，20 世纪 50～80 年代发展起来的一系列理论：有效市场理论、资产组合理论及 CAPM、Black-Scholes 期权定价和行为金融理论等奠定了现代金融市场理论的基础框架。

通过本章的学习，希望读者了解现代金融市场基本理论的发展脉络，同时掌握未来金融市场理论的发展方向。

第一节　金融工具的收益与风险

在金融市场中，几乎所有的金融资产都是风险资产。理性的投资者追求同等风险水平下的收益最大化，或是同等收益水平下的风险最小化。

一、金融风险的定义与类型

（一）金融风险的定义

金融市场的风险是指金融变量的各种可能值偏离其期望值的可能性及幅度。金融变量的可能值可能低于也可能高于期望值，因此风险绝不等同于亏损。风险既包含对市场主体不利的一面，也包含有利的一面。换句话说，风险大的金融资产，其最终的实际收益率不一定比风险小的金融资产低，而往往是风险大收益也大，故有风险与收益相当之说。

（二）金融风险的类型

金融风险有多种分类方法，按其来源可分为货币风险、利率风险、流动性风险、信用风险、市场风险和操作风险；按会计标准可分为会计风险和经济风险；按照能否分散可分为系统性风险和非系统性风险。

1. 按风险来源分类

（1）货币风险。货币风险又称为外汇风险，是指由汇率变动所产生的风险。这种风险又可细分为交易风险和折算风险，前者指汇率变动影响日常交易的收入，后者指汇率变动影响资产负债表中资产的价值和负债的成本。

（2）利率风险。利率风险是指市场利率水平的变动引起资产价格变化所产生的风险。一般来说，利率上升会导致证券价格下降，利率下降会导致证券价格上升。在利率水平变动幅度相同的情况下，长期证券受到的影响比短期证券更大。货币风险和利率风险也统称为价格风险。

（3）流动性风险。流动性风险是指金融资产的变现风险。证券的流动性主要取决于二级市场的发达程度和期限的长短。

（4）信用风险。信用风险又称为违约风险，是指证券发行者因倒闭或其他原因无法履约而给投资者带来的风险。

（5）市场风险。市场风险是指证券市场行情变动引起实际收益率偏离预期收益率的可能性。当出现看涨行情时，多数证券的价格通常会上升；当出现看跌行情时，多数证券的价格通常会下跌。

（6）操作风险。操作风险是指日常操作和工作流程失误所产生的风险。随着证券交易对电子技术的依赖程度不断加深，操作风险也越来越复杂。

2. 按会计标准分类

（1）会计风险。会计风险是指经济实体的财务报表所反映的风险。它可以根据现金流量、资产负债表的期限结构、币种结构等信息进行客观的评估。

（2）经济风险。经济风险是指对经济实体的整体运作产生影响的风险，因此范围比会计风险更广。例如，某企业的一笔浮动利率负债由于利率上升导致成本上升，这反映在财务报表上就是会计风险；但是利率上升对该企业的影响可能远不止这些，供应商可能会要求提前收回所欠贷款，而顾客可能会要求延期支付所欠贷款，这就会使企业的现金流状况恶化，从而导致整个经济衰退，减少个人的消费需求和企业的投资需求；利率上升还可能会导致国外的短期套利资本流入，从而导致本币升值，降低本国企业出口商品的竞争力，所有这些因素都必须考虑在经济风险之内。

3. 按照风险能否分散划分

（1）系统性风险。系统性风险是由那些影响整个金融市场的风险因素所引起的，这些因素包括经济周期、宏观经济政策的变动等。这类风险影响所有金融变量的可能值，无法通过分散投资相互抵消或者削弱，因此又称为不可分散风险。换句话说，即使一个投资者持有一个充分分散的投资组合，也得承受这类风险。

（2）非系统性风险。非系统性风险是指与特定的公司或行业相关的风险，它与经济、政治和其他影响所有金融变量的因素无关。例如，一个新的竞争者可能开始生产同类产品，一次技术突破可能使一种现有产品消亡。非系统性风险可以通过分散投资降低；如果分散是充分有效的，这种风险还可能被消除，因此它又称为可分散风险。正由于此，在证券投资的风险中，重要的是不可避免的系统性风险。

二、投资收益与风险的衡量

证券投资的收益有两个来源：股利收入（或利息收入）和资本利得（或资本损失）。

例如某段时间股票投资的收益率，等于现金股利加上股票价格的变化，再除以初始价格。证券价格的单期收益率可定义为：

$$R = \frac{D_t + (P_t - P_{t-1})}{P_{t-1}} \tag{9.1}$$

其中，R 为收益率，t 指特定的时间段，D_t 是第 t 期的现金股利（或利息收入），P_t 是第 t 期的证券价格，P_{t-1} 是第 t−1 期的证券价格。在公式（9.1）的分子中，括号内的部分（$P_t - P_{t-1}$）代表该段时间的资本利得或资本损失。

例：假设某投资者购买了价格 100 元的股票，该股票向投资者支付每年 7 元的现金股利。一年后，该股票的价格上涨到 106 元，那么该股票的投资收益率为（7＋6）/100＝13％。

由于风险证券的收益事先无法确切知道，投资者只能估计各种可能发生的结果（事件）以及每一种结果发生的可能性（概率），因此风险证券的收益率通常用统计学中的期望表示：

$$\overline{R} = \sum_{i=1}^{n} R_i P_i \tag{9.2}$$

其中，$\overline{R}$ 为预期收益率，R_i 为第 i 种可能的收益率，P_i 是收益率 R_i 发生的概率，n 代表可能性的数目。

预期收益率描述的是以概率为权重的平均收益率。实际收益率与预期收益率的偏差越大，投资于该证券的风险也越大，因此单个证券的风险通常用统计学中的方差或标准差表示，标准差 σ 可以表示为：

$$\sigma = \sqrt{\sum_{i=1}^{n} (R_i - \overline{R})^2 P_i} \tag{9.3}$$

对于标准差可以这样理解：当证券收益率服从正态分布时，2/3 的收益率在 $\overline{R} \pm \sigma$ 的范围内，95％的收益率在 $\overline{R} \pm 2\sigma$ 的范围内。下面通过一个例子来说明预期收益率和标准差的计算。

例：某种证券未来收益率的可能性如表 9−1 所示。则它的预期收益率为 9％，标准差为 8.38％。

表 9—1　某证券各种可能的收益率、概率、预期收益率和标准差

可能的收益率 R_i	概率 P_i	预期收益率（$\overline{R}$）计算 $R_i P_i$	方差（σ^2）$(R_i - \overline{R})^2 P_i$
−0.10	0.05	−0.005	$(-0.10-0.09)^2 \times 0.05$
−0.02	0.10	−0.002	$(-0.02-0.09)^2 \times 0.10$
0.04	0.20	0.008	$(0.04-0.09)^2 \times 0.20$
0.09	0.30	0.027	$(0.09-0.09)^2 \times 0.30$
0.14	0.20	0.028	$(0.14-0.09)^2 \times 0.20$
0.20	0.10	0.02	$(0.20-0.09)^2 \times 0.10$

可能的收益率 R_i	概率 P_i	预期收益率（$\bar{R}$）计算 R_iP_i	方差（σ^2）（$R_i-\bar{R}$）^2P_i
0.28	0.05	0.014	$(0.28-0.09)^2\times0.05$
求和	1.00	0.090	0.00703
标准差 $=\sigma=\sqrt{0.00703}=0.0838$			

三、证券组合与分散风险

"不要把所有鸡蛋放在一个篮子里。"如果将这句古老的谚语应用于投资决策中，那么这就是说不要将所有的钱投资于同一种证券，通过分散投资可以降低投资风险，这是一个非常浅显易懂的道理。那么，应该将"鸡蛋"放在多少个"篮子"里才是最好呢？将"鸡蛋"放在什么样的不同篮子里才是最好的呢？

如前所述，证券组合的风险不仅取决于单个证券的风险和投资比重，还取决于这些证券收益之间的协方差或相关系数，并且协方差或相关系数起着特别重要的作用。因此投资者建立的证券组合就不是一般的拼凑，而是要通过各证券收益波动的相关系数来分析。

利用长时间的历史资料比较一个充分分散的证券组合和单一股票收益和风险特征时，就会发现某些奇怪的现象。例如，在 1989 年 1 月至 1992 年 12 月间，IBM 股票的月平均收益率为-0.61%，标准差为 7.65%。而同期标准普尔 500 指数的月平均收益率和标准差分别为 1.2% 和 3.74%。虽然 IBM 收益率的标准差大大高于标准普尔 500 指数的标准差，但是其月平均收益率却低于标准普尔 500 指数的月平均收益率。为什么会出现风险高的股票其收益率反而低的现象呢？

原因在于每个证券的全部风险并非完全相关，在构建一个证券组合时，单一证券收益率变化的一部分可能被其他证券收益率的反向变化所减弱或者完全抵消。事实上，可以发现证券组合的标准差一般都低于组合中的单一证券的标准差，因为各组成证券的总风险已经通过分散化而大量抵消。因此就没有理由要求预期收益率与总风险相对应；与预期收益率相对应的只能是通过分散投资不能互相抵消的那一部分风险，即系统性风险。

根据证券组合预期收益率和风险的计算公式可知，不管组合中证券的数量是多少，证券组合的收益率只能是单个证券收益率的加权平均数，分散投资不会影响组合的收益率。但是分散投资可以降低收益率的波动，各个证券之间收益率变化的相关关系越弱，分散投资降低风险的效果就越明显。当然，在现实的证券市场上，大多数情况是各个证券收益率之间存在一定的正相关关系，关系的程度有高有低。有效证券组合的任务就是找出相关关系较弱的证券组合，以保证在一定的预期收益率水平上尽可能降低风险。

从理论上讲，一个证券组合只要包含了足够多的相关关系弱的证券，就完全有可能消除所有的风险，但是在现实的证券市场上，各证券收益率的正负相关程度很高，因为各证券收益率在一定程度上受相同因素影响（如经济周期、利率的变化等），所以，分散投资可以消除证券组合的非系统性风险，但是并不能消除系统性风险。

瓦格纳和刘（Wagner and Lau，1971）根据 1960 年 7 月标准普尔公司的股票质量评级将 200 种在纽约证券交易所上市的股票样本分成六组，最高质量等级 A$^+$ 构成第一组，以此类推。从每一组股票中随机抽取 1～20 只股票组成证券组合，计算每一组合从 1960 年 7 月至 1970 年 5 月 10 年间的月平均收益率。为减少对单一样本的依赖，这一工作连续进行了 10 次，然后对 10 个数值进行平均。表 9—2 是 A$^+$ 质量等级股票组合的一部分计算结果。

表 9—2　随机抽样 A$^+$ 质量股票组合的风险和分散效果

（1960 年 7 月至 1970 年 5 月）

组合中股票数量	平均收益率（%/月）	标准差（%/月）	与市场的相关系数（R）	与市场的可决系数（R^2）
1	0.88	7.0	0.54	0.29
2	0.69	5.0	0.63	0.40
3	0.74	4.8	0.75	0.56
4	0.65	4.6	0.79	0.62
5	0.71	4.6	0.79	0.62
10	0.68	4.2	0.85	0.72
15	0.69	4.0	0.88	0.77
20	0.67	3.9	0.89	0.80

表 9—2 中的可决系数 R^2 为相关系数的平方，其取值范围从 0 到 1。它用来衡量证券组合的收益率变动（用方差表示）中可归因于市场收益率的比例，其余风险为组合的特有风险。因此，一个证券组合的 R^2 越接近 1，这个组合的风险分散就越充分。从表中的数据可知：

一个证券组合的预期收益率与组合中股票的数量无关，证券组合的风险随着股票数量的增加而减少。当股票组合中的股票逐渐从 1 只扩大到 10 只时，证券组合的风险下降很明显。但是随着组合中股票数量的增加，风险降低的边际效益效果在迅速减少，特别是当持有的股票超过 10 只时，风险降低的效果变得微乎其微。

平均而言，随机抽取的 20 只股票构成的股票组合的总风险降低到只包含系统风险的水平，单个证券风险的 40% 被抵消，这部分的风险就是非系统性风险。

一个充分分散的证券组合的收益率的变化与市场收益率的变化密切相关，其波动性或不确定性基本上就是市场总体的不确定性。投资者不论持有多少股票都必须承担这一部分风险。

根据以上分析，证券组合包含的证券数量与组合系统性和非系统性风险之间的关系，可用图9—1表示。

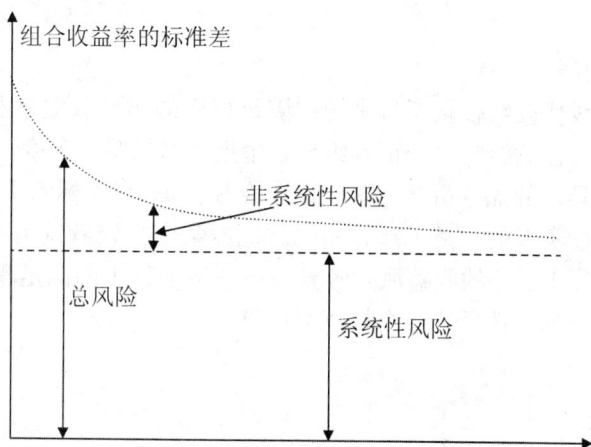

图9—1　组合中证券的数量与组合的系统性和非系统性风险之间的关系

第二节　最优资产组合理论

根据马克维茨的证券组合理论，投资者必须根据自己的风险—收益偏好与各种证券及证券组合的风险、收益特性来选择最优的投资组合。然而，现实生活中证券种类繁多，这些证券还可组成无数种证券组合。如果投资者必须对所有这些组合进行评估，这将是难以想象的。

幸运的是，根据马克维茨的有效集定理，投资者无需对所有组合进行一一评估。本节将按马克维茨的方法，由浅入深地介绍确定最优投资组合的方法。

一、风险偏好与无差异曲线

（一）风险偏好

现代投资组合理论对投资者关于收益和风险的态度给出了两个基本的假设：一个是不满足性；另一个就是厌恶风险。不满足性假设意味着给定两个相同标准差的组合，投资者将选择具有较高预期收益率的组合。厌恶风险是指在其他条件相同的情况下，投资者将选择标准差较小的组合。

厌恶风险的假设意味着风险带给投资者的是负效用，因此如果没有收益来补偿，投资者是不会冒无谓风险的。与厌恶风险的投资者相对应，还有风险中性和爱好风险的投资者。前者对风险的高低漠不关心，只关心预期收益率的高低。对后者而言，风险给他带来的是正效用，因此在其他条件不变情况下他将选择标准差大的组合。在正常情况下，理性的投资者的确是厌恶风险的。但在某些极端的情况下，理性的投资者也可能是爱好风险的。

（二）无差异曲线

一条无差异曲线代表给投资者带来同样满足程度的预期收益率和风险的所有组合。一个特定的投资者，任意给定一个证券组合，根据他对风险的态度，可以得到一系列满意程度相同（无差异）的证券组合，这些组合恰好在 E-S 坐标系上形成一条曲线，我们称这条曲线为该投资者的一条无差异曲线。比如某个投资者认为，尽管图 9－2 中的证券组合 A、B、C、D、E 的收益风险各异，但是给他带来的满足程度相同，因此这 5 个证券组合是无差异的，选择哪一个投资都可以。

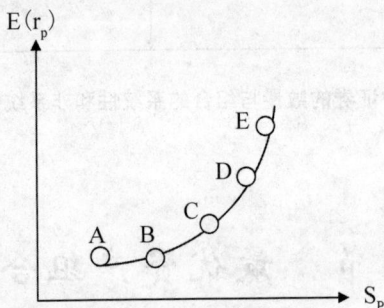

图 9－2　满足程度相同的证券组合

于是，用一条平滑曲线将证券组合 A、B、C、D、E 连接起来，就可近似看作为一条无差异曲线。当这样的组合很多时，它们在平面上便形成严格意义上的无差异曲线。

不言而喻，偏好不同的投资者，他们的无差异曲线的形状也不同。尽管如此，对于追求收益又厌恶风险的投资者而言，他们的无差异曲线都具有如下五个特点：

1. 无差异曲线的斜率是正的

由于风险给投资者带来的是负效用，而收益带给投资者的是正效用，因此为了使投资者的满足程度相同，高风险的投资必须有高的预期收益率，所以无差异曲线的斜率为正。如图 9－3 所示。

2. 无差异曲线是下凸的

这意味着要使投资者多冒等量的风险，给予他的补偿——预期收益率应越来越高。无差异曲线的这一特点是由预期收益率边际效用递减规律决定的。

3. 同一投资者有无限多条无差异曲线

这意味着对于任何一个风险——收益组合，投资者对其的偏好程度都能与其他组合相比。由于投资者对收益的不满足性和对风险的厌恶，因此在无差异曲线图中越靠左上

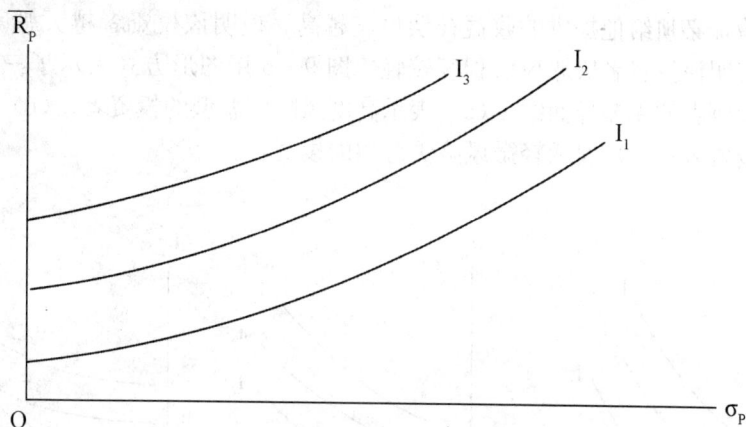

图9-3　不满足和厌恶风险投资者的无差异曲线

方的无差异曲线代表的满足程度越高。投资者的目标就是尽量选择位于左上角的组合。

4. 同一投资者在同一时间、同一时点的任何两条无差异曲线都不能相交

我们可以用反证法加以证明，在图9-4中，假设某个投资者的无差异曲线相交于X点。由于X和A都在I_1上，因此X和A给投资者带来的满足程度是相同的。同样，由于X和B都在I_2上，因此X和B给投资者带来的满足程度也是相同的。这意味着，A和B给投资者带来的满足程度一定相同。然而我们从图中可以看出，B的预期收益率高于A，而风险却小于A。根据不满足性和厌恶风险的假设，B的满足程度一定大于A，这就产生了自相矛盾。显然上述假设不成立，即两条无差异曲线不能相交。

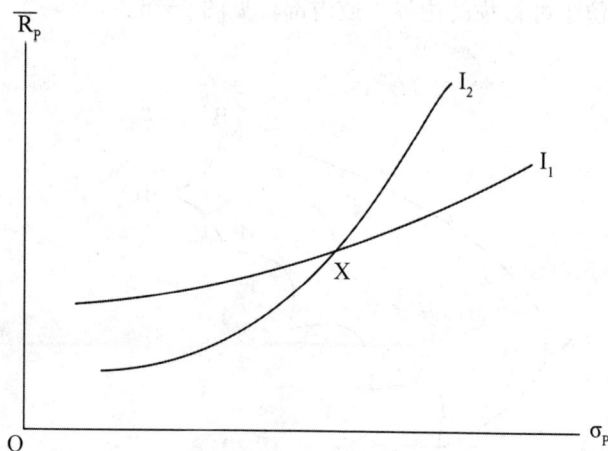

图9-4　无差异曲线相交

5. 无差异曲线向上弯曲的程度大小反映投资者承受风险的能力强弱

无差异曲线的斜率表示风险和收益之间的替代率，斜率越高，表明为了让投资者多

冒同样的风险，必须给他提供的收益补偿也应越高，说明该投资者越厌恶风险。同样，斜率越小，表明该投资者厌恶风险程度较轻。图9－5用图形方式表示了三种不同程度厌恶风险的投资者的无差异曲线。（a）表示高度风险厌恶型的投资者；（b）表示中等风险厌恶型的投资者；（c）表示轻微风险厌恶型的投资者。

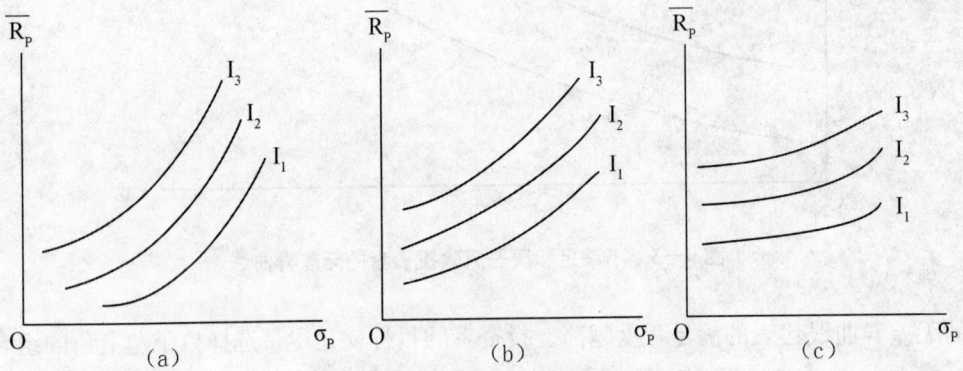

图9－5　不同程度厌恶风险者的无差异曲线

二、可行集

为了说明有效集定理，有必要引入可行集（Feasible Set）的概念。可行集是指由N种证券所形成的所有组合的集合，它包括了现实生活中所有可能的组合。也就是说，所有可能的组合都位于可行集的边界上或内部。见图9－6。

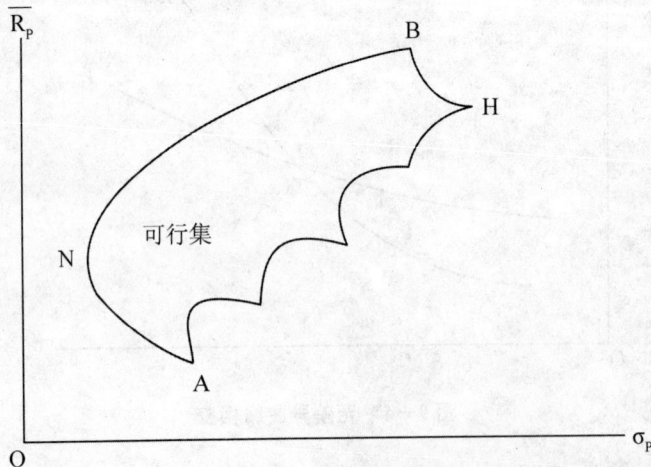

图9－6　可行集与有效集

一般来说，可行集的形状类似伞形，如图9-6由A、N、B、H所围成的区域所示。在现实生活中，由于各种证券的特性千差万别，可行集的位置也许比其中的更左或更右，更高或更低，更宽或更窄，它们的基本形状大多如此。

三、有效集

（一）有效集的定义

对于一个理性的投资者而言，都是厌恶风险而偏好收益的。对于相同的风险水平，他们会选择能提供最大预期收益的组合；对于相同的预期收益率，他们会选择风险最小的组合。能同时满足这两个条件的投资组合的集合就是有效集（Efficient Set），又称有效边界（Efficient Frontier）。处于有效边界上的组合称为有效组合（Efficient Portfolio）。

（二）有效集的位置

可见，有效集是可行集的一个子集，它位于可行集中。那么，如何确定有效集的位置呢？

先考虑第一个条件。没有哪一个组合的风险小于组合N，这是因为如果过N点画一条垂直线，则可行集都在这条线的右边。N点所代表的组合称为最小方差组合（Minimum Variance Portfolio）。同样，没有哪个组合的风险大于H。由此可见，对于各种风险水平而言，能提供最大预期收益的组合集是可行集中介于N和H之间的上方边界上的组合集。

再考虑第二个条件。各种组合的预期收益率都介于组合A和组合B之间。由此可见，对于各种预期收益率水平而言，能提供最小风险水平的组合集是可行集中介于A、B之间的左边边界上的组合集，我们把这个集合称为最小方差边界（Minimum Variance Frontier）。

由于有效集必须同时满足上述两个条件，因此N、B两点之间上方边界上的可行集就是有效集。所有其他可行组合都是无效的组合，投资者可以忽略它们。这样，投资者的评估范围就大大缩小了。

（三）有效集的形状

有效集曲线有如下特点：有效集是一条向右上方倾斜的曲线，它反映了"高收益、高风险"原则；有效集是一条向上凸的曲线；有效集曲线上不可能有凹陷的地方。

四、最优资产组合的选择

确定了有效集的形状之后，投资者就可以根据自己的无差异曲线选择使自己的投资效用最大化的投资组合了。这个组合位于无差异曲线与有效集的相切点P，该切点代表的组合就是最优投资组合。见图9-7。

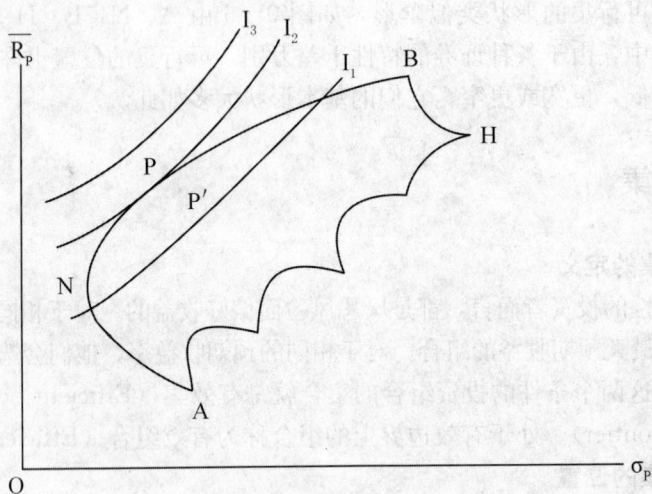

图 9—7　最优投资组合

　　有效集向上凸的特性和无差异曲线向下凸的特性决定了有效集和无差异曲线的相切点只有一个,也就是说最优投资组合是唯一的。

　　对于投资者而言,有效集是客观存在的,它是由证券市场决定的。而无差异曲线是主观的,它是由自己的风险—收益偏好决定的。从先前的分析可知,风险厌恶程度越高的投资者,其无差异曲线的斜率越大,因此其最优投资组合越接近 N 点。风险厌恶程度越低的投资者,其无差异曲线的斜率越小,因此其最优投资组合越接近 B 点。

第三节　现代资产定价理论

　　在前一节中,我们给出了最优投资组合的确定方法:投资者首先必须估计所有证券的预期收益率和方差、这些证券之间的协方差以及无风险利率水平;随后,找出切点处投资组合（最优风险组合）,并由无风险利率与切点处投资组合共同决定一条直线,再根据无差异曲线与其的切点确定最优投资组合。这种方法属于规范经济学的范畴。本节将在假定所有投资者均按上述方法投资的情况下,研究风险资产的定价问题,它属于实证经济学范畴。我们将着重介绍资本资产定价模型（Capital Asset Pricing Model,CAPM）。该模型是由夏普（Sharp,1964）、林特勒（Lintner,1965）和莫辛（Mossin,1966）等人在现代投资组合理论的基础上提出的,在投资学中占有很重要的地位,并在投资决策和公司理财中得到广泛运用。

一、基本假定

为了推导资本资产定价模型，假定：

（1）所有投资者的投资期限均相同。

（2）投资者根据投资组合在单一投资期内的预期收益率和标准差来评价这些投资组合。

（3）投资者永不满足，当面对其他条件相同的两种选择时，他们将选择具有较高预期收益率的那一种。

（4）投资者是厌恶风险的，当其面对其他条件相同的两种选择时，他们将选择具有较小标准差的那一种。

（5）每种资产都是无限可分的。

（6）投资者可按相同的无风险利率借入或贷出资金。

（7）税收和交易费用均忽略不计。

（8）对于投资者而言，信息都是免费的并且是立即可得的。

（9）投资者对于各种资产的收益率、标准差、协方差等具有相同的预期。

这些假定虽然与现实世界存在很大差距，但是通过这个假想的世界，可以得出证券市场均衡关系的基本性质，并以此为基础，探讨现实世界中的风险与收益之间的关系。

二、资本市场线

（一）分离定理

在上述假定的基础上，我们可以得出如下结论：

（1）根据相同预期的假定，我们可以推导出每个投资者的切点组合（最优风险组合）都是相同的，从而每个投资者的线性有效集（预算线）都是一致的。

（2）由于投资者的风险—收益偏好不同，其无差异曲线的斜率不同，因此他们的最优投资组合也不同。

由此可以得出著名的分离定理：投资者对风险和收益的偏好状况与该投资者最优风险资产组合的构成是无关的。

（二）市场组合

根据分离定理，还可以得到另一个重要结论：在均衡状态下，每种证券在均衡点处投资组合中都有一个非零的比例。

这是因为，根据分离定理，每个投资者都持有一定数量的切点组合（T）。如果某种证券在 T 组合中的比例为零，那么就没有人购买该证券，该证券的价格就会下降，从而使该证券的预期收益率上升，直到在最优风险组合 T 中，该证券的比例非零为止。

同样，如果投资者对某种证券的需求量超过其供给量，则该证券的价格会上升，这就导致其预期收益率下降，从而降低其吸引力，它在最优风险组合中的比例也将下降，直到对其的需求量等于供给量为止。

因此，在均衡状态下，每一个投资者对每一种证券都愿意持有一定的数量，市场上各种证券的价格都处于使该证券供求相等的水平上，无风险利率的水平也正好使借入资金的总量等于贷出资金的总量。这样，在均衡时，最优风险组合中各证券的构成比例等于市场组合（Market Portfolio）中各证券的构成比率。所谓市场组合是指由所有证券构成的组合，在这个组合中，每一种证券的构成比例等于该证券的相对市值。一种证券的相对市值等于该证券市值除以所有证券的总市值。

习惯上，人们将切入点处组合称为市场组合，并用 M 代替 T 来表示。从理论上讲，M 不仅包括普通股，还包括优先股、债券、房地产等其他资产。但在现实生活中，人们常将 M 局限于普通股。

（三）共同基金定理

如果投资者的投资范围仅限于资本市场，而且市场是有效的，那么市场组合就大致等于切点组合。于是单个投资者就不必费劲地进行复杂的分析和计算，只要持有指数基金和无风险资产就可以了。当然，如果所有投资者都这么做，这个结论就不成立了。因为指数基金本身并不进行证券分析，它只是简单地根据自己的风险厌恶系数 A，将资金合理地分配于货币市场基金和指数基金，这就是共同基金定理。

共同基金定理将证券选择问题分解成两个不同的问题：一个是技术问题，即由专业的基金经理人创立指数基金；二是个人问题，即根据投资者个人的风险厌恶系数将资金在指数基金与货币市场基金之间进行合理配置。

三、β 值的估算

β 系数的估计是 CAPM 实际运用时最为重要的环节之一。在实际运用中，人们常用单因素模型来估计 β 值。单因素模型一般可表示为：

$$R_{it} = \alpha_i + \beta_i R_{mt} + \varepsilon_{it} \tag{9.4}$$

其中，R_{it} 为证券 i 在 t 时刻的实际收益率，R_{mt} 为市场指数在 t 时刻的实际收益率，α_i 为截距项，β_i 为证券 i 收益率变化对市场指数收益率变化的敏感性指标，它衡量的是系统性风险，ε_{it} 为随机误差项，该随机误差项的期望值为零。公式（9.4）常被称为市场模型。

虽然从严格意义上来讲，资本资产定价模型中的 β 值与单因素模型中的 β 值是有区别的，前者相对于整个市场组合而言，而后者相对于某个市场指数而言，但是在实际操作中，由于我们不能确切知道市场组合的构成，因此一般用市场指数来代替，并可以用单因素模型所得出的 β 值来代替资本资产定价模型中的 β 值。而且，CAPM 中的 β 值是预期值，而我们无法知道投资者的预测值是多少，只能根据历史数据估计过去一段样本期内的 β 值，并把它当作预测值使用。其中偏差是显而易见的，应该注意这个问题。

单因素模型可以用特征线表示，特征线是由对应于市场指数收益率的散点图拟合而成的，根据单因素模型，β 值可以看作特征线的斜率，它表示市场指数收益率变动 1% 时，证券收益率的变动幅度。

我们可以根据对历史数据的回归分析估计出单因素模型中的参数，从而得出 β 值。例如，我们可以计算过去9年间的月平均收益率，这样市场指数和某一证券的收益率就分别有108个观测值，然后对这些观测值进行回归分析。观测值越多，β值的估算就越准确。

表9-3是利用个股和指数的月平均收益率数据估计β值的结果。

表9-3　根据市场模型估计的7只股票和等权重组合的β值

股票序号	α	β	R²	标准误		样本数
				α	β	
1	0.017	1.075	0.612	0.013	0.083	108
2	−0.005	1.300	0.775	0.011	0.068	108
3	0.000	1.098	0.733	0.009	0.058	108
4	−0.004	0.930	0.690	0.009	0.061	108
5	0.021	1.020	0.603	0.012	0.080	108
6	0.014	1.004	0.579	0.013	0.083	108
7	0.008	1.104	0.730	0.010	0.065	108
等权重组合	0.008	0.977	0.827	0.007	0.043	108

表中的 R^2 被称为可决系数，它表示因变量（股票收益率）的方差能被自变量（上证综合指数收益率）的变动所解释的比例，用公式表示为：

$$R^2 = \beta^2 \sigma_m^2 / \sigma^2 \tag{9.5}$$

标准误主要用于判断所估计的系数是否显著不为0。基本的判断原则是当估计的系数小于标准误的2倍时，就不能拒绝其真实值为0的原假设。从表中的数据来看，α估计值都不显著，而β估计值都显著不为0。

第四节　有效市场与证券分析

有效市场假说（Efficient Market Hypothesis，EMH），也有翻译成效率市场假说，至少可以追溯到法国数学家巴切利尔（Bachelier，1900）开创性的理论贡献和考尔斯（Cowles，1933）的实证研究。现代对有效市场的研究则始于萨缪尔森（Samuelson，1965），后经法马（Fama，1970）、马基尔（Makiel，1992）等进一步发展和深化，逐步形成一个系统性、层次性的概念，并建立了一系列用于验证市场有效性的模型和方法。

一、有效市场的假定

于有效市场的定义，被采用最多的是法马（Fama，1970）的定义："价格总是'充分'反映可获得信息的市场是'有效'的。"后来马基尔（Makiel，1992）给出了更明确的定义："如果一个资本市场在确定证券价格时充分、正确地反映了所有的相关信息，这个证券市场就是有效的。正式地说，该市场被称为相对于某个信息集是有效的……如果将该信息披露给所有参与者时证券价格不受影响的话。更进一步说，相对于某个信息集有效……意味着根据（该信息集）进行交易不可能赚取经济利润。"

马基尔第一句话的含义与法马的相同。第二句话意味着市场效率可通过向市场参与者披露信息并衡量证券价格的反映来检验。由于经济学与自然科学的一个重要区别就在于它的不可实验性，因此这种检验在实践中是行不通的。第三句话意味着可通过衡量根据某个信息集进行交易所能赚取的经济利润来判断市场的效率。这句话正是几乎所有关于市场效率的实证分析的基础。

事实上，有效的概念不是一个非此即彼的概念。世界上没有一个绝对有效的市场，也没有一个绝对无效的市场，它们的差别只是度的问题。问题的关键不是某个市场是否有效，而是多有效。这就需要一个相对有效的概念，如期货市场相对于现货市场的有效、美国资本市场相对于中国资本市场的有效等。绝对有效只是为衡量相对效率提供一个基准。

二、有效市场假说及其类型

有效市场假说认为，证券价格已经充分反映了所有相关的信息，资本市场相对于这个信息集是有效的，任何人根据这个信息集进行交易都无法获得经济利润。根据罗伯茨（Roberts，1967）对上述信息集的大小分类，有效市场假说又可以进一步分为三种：

（一）弱式有效市场假说

这是指当前证券价格已经充分反映了全部能从市场交易数据中获得的信息，这些信息包括过去的价格、成交量、未平仓合约等。因为当前市场价格已经反映了过去的交易信息，所以弱势效率市场意味着根据历史交易资料进行交易是无法获取经济利润的。这实际上等同于宣判技术分析无法击败市场。

（二）半强式有效市场假说

这是指所有的公开信息都已经反映在证券价格中。这些公开信息包括证券价格、证券量、会计资料、竞争公司的经营情况、整个国民经济资料以及与公司价值有关的所有公开信息等。半强式有效市场意味着根据所有公开信息进行的分析，包括技术分析和基础分析都无法击败市场，即取得经济利润。因为每天都有成千上万的证券分析师在根据公开信息进行分析，发现价值被低估和高估的证券，他们一旦发现机会，就会立即进行买卖，从而使证券价格迅速回到合理水平。

（三）强式有效市场假说

这是指所有的信息都反映在股票价格中。这些信息不仅包括公开信息，还包括各种私人信息及内幕消息。强式有效市场意味着所有的分析都无法击败市场。因为只要有人得知了内幕消息，他就会立即行动，从而使证券价格迅速达到该内幕消息所反映的合理水平。这样，其他再获得该内幕消息的人就无法从中获利。

三、有效市场假说的理论基础

有效市场假说是建立在三个强度渐次减弱的假定之上的。

假定一：投资者是理性的，因而可以理性地评估证券的价值。这个假定是最强的假定。

投资者是理性的，他们认为每种证券的价值等于其未来的现金流能反映其风险特征的贴现率贴现后的净现值，即内在价值（Fundamental Value）。当投资者获得有关证券内在价值的信息时，他们就会立即作出反应，买进价格低于内在价值的证券，卖出价格高于内在价值的证券，从而使证券价格迅速调整到与新的净现值相等的新水平。

投资者的理性意味着不可能赚取经过风险调整的超额收益率。因此，由完全理性的投资者构成的竞争性市场必然是有效市场。

假定二：虽然部分投资者是非理性的，但他们的交易是随机的，这些交易会相互抵消，因此不会影响价格。这是较弱的假定。

有效市场假说的支持者认为，投资者非理性并不能作为否定有效市场的证据。他们认为，即使投资者是非理性的，在很多情况下仍可能是理性的。例如，只要非理性的投资者是随机交易的，这些投资者数量很多，他们的交易策略是不相关的，那么他们的交易就可能相互抵消，从而不会影响市场效率。

这种论点主要依赖于非理性投资者策略的互不相关。

假定三：虽然非理性投资者的交易行为具有相关性，但理性套利者的套利行为可以消除这些非理性投资者对价格的影响。这是最弱的假定。

夏普、亚历山大和贝利（Sharp，Alexander 和 Bailey，1991）把套利定义为"在不同市场，按不同的价格同时买卖相同或本质上相似的证券"。例如，由于非理性的投资者连续买进某种证券，使该证券的价格高于其内在价值。这时，套利者就可以卖出甚至卖空该证券，同时买进其他"本质上相似"的证券以对冲风险。如果可以找到这种替代证券，套利者能对这两种证券进行买卖交易，那他们就可以赚到无风险利润。由于套利活动无需成本，也没有风险，套利活动将使各种证券价格迅速回到其内在价值的水平。

弗里德曼（Fridman，1953）甚至认为，在非理性的投资者与理性的套利者的博弈中，非理性的投资者将亏钱，其财富越来越少，从而将最终从市场上消失。

四、有效市场的必要条件

由上述假定条件可以看出，有效市场必须具备如下必要条件：

（1）存在大量的证券，以便每种证券都有"本质上相似"的替代证券，这些替代证券不但在价格上不能与被替代品一样同时被高估或低估，而且在数量上要足以将被替代品的价格拉回到其内在价值的水平。

（2）允许卖空。

（3）存在以利润最大化为目标的理性套利者，他们可以根据现有信息对证券价值形成合理判断。

（4）不存在交易成本和税收。

上述四个必要条件中任一条件的缺乏，都会令市场效率大打折扣。

专栏 9—1

有效市场假说与证券分析师

在华尔街以及资本市场较发达的世界各地，证券分析师业都是报酬最丰厚的行业之一。优厚的报酬吸引了成千上万的优秀人才加入到证券分析师的行列。他们到处收集各种信息，运用各种分析工具和手段，分析各种证券的价值，寻找价格被低估和高估的证券，并自己或建议客户采取相应的买卖行动。应该说，大量证券分析师的这种竞争性行动是促使资本市场走向效率的最重要力量。

然而，当市场达到充分有效的状态时，证券分析师花费大量成本和精力收集各种信息并运用各种方法对这些信息进行分析处理都无助于他们去败市场。这样的话，就没有人再愿意去花费无谓的时间和金钱去收集和分析信息了，效率市场也就失去了它存在的基础。可是，当资本市场逐渐变得无效时，信息的价值又开始凸显出来，证券分析师又开始忙于收集和分析信息，市场效率的程度又逐步提高。最终，市场效率的程度将在收集和分析信息的边际成本等于其边际收益时达到均衡。

由此可见，只要收集和分析信息的边际成本不为零，资本市场就不可能达到完美有效的地步。正是基于这一点，格罗斯曼和斯蒂格利茨（Grossman & Stiglitz，1980）才指出，在现实生活中，完美的有效市场是不存在的。

从上面分析我们还可以看出，收集和处理信息的成本越低、交易成本越低、市场参与者对同样信息所反映的证券价值的认同度越高，市场的效率程度就越高。

五、有效市场的特征

综合上述分析，可以把有效市场的特征归结为以下四点，作为判断一个市场是否有效的标准：

（一）能快速、准确地对新信息作出反应

在现实生活中，每天都有大量的信息涌入市场。这些信息五花八门，涉及政治、经济、社会、国际局势、自然环境、行业竞争格局、原材料供需情况、产品供需情况、公司内部状况等各个方面，它们都与证券价值直接或间接相关，从而影响着证券价格。

（二）证券价格的任何系统性范式只能随时间改变利率和风险溢价

在有效市场中，证券投资的预期收益率可以随时间变化，但这种变化只能来源于无风险利率的变动或风险溢价的变动。风险溢价的变动则可能是由风险大小的变动或者投资者风险厌恶程度的变化引起的。

无风险利率、风险大小和风险厌恶程度都可能随着经济周期的波动而波动。当经济衰退时，真实利率水平和预期通货膨胀率通常都会下降，从而使名义无风险利率水平下降。另外，证券投资的风险则随着经济衰退而增加。经济衰退还使投资者的财富水平下降，降低了他们抗风险的能力，从而使他们的风险厌恶程度提高。风险和风险厌恶程度同时提高意味着风险溢价的提高。这两种因素的共同作用使预期收益率将随着经济周期的波动而变动。由于经济周期的波动不是纯随机的，因此它有可能使证券价格出现非随机的范式，即具有一定程度的可预测性。

但是，在去掉了利率和风险溢价变动对证券价格的影响后，在效率市场中，与其他因素（如对公司未来盈利的预期）有关的证券价格变动则必须是随机的。这是因为，如果在效率市场中，今天的证券价格已经反映了有关将来盈利和股息的所有信息，这些信息是可知的，也就是说，这些信息时已经被收到或根据收到的信息可以预测的。没有反映在证券价格中的唯一信息是没有收到且不可预测的。由于其不可预测性，这类信息是以不可预测、随机的方式进入市场的，当市场对这类信息进行迅速、准确的反应时，证券价格本身就以不可预测的、随机的方式随时间而变动。

专栏 9—2

证券价格为何不具有季节性或周期性的范式？

很多重要的宏观经济变量，如 GDP，都呈现季节性或周期性范式，而证券价格又对这些变量的变动作出迅速而准确的反应，那么证券价格为何不会呈现季节性或周期性的范式？答案是证券价格并不对这些变量的预期变动作出反应，因为其季节性或周期性范式已经作为预期的一部分体现在证券价格中。证券价格只对市场对这些变量的预测错误作出反应。在效率市场中，这种错误肯定是随机的，而不是系统性的错误，对这种随机性错误作出迅速、准确反应的证券价格也必然是随机的。

（三）任何交易（投资）策略都无法取得超额利润

如果市场是有效的，那么任何交易或投资策略都无法取得超额利润，其预期收益率无法超过恰当的基准（Benchmark）。

检验市场效率的一种方法是检验某种特定的交易或投资策略在过去是否赚取了超额利润。例如，如果你认为股价对新信息（如公司盈利报告）的反应很慢，那么你的投资策略总是买进每股净利润增长最多的前 10 家公司的股票。为了检验你的投资策略是否成功，你可以运用过去的数据来检验一下这种投资策略的结果。在效率市场中，你的投资策略是不可能成功的。

在检验各种投资策略时，首先得选定某个资产定价模型来确定基准收益率。如果选择资本资产定价模型（CAPM），那么，基准利率就可以等于无风险利率加上该投资的 β 系数乘以风险溢价，如果选择了套利定价模型（APT），那么，基准收益率就等于无风险利率加上该投资的要素 β 系数与要素价格的乘积之和。由此可见，在检验各种投资策略时，实际上是在对以下两种假设进行联合检验：

（1）已选择了正确的基准来衡量超额利润。

（2）该市场相对于投资中所用的信息是有效的。

也就是说，实际上是在检验某个资产定价模型和效率市场是否同时正确。如果检验的结果是不存在超额利润，那么这个市场相对于该信息集而言是有效的。如果检验的结果表明存在超额利润，则可能是所选择的定价模型有问题，也可能这个市场是无效的。

在进行检验时，必须注意以下四个问题：

（1）必须确定你的投资策略是建立在你买卖证券时实际可获得的信息之上。在上面的例子中，你必须等到所有的公司都公布了财务报告后才找到哪 10 家公司的每股净利润增长最多。

（2）在计算超额收益时，还必须扣除发现和处理信息的成本、交易成本和相应的税收。

（3）如果投资策略在考虑了上述因素后还有超额利润的话，还得确定这种超额利润是由于运气，还是由于真的成功利用了市场定价的无效率。为此，必须检验这种超额利润在统计意义上的显著性。

（4）即使这种超额利润在统计上是显著的，还必须注意在衡量超额利润时有没有问题：所选的定价模型是否正确？是否正确地衡量了风险？所选的指数是否合适？

在充分考虑了上述因素后，如果你找到了的确可以产生超额利润的交易或投资策略，那么就找到了市场无效的证据。

（四）投资者的投资业绩与个人投资者应该是无差异的

如果市场是无效的，那么获得充分信息的投资者就可以利用市场定价的失误构造能给他带来超额利润的投资组合。相反，如果市场是有效的，那么由于市场价格已经充分反映了所有信息，因此获得充分信息的投资者与一般投资者一样，都只能获得正常的收益率。

因此，可以通过衡量专业投资者与一般投资者的投资表现来检验市场的效率。因为专业投资者是最有可能获得全部信息的，他们在证券分析、资产定价、风险管理等领域训练有素，而且每天都在进行着信息的收集和分析，并可以在本公司内部进行相互的交流。可以说，他们在收集信息和分析信息方面都具有明显的优势。

同样，这里的检验也是联合检验。首先必须选择适当的基准，也就是说，必须先选定某个资产定价模型。假定选择了资本资产定价模型（CAPM），才可以将专业投资者和一般投资者表现与估计的证券市场线进行比较，从而检验市场效率。

第五节　现代金融市场理论的发展

20 世纪 50 年代是金融理论市场发展的一个重要分水岭。在此之前存在的金融市场理论体系被称为古典经济学中的金融市场理论；之后发展起来的叫做现代金融市场理论。现代金融市场理论起始于 20 世纪 50 年代初马克维茨（Markowitz）提出的投资组合理论。

古典金融理论在凯恩斯主义出现之前，一直是以"货币与实物经济相分离"的"两分法"为手段，从实物经济的层面出发对经济问题进行探讨，并取得了很大成就。1936 年凯恩斯的《就业、利息与货币通论》一书问世，对于古典金融市场理论的发展具有跨时代的意义。凯恩斯将货币视为一种资产，把货币资产融入实物经济中，改变了货币与实物经济相分离的状态，创立了以货币经济为特征的宏观经济学。

20 世纪 50 年代，由于直接融资的迅速发展，金融市场上金融工具不断创新；同时，金融理论方面出现了大量以金融市场为研究对象的微观金融理论。较为著名的理论包括风险—收益理论、有效市场理论、资本结构理论和期权理论，这四大理论构建了现在金融市场理论体系的基础，并推动了金融市场理论研究由定向描述向定量分析的方向发展。

一、风险—收益理论

在金融市场中，几乎所有的金融资产都是风险资产。理性的投资者追求同等风险水平下收益最大化，或是同等收益水平下的风险最小化。

美国经济学家马克维茨（Markowitz，1952）于 1952 年发表了一篇题为"资产组合选择"的论文，以后他又将该内容扩充为一本名为"资产组合选择：有效的分散化"（Markowitz，1959）的书。利用概率论和数理统计的有关理论，马克维茨发展了一个在不确定条件下选择资产组合的模型框架——均值—方差分析框架，这个框架进一步演变成为研究金融经济学的基础。在马克维茨的模型中，证券收益率是个随机变量，证券的价值和风险可以用这个随机变量的数学期望和方差来度量；并且根据一般的心理分析，他假定经济理性的个人都具有厌恶风险的倾向，即在他的模型中投资者在预期收益固定时追求最小方差的投资组合。虽然模型排除了对风险爱好者的分析，但是，毫无疑问，现实中绝大多数人属于风险厌恶型，因而他的分析具有一般性。在一系列理论假设的基础上，马克维茨对证券市场分析的结论是：证券市场上存在着市场有效投资组合。所谓"有效市场投资组合"就是预期收益固定时方差（风险）最小的证券组合，或是方差（风险）固定的情况下预期收益最大的证券组合。这一理论为衡量证券的收益和风险提供了基本思路，为金融实务努力寻找这种组合提供了理论依据。

到了20世纪60年代，马克维茨的思想被人们广泛接受，金融界的从业人员也开始应用这些理论及其发展进行资产组合选择和套期保值决策，并用定量化的工程思想指导业务活动。同时，他的理论得到进一步发展。夏普（W. Sharp）在马克维茨对有价证券收益与风险的数学化处理的基础上，引入了无风险证券，利用数学规划的方法分析了存在无风险证券条件下理性投资者的决策问题，并提出马克维茨模型的简化方法——单指数模型。同时，他与莫辛（Jan Mossin）和林特勒（John Lintner）一起提出了资本资产定价模型（CAPM）。这一理论的意义在于，首先，它建立了证券收益与风险的关系，揭示了证券风险报酬的内部结构，即风险报酬是影响证券收益的各相关因素的风险贴水的线性组合；其次，它建立了单个证券的收益与市场资产组合收益之间的数量关系，并用一个系数来反映这种相关程度的大小；最后，它把证券的风险分成了系统风险和非系统风险。对风险的分类是夏普理论的主要贡献，与风险分类相关的两个著名的系数——α系数和β系数已经成为华尔街投资者的常识。

由于CAPM的应用与研究存在很大局限性，罗斯（Ross，1976）于1976年提出了套利定价模型（APT）。该模型的核心是假设不存在套利机会，即在完善的金融市场上，所以金融产品的价格应该使得在这个市场体系中不存在可以让投资者获得无风险超额利润的机会。如若不然，对套利机会的追求将推动那些失衡的金融产品的价格恢复到无套利机会的状态。该理论假设，证券收益是由一个线性的多因素模型生成的；所以证券的风险残差，对每一种证券是独立的，因此大数定律是可适用的。可以说，APT在更广泛的意义上建立了证券收益与宏观经济中其他因素的联系。

CAPM和APT标志着现代金融市场理论走向成熟。在此之前，对于金融产品的价格，特别是瞬息万变的有价证券的价格，人们一直感到一种神秘的色彩。人们认为这些价格是难以捉摸的。CAPM和APT给出了包括股票在内的基本金融工具的理论定价公式，他们既有理论依据又便于计算，从而得到了人们的广泛认同。根据这两个模型计算出来的理论价格也成为金融实务中的重要参考。

二、有效市场假定

有效市场假说是金融市场理论的一个重要部分，它主要研究信息对证券价格的影响。效率市场假说认为，证券价格已经充分反映了所有相关的信息，资本市场相对于这个信息集是有效的，任何人根据这个信息集进行交易都无法获得经济利润。根据罗伯特对于信息大小的分类，有效市场假说又可以进一步分为三种：①弱式有效市场假说。②半强式有效市场假说。③强式有效市场假说。

目前对有效市场理论的一大挑战来自一些无法解释的市场灵异现象，即表明市场无效。异象现象可以存在于有效市场的任何形式之中，但更多的时候它们出现在半强势市场之中。市场异常可以分为日历异常、事件异常、公司异常以及会计异常等。

（一）日历异常

日历异常是一类与时间因素有关的异象现象。例如，周末异常，是指证券价格在星期五趋于上升，在星期一趋于下降；假日异常，是指在某假日前的最后一个交易日有非正常收益等。

（二）事件异常

事件异常是与特定事件有关的异常现象。例如，分析家推荐，是指推荐购买某种股票的分析家越多，这种股票价格越有可能下跌；入选成分股，是指股票入选成分股，引起股票价格上涨等。

（三）公司异常

公司异常是指公司本身或投资者对公司的认同程度引起的异常现象。如小公司效应，是指小公司的收益通常大于大公司的收益；被忽略的股票，是指没有被分析家看好的股票往往产生高收益。

（四）会计异常

会计异常是指会计信息公布以后发生的股价变动的异常现象。例如，盈余以外效应：实际盈余大于预期盈余的股票在宣布盈余后价格仍会上涨；市净率低的公司的收益通常低于高市净率公司的收益；市盈率效应：市盈率较低的股票往往有较高的收益。

三、资本结构理论

1958 年，米勒与莫迪格莱尼一起，在《美国经济评论》上发表题为"资本成本、公司财务与投资理论"的论文。该理论开创了从交易成本角度来研究资本结构的先河，并且应用套利理论证明了公司市场价值与资本结构无关，即著名的 MM 定理。MM 理论是现代公司资本结构理论的基石，是构成现代金融市场理论的重要支柱之一。

MM 理论讨论了在完美市场上，在没有税收、交易成本和代理成本等情况下，资本结构和资本成本之间关系的新见解。该理论假设，股票持有者可以像公司一样进入同等的资本市场，因此，公司保证股东利益的最佳办法就是最大限度地增加公司财富。他认为，通过资本市场所确立的公司资本结构与分配政策之间的关系，同公司资产的市场价值与资本之间的关系，是一个事物的两方面。因此，在完全竞争（不考虑税收）条件下，公司的资本成本及市场价值与公司的债务比率及分配率是独立的。也就是说，一定量的投资，无论是选择证券融资还是借款，对企业资产的市场价值并无影响；企业的分配政策对企业股票的价值也不起作用。

但是现实中并不存在完美的金融市场，并且存在税收。1963 年，米勒与莫迪格莱尼把税收纳入其分析框架中。债券持有者收到的利息免缴所得税，而对股息支付和留存盈余则要缴所得税。由此企业利用债券融资可以获得避税收益，并能够通过改变融资结构而改变企业的市场价值。

四、期权理论

期权理论最早是在 1973 年由布莱克（F. Black）和斯科尔斯（M. Scholes）提出的。期权理论是指采用无套利分析方法，构造一种包含期权和标的股票的无风险证券组合，在无套利机会的条件下，该证券组合的收益必定为无风险利率，这样就得到了期权价格必须满足的偏微分方程。可以建立无风险证券组合的原因是标的资产价格和期权价格都受同一种不确定性的影响：基础资产价格的波动。在任意一个时间内，看涨期权的价格与标的股票价格成正相关，看跌期权价格与标的股票价格负相关。如果按适当比例建立一个标的股票和期权的证券组合，股票头寸的盈利总能与衍生产品的亏损相抵，该组合就是无风险的。

布莱克和斯科尔斯期权定价公式的推出是现代金融市场理论的重大突破。莫顿打破了公式中无风险利率和资产价格波动率为恒定的假设，将该模型扩展到无风险利率满足随机变动条件的情况。他们的工作为期权等衍生产品交易提供了客观的定价依据，促进了金融衍生工具的极大发展。

到了 20 世纪 80 年代，达菲（D. Duffie）等人在不完全资本市场一般均衡理论方面的经济学研究为金融工程的发展提供了重要的理论支持，将现代金融工程的意义从微观的角度推到了宏观的角度。金融市场活动的工程化趋势不仅为金融业本身带来益处，而且为整个社会创造了效益。他们证明了金融工程不只是有价值转移的功能，金融工程的应用还可以通过增加市场的完全性和提高市场效率而创造实际的价值。

五、行为金融理论

（一）行为金融理论的起源及发展

现代金融市场理论有三个关键性的假设：理性经济人、有效市场和随机游走。其中理性经济人假设是后两个假设的基础。所谓理性经济人，即每个投资者都是完全理性的，都有很好的认识水平，能够准确预测未来。于是金融学者们只考虑理性投资者追求预期效用最大化，很少考虑受行为因素和心理因素影响的个人决策问题。实际上，大量事实证明，投资者个人的行为方式及心理因素对金融活动具有极大的影响。例如，投资者的目的是理性的行为，但投资者的个人情绪可能会干扰他们自己进行理性思维和理性行为，也自然会妨碍理性决策，致使最终决策偏离最优决策。

（二）行为金融学的定义

希弗林在他的《超越恐惧和贪婪——行为金融学与投资心理诠释》一书中提出，行为金融学是关于心理因素如何影响金融行为的研究，是心理学在金融行为中的应用。它是一种研究金融市场的新方法，部分解决了传统金融理论所不能解释的一些问题，例如，运用不具有完全理性的代理人模型可以更好地解释一些金融现象。广义地看，行为金融学是行为理论与金融分析相结合而形成的研究方法与知识体系，是金融学和心理学相结合而产生的交叉学科。

（三）行为金融学与心理学

从研究方法来看，心理学和金融学都采用实证研究的方法，但却有所不同。传统金融学主要是对金融现象、金融数据的自然观察和统计分析，而心理学的实证方法在检查理论和假设的时候不仅采用自然观察的方法而且还通过实验室实验进行观察和检查。行为金融学将二者结合起来，借鉴了心理学的实验室方法，对金融决策、金融市场及金融行为进行实验，深化了对金融问题的认识，拓宽了金融市场学研究的边界。

从研究内容来看，金融学研究金融决策、金融市场及金融行为，而心理学研究人的行为特征，二者的研究内容完全不同。但行为金融学却将二者巧妙地结合起来，在对传统金融理论假设进行修正的过程中，将"常人"而非理性人的行为分析融入传统金融理论之中，提高了金融学对金融现象的解释力和预测力。

（四）行为金融学与金融学

行为金融学是在经济学、金融学和心理学知识积累的基础上产生和发展起来的。行为金融学可以看作金融学的分支。行为金融学产生之前的金融学可以被称为理性金融学。但行为金融学产生之后，金融经济学家在理性金融学和行为金融学之间产生了激烈的争论。理性金融学偏向定价行为的理想化，其研究者批判行为金融学是缺乏精密数学模型的假设，不能对金融市场行为进行有意义的预测，但理性金融学本身似乎也提不出完全成功的方法。行为金融学的研究者指责金融学的模型过于复杂，不能分辨可测量的经济变量，提倡考虑心理偏见，通过分解理性选择模型中的信息、效用和交易成本来度量"理想化"行为的效果。

实际上，理性金融学方法和行为金融学方法并不是完全针对的，而是常常交缠在一起的。其各自的倡导者也不得不承认，行为金融学和经济学、金融学之间存在着错综复杂的关系，而且从某种程度上来说，行为金融学和新古典经济学及传统金融理论正在逐步融合。

本章小结

1. 金融市场的风险是指金融变量的各种可能值偏离其期望值的可能性及幅度。金融变量的可能值可能低于也可能高于期望值，因此风险绝不等同于亏损。风险既包含对市场主体不利的一面，也包含有利的一面。

2. 证券组合的风险不仅取决于单个证券的风险和投资比重，还取决于这些证券收益之间的协方差或相关系数，并且协方差或相关系数起着特别重要的作用。

现代投资组合理论对投资者关于收益和风险的态度给出了两个基本的假设：一个是不满足性；另一个就是厌恶风险。

3. 对于一个理性的投资者而言，它们都是厌恶风险而偏好收益的。对于相同的风险水平，他们会选择能提供最大预期收益的组合；对于相同的预期收益率，他们会选择风险最小的组合。能同时满足这两个条件的投资组合的集合就是有效集。

4. 有效市场假说是在把计量分析运用于股票收益统计的基础上形成和发展起来

的，这里的计量分析是线性范式的分析。有效市场假说以"理性投资者"为假设前提，认为理性投资者是以理性预期为基础进行投资决策的。有效率市场假说的理论意义就在于它把竞争均衡理论运用到了资本市场的分析中，从而为资本资产的定价确定了理论基础。

5. 预期收益率描述了以概率为权数的平均收益率。实际发生的收益率与预期率的偏差越大，投资于该证券的风险也就越大，对于证券的风险，通常用统计学中的方差或标准差来表示。而证券组合的风险不仅取决于单个证券的风险和投资权重，还取决于证券之间的相关系数和协方差。

6. 投资组合考虑的主要是投资组合中各资产收益率之间的协方差的大小。

7. 通过对具有较小（甚至为负）的相关系数的资产进行组合能够在降低组合风险的同时维持组合的期望收益率不变。各个证券之间的收益率变化的相关性越弱，分散投资降低风险的效果就越明显。

8. 资产定价理论按照其逻辑分析基础可以分为演绎型和归纳型两大类。演绎型资产定价理论是基于演绎逻辑所发展起来的模型，而归纳型资产定价理论是基于归纳逻辑发展起来的模型。

9. 风险—收益理论、有效市场理论、资本结构理论和期权理论，这四大理论构建了现在金融市场理论体系的基础，并推动了金融市场理论研究由定向描述向定量分析的方向发展。

关键词：

有效市场（Effective Market）　　　　　风险（Risk）
最优投资组合（Optimum Invest Portfolio）　资本资产定价模型（CAPM）
套利定价理论（APT）　　　　　　　　行为金融学（Behavioral Finance）

思考题：

1. 按照来源，金融风险可以分为哪几类？

2. 根据有效市场信息集的分类，可以将有效市场分为哪几类？各自有什么特点？

3. 假设股票市场的预期收益率和标准差分别为18％和16％，而黄金的预期收益率和标准差分别为8％和22％。

（1）如果投资者都偏好高收益、低风险，那么黄金是否有人愿意投资？如果有人愿意，请用图形说明理由。

（2）假设黄金和股票市场的相关系数等于1，那么是否还有人愿意持有黄金？如果上述假定的数字都是现实数据，那么此时市场是否均衡？

4. 你正考虑是否投资A公司，你估计的该公司股票收益率的概率分布如表9—4所示。

表9—4　A公司股票收益率的概率分布

状态	收益率（％）	概率
1	−10	0.10
2	0	0.25
3	10	0.40
4	20	0.20
5	30	0.05

基于你的估计，计算该股票的期望收益率和标准差。

5. 你估计的证券A和B的投资收益率与联合概率分布如表9—5所示。

表9—5　证券A和证券B的投资收益率和联合概率分布

状态（％）	证券B（％）	概率
−10	15	0.15
5	10	0.20
10	5	0.30
20	0	0.35

基于你的估计，计算两种投资的协方差和相关系数。

6. 考虑两种证券A和B，其标准差分别为30％和40％，如果两种证券的相关系数如下，计算等权重组合的标准差。

(1) 0.9。

(2) 0.0。

(3) −0.9。

7. 你的投资组合由一个风险投资组合（12％的期望收益率和25％的标准差）以及一个无风险资产（7％的收益率）组成。如果你的投资组合的标准差为20％，那么它的期望收益率为多少？

8. 某风险组合的预期收益率为20％，标准差为25％，而无风险利率为7％。请问该风险组合的单位风险报酬（夏普比率）是多少？

9. "假设所有证券的预期收益率和标准差以及无风险接管利率和贷款利率都已知，那么所有投资者的最有风险组合都相同。"请判断此陈述是否正确，并解释原因。

10. 假设某投资者的效用函数为：$U＝R－(1/2) A\delta^2$。国库券的收益率为6％，而某一资产组合的预期收益率和标准差分别为14％和20％。要使该投资者更偏好风险资产组合，其风险厌恶程度不能低于多少？

11. 某风险组合年末的价值要么为 50000 元，要么为 150000 元，其概率都为 50%，而无风险年利率为 5%。

（1）如果你要求获得 7% 的风险溢价，那么你愿意支付多少金额购买这个风险组合？

（2）如果你要求获得 10% 的风险溢价，那么你愿意支付多少金额购买这个风险组合？

第十章 金融市场监管

监管包括监督和管理两个部分，金融市场监管包括金融市场管理和金融市场监督两方面内容。金融市场管理一般指国家根据有关金融市场的政策法规，规范金融市场的交易行为，以达到引导金融市场健康有序运行、稳定发展的目的；金融市场监督则是指对金融市场进行全面监测、分析，发现问题并及时纠正，使市场运行恪守国家法规，从而达到市场的良性发展。之所以要进行监管，是因为市场失灵。金融市场失灵可能酿成金融和经济危机，对国民经济产生严重的破坏，不论是美国 20 世纪 30 年代的股市大崩盘，20 世纪 90 年代以来的拉美金融危机、东南亚金融风暴，还是 21 世纪初的美国的次贷危机，都对相关国家甚至世界经济产生了极大的消极影响。因此，金融监管主体必须采取有效的监管措施，以提高金融市场的效率、增强金融系统的稳定性、保护市场参与者的合法利益，为经济发展创造良好的金融环境。

通过本章的学习，希望读者理解金融市场监管的必要性和监管的基本原则，同时了解国内外金融市场监管的基本模式及未来金融市场监管理论与实践的发展方向。

第一节 金融市场监管的理论依据及意义

一、金融市场失灵与监管

完全竞争的市场经济在一系列理想化假定条件下，可以导致整个经济达到一般均衡，导致资源配置的帕累托最优状态，也就是说，不可能有另外一种既能够提高某些消费者的福利而又不影响其他消费者福利的更好的均衡来取代目前这种均衡。但是它的假设条件：全部产品都是私人产品，消费者能够完全掌握全部产品的信息；生产者的生产函数中剔除了生产规模和技术变化带来的收益增加；在给定的预算约束之下，消费者尽可能地使自己的效用最大化；在给定的生产函数之下，生产者尽可能地使自己的利润最大化；除了价格之外，经济主体之间的其他因素如外部性等都被剔除在外，所有的经济主体都是只对价格做出反应，价格决定一切等在现实经济中很难完全满足，因此存在市场失灵现象，对于金融市场而言也是如此。金融市场中的信息不对称、公共品问题、有限理性及垄断，都会导致市场失灵，需要监管。市场失灵的现象往往发生在资本密集型、信息密集型、高风险型和属于公共产品或准公共产品的行业，金融业中的商业银行业、保险业、证券业正是属于这类行业。

（一）垄断与监管

市场价格机制的扭曲可能带来的产品价格超过产品的边际成本问题，这是市场失灵的表现之一。垄断是造成市场价格扭曲的原因之一，特别是自然垄断的存在是市场价格扭曲的主要原因。

垄断分为自然垄断和非自然垄断两种情况。在满足社会理想的生产水平时，如果市场上只能存在一个供应商时该产业的生产成本才能达到最低，那么这个产业所在的市场就是属于一种"自然垄断"的市场。什么样的产业容易形成"自然垄断"呢？经济学的研究表明：当产业成本中有很大一部分是固定成本时，该产业就容易产生自然垄断，如公共事业、通信业、航空业等。在这种情况下，固定成本很大程度上相当于边际成本，因此产出越大，平均成本就越低。自然垄断使得经济的产出效率实现了最大化，但却严重损害了经济的分配效率，导致分配效率和产出效率之间的根本性冲突以及严重的价格扭曲。因为如果只有1个供应商生产时效率最高，那么该供应商为追求利润最大化，必然将产品价格置于边际成本之上，分配效率就会丧失。为了取得分配效率，市场就需要有许多的供应商，以便使他们在竞争的压力下使其供应价格等于其生产的预期边际成本，但是在这种情况下产出效率就会下降。因此，为了协调产出效率和分配效率之间的矛盾，自然垄断式的市场就需要政府的干预，或者说需要政府的监管。非自然垄断是指不是属于自然垄断的产业或市场，由于各种不同的原因和出于各种不同的目的，最终形成了不同形式的市场垄断。非自然垄断的情况比较复杂，可以分为各种不同的具体情形，但总的情况与自然垄断相似。一方面，生产的集中有利于生产成本的降低和产出效率的提高；另一方面，生产的集中又容易使得厂商形成操纵价格和产量的市场力量，引起价格扭曲，从而损害经济的分配效率。

金融业属于资本密集、知识密集型行业，容易形成垄断。这种垄断很有可能导致证券产品和证券服务的消费者付出额外的代价。因此，政府从金融产品的定价和金融业的利润水平方面对金融业实施监管应该是有理由的。

（二）信息不对称与监管

信息不对称会导致两种情况。第一种情况是信息在产品生产者和消费者之间、在合同的双方或者多方之间分配的不对称性。产品的生产者或者供货方对产品的价格、产量和质量方面信息的掌握程度要多于购买者，买卖双方之间的信息不对称，会导致产品价值和价格的不符，尤其是当所销售的产品特别依赖于信息时，或者产品本身就是一种信息含量很大的产品时，那么产品的价值与价格之间的这种不符合性就会增大。这样，在同一价格之下销售价值较高产品的销售者将会退出市场以逃避损失，而一些含价值比较低产品的销售者会利用这种机会占据市场，结果是出现"劣币驱逐良币"的逆向选择问题，从而最终导致市场崩溃。信息不对称性的另一种情况是一方试图以另一方的信息减少为代价来取胜，因此发生遏制对方信息来源的道德风险。信息不对称性存在的事实要求揭示更多有关产品和劳务的信息，使消费者能把高质量产品和低质量产品区别出来。由于信息不对称所导致的逆向选择与道德风险问题，引发了市场失灵。

金融产品与一般的商品不同，金融产品具有价值上的预期性，其价格会随主观预期的变化而变化。金融产品的这种主观预期性，使其交换价值主要取决于交易双方对相关信息的掌握程度以及在此基础上所作出的判断。金融产品的这一特性使金融市场的交易双方之间极有可能出现严重的信息不对称，从而影响金融市场的公平与效率。在金融市场上，拥有信息的一方往往可能利用这一优势采取不正当的手段谋取私利，从而给参与交易的另一方造成损失，如上市公司发布虚假信息，借款人隐瞒真实的资信情况等。金融市场上的信息不对称加快了单个金融机构风险的积累。由于金融体系内的各个金融机构之间是以信用链互相依存的，如果一家金融机构发生困难或破产，就会影响到同破产机构有业务联系的其他金融机构。信息的不对称使投资者不能像其他产业那样根据公开信息来判断某个金融机构的清偿能力，投资者便会将金融机构的困难视为其他所有有着类似业务的金融机构也发生困难的信号，从而加快了金融机构风险的扩散。

由于金融产品的发行者是该产品的主要信息源，因此，金融产品发行者的信息披露制度成为各国金融市场监管的核心，世界上任何一个国家的金融法规都要求金融产品的发行者承担持续性信息披露义务。

（三）外部性与监管

外部性或外部经济效应是指当某个独立的个体的生产和消费行为对其他人产生附带的成本或效益而不能获得补偿或者为之支付成本的经济行为。即某些人获得了利益却没有承担相应的成本，而另一些人分担了成本却没有能够享有应得的利益。外部经济效应的极端情形是所谓的"公共产品"（Public Goods）和"准公共产品"（Quasi Public Goods），即某些产品的效用（正的或负的）是由全部经济个体或者某一部分经济个体所享用，因而其成本也是由全部经济个体或者某一部分经济个体所承担。例如，国防、治安、自然环境保护、稳定的金融环境和投资环境等。外部经济效应的存在会带来两个直接后果：一是产品成本失真；二是效用失真。产品成本和效用的不真实必然会导致产品价格与边际成本不符的情况，从而造成市场价格扭曲。因此，当存在外部经济效应时，仅靠自由竞争就不能保证资源的有效配置，不能保证正常的经济效率。在出现外部经济效应时，如果社会具备产权明晰的条件，那么供应商可能会走到一起协商解决经济外部性的问题。但是，如果协商的成本太高，那么就会导致协商不成功。在存在外部经济效应的情况下，另外一种解决办法就是通过政府监管来消除外部性所带来的成本效用分摊不公以及由此造成的价格扭曲和经济效率降低问题。

虽然个别金融产品或者证券产品的消费效用为购买该金融产品或者证券产品的个别消费者所享用，是一种私人产品。但是，金融业的服务系统是一个公共产品，如股市行情信息具有共享性，获取信息而产生的个别成本与社会成本、个别收益与社会收益不对等，产生了所谓的外部经济效应。例如，在证券市场上，个别股票的投资回报率只会影响到购买该股票的投资者的效用，但是，通过计算有关成分股而得到的股票价格指数却会影响到整个股市的走势，从而影响到全体股市参与者的利益，可见，股票价格指数带有强烈的公共产品的特性。因此，对这种带有公共产品特性的金融产品实施必要的政府监管是完全符合经济学原理的。

（四）金融市场主体行为的有限理性与监管

完全理性是经济主体应该有的行为理念，但是由于现实经济中各种因素的影响以及人类本身的缺陷，却很难做到，因此有限理性是经济主体的一般行为特征。有限理性的行为下会导致市场失灵，特别在金融市场中的参与主体中更为明显。

大部分金融市场主体的行为与羊群中羊的表现极为类似，一般来说，羊群中的羊很少对前进中的方向加以思索，跟着头羊或羊群前进就是它唯一的"决策"。因为许多投资者及金融机构无力对金融市场的形势做出准确的判断或对所有潜在借款人的自信进行评估，也不能保证自己的金融创新就一定有利可图，所以他们只能从众或依赖他人。从众行为是使金融体系遭受系统风险的一个重要因素。

金融市场主体的另一个突出的弱点是对信息的忽视与误用。在投资高潮期，人们对经济前景非常乐观，投资者倾向于从事风险投资，对自己涉足领域的信息越来越不重视，任何理智的行动都反而成了谨小慎微的表现。而当经济欣欣向荣的景象受到某些因素的扰动，并有大量金融资产变成不良资产后，市场的脆弱性就会变得越来越明显，任何信号都可能被当成"噪音"，受到质疑。尤其是在金融危机阶段，由于市场秩序混乱，人们更加无法辨别所获信息的真伪，对于大多数人来说，最好的办法就是减少投资或不投资，等待局势明朗化以及某种可以加以仿效的行为方式出现，即等待新的"头羊"出现；在危机过后，投资者虽然可能掌握了大量关于经济长期发展趋势的信息，但他们依然难以把握经济远期变动的信息，不能作出正确的决策；当经济逐渐活跃，危机情景逐渐从人们视觉中消退后，投资者又开始从事不谨慎投资，那些在短期内获得较高回报的投资项目又受到人们的青睐，谨慎的投资行为被人们所抛弃，直到下一次危机来临。

认识的非一致性是指行为主体在心理上对同一事件持有不一致的认识时所产生的一种矛盾状态。人的理性是有限的，但他又总在证明自己是理性的，作为一个理性化的主体，他不能同时接受两种不一致的认识，为了减少这种认识的不一致，他可能认为某一种情况是误传，或认为目前的情况是暂时的。如果情况继续向与自己认知的反方向发展，认知主体又会动摇自己最初的认知，而盲目转到对立情势上。而且，一般而言，市场行为主体一旦作出了某种决策，建立了某种信念，即使遇到挫折或事实证明他们错了，他们仍会勇往直前。在这种意义上，认知的非一致性可能会加剧市场主体行为的非理性程度。

金融市场能够保持稳健运行的一个前提条件就是投资者有相对稳定的预期，这样才能使金融市场的交易正常进行。如果出现了突发事件，改变了投资者对市场的良好预期，那么，对每一个投资者而言其理性的选择就是尽快出售手中的证券，然而这样的最终结局往往是导致市场行情的急剧下滑，使更多的投资者同时受损。

二、金融脆弱性理论与监管

金融脆弱性也称"金融内在脆弱性"，简称"金融脆弱"。狭义上的金融脆弱性是指高负债经营的行业特点决定了金融业具有容易失败的特点。广义上的金融脆弱性是指一切金融领域，包括金融机构融资和金融市场中的风险积累。现在更多的是从广义的角度来理解金融脆弱性的。由于金融本身的脆弱性，即金融体系本身具有的不稳定性的特征，容易引发金融危机，从而需要监管。这种脆弱性表现在：

（1）银行的脆弱性。当储蓄者对商业银行失去信心时，就会出现对商业银行的挤兑，导致其流动性严重不足，甚至破产。商业银行面对挤兑所显示出的脆弱性，深藏于其业务的特征之中。作为一个中介机构，商业银行的功能，就是通过吸收资金和发放贷款，把对零散储户的流动性转化为对借款人的非流动性债券，这就导致了商业银行的资产负债的期限不匹配。如果存款基础是稳定的并且借款人能够按时归还贷款，商业银行便可以在保持足够的流动性的基础上应付日常提款，那么商业银行是稳定的。但是现实中，总有借款人不能按时归还贷款或者不归还贷款，总会出现某一段时间取款人特别集中等现象，这都会导致金融机构的清偿能力降低，从而可能产生挤兑风潮，出现破产或者倒闭的危险。

（2）金融市场的脆弱性。金融市场的脆弱性是指一个意外事件的冲击导致人们信心丧失时，极易引发金融危机，尤其是股票价格的急剧下跌，会严重扰乱金融和经济体系的秩序。历史上多次的金融危机甚至经济大萧条均与股市的崩溃密切相关。这是因为股市存在"花车效应"，即人们有追随成功者和别离失败者的倾向。当受某种乐观因素的影响，幼稚的投资人开始涌向价格的"花车"，使股价上升至完全无法用基础经济因素来解释的水平，并最终使市场预期发生逆转，股市崩盘。同时在股市上心理预期的影响作用很大。股票价格代表的是对一个未来收益的贴现值，任何影响收益预期或市场贴现率的事件都会引起股市的波动。如果投资者对股市预期乐观，则股市价格将持续上升，直到极度不合理后导致市场崩溃；如果投资者的预期是悲观的，则恐慌性抛售足以摧毁健康的股市。

三、金融市场监管的现实意义

金融市场监管的现实意义主要体现在以下四个方面：

（1）保护投资者权益。投资者是金融市场的支撑者，他们涉足金融市场是以获得某项收益和权益为前提的，而金融市场同时具有高风险的特点，为了保护投资者的合法权益，必须坚持"公开、公平、公正"的原则，加强对金融市场的监管，只有这样，才便于投资者充分了解金融产品发行人的资信、价格和风险状况，从而使投资者能够较正确地选择投资对象。

（2）维护金融市场正常秩序。金融市场存在着蓄意欺诈、信息披露不完全与不及时、操纵股价、内幕交易等弊端，为此，必须对金融市场活动进行监管，对非法金融市场交易活动进行严厉查处，以保护正当交易，维护金融市场的正常秩序。

（3）健全金融市场体系，促进金融市场功能发挥。通过金融市场的监管，完善与健全市场体系，促进其功能的发挥，有利于稳定金融市场，增强社会投资信心，促进资本合理流动，从而增进社会福利。

（4）及时提供信息，提高金融市场效率。及时、准确、可靠、全面的信息是金融市场参与者做出发行与交易的重要依据，因此，一个发达的高效率的金融市场必须是一个信息通畅的市场，它既要有现代化的信息通信设备系统，又必须有一个组织严密科学的信息网络机构，必须有一整套收集、分析、交换信息的制度、技术和相应的管理人员。这些只有通过国家的统一组织和管理才能实现。

第二节　金融市场监管的要素

监管就是由监管主体（监管者）为了实现监管目标而利用各种监管手段对监管对象（被监管者）所采取的一种有意识的和主动的干预和控制活动。监管有这样的含义：首先，监管应该是由某个或某几个主体进行的活动，而且是有意识进行的活动；其次，监管是一种有对象和内容的活动；再次，监管必须有手段和方法；最后，监管是具有预定目标的活动。所以监管主体（即监管者）、监管对象（即被监管者）与内容、监管目标及原则，监管手段构成了监管的四大要素。

一、金融监管的主体

从理论上讲，金融监管属于政府管制的范畴，是一种政府行为，应由政府实施。但从金融实践来看，虽然绝大多数的金融监管活动是以政府为主体进行的，但是，有些监管活动却是由非政府机构、金融行业组织甚至是某个企业来完成的。概括而言，监管由两类主体完成，第一类主体是有关政府机构，他们的权力由政府授予，负责制定金融市场监管方面的各种规章制度以及这些规章制度的实施。例如，各国的中央银行一般都负责制定和实施金融方面的各种法规，并负责对各种违规行为进行处罚。在具体实践中，既有由中央银行、财政部或某个独立的政府机构单独实施，更多的是由几个部门分别对不同的或同一金融机构实施监管。第二类主体是各种非官方性质的民间机构或私人，他们的权力来自其成员对机构决策的普遍认可，出现违规现象并不会造成法律后果，但可能会受到机构的纪律处罚。例如，自律性监管主体证券商协会对券商的自律监管，证券交易所对上市公司的监管等。一国的金融监管主体是历史和国情的产物，并不是固定不变的。

中国金融市场监督主体也有两类：一是政府机构，主要由有中国人民银行、中国证券监督管理委员会、中国银行业监督管理委员会等。二是自律监管机构，主要有中国证券业协会和上海、深圳两家证券交易所。

二、金融监管的对象与内容

正如人们把以经济领域和经济活动为对象的监管统称为经济监管，把以商业银行领域为对象的监管称为商业银行监管，把以证券领域为对象的监管称为证券监管，把以保险为对象的监管称为保险监管，把以投资基金为对象的监管称为投资基金监管等，我们把以金融领域为对象的监管称为金融监管。需要注意的是，对金融领域的监管并不是人类全部的金融活动和金融行为都属于金融监管的内容，只有金融市场失灵的部分才有可能成为金融监管的内容。

（一）金融市场监管的对象

1. 对金融市场主体的监管

即对金融市场交易者的监管。当前各国的金融市场普遍实行强制信息公开制度，要求证券发行人增加内部管理和财务状况的透明度，全面、真实、及时地披露可能影响投资者判断的有关资料，不得有任何隐瞒或重大遗漏，以便投资者对其投资风险和收益作出判断，同时也便于强化证券监管机构和社会公众对发行人的监督管理，有效地制止欺诈等违法、违规及不正当竞争行为。对于投资者的监管包括对投资者资格审查及其交易行为的监管，如对组织或个人以获取利益或者减少损失为目的，利用其资金、信息等优势，或者滥用职权，制造金融市场假象，诱导或者致使投资者不了解事实真相的情况下做出投资决定，扰乱金融市场秩序等操纵市场行为的监管；对知情者以获得利益或者减少经济损失为目的，利用地位、职务等便利，获取发行人未公开的、可以影响金融产品价格的重要信息，进行有价证券交易，或泄露该信息等内幕交易行为的监管等。

2. 对金融市场客体的监管

这是指对货币头寸、票据、股票、债券、外汇黄金等交易工具的发行与流通进行监管。如实施证券发行的审核制度，证券交易所和证券主管部门有关证券上市的规则，证券上市暂停和终止的规定；对金融工具价格波动进行监测，并采取有关制度如涨跌停板制度等避免金融市场过于频繁的大幅波动等。

3. 对金融市场媒体的监管

这是指对金融机构以及从事金融市场业务的律师事务所、会计师事务所以及资产评估机构、投资咨询机构、证券信用评级机构等的监管。主要是划分不同媒体之间的交易方式和交易范围，规范经营行为，使之在特定的领域充分发挥作用。金融市场媒体一方面具有满足市场多种需求，分散和减弱风险的功能；另一方面由于其所具有的信息优势和在交易中的特殊地位，有可能在金融市场上实行垄断经营或为追逐私利扰乱金融秩序，因此有必要对其进行监管。

（二）金融监管的内容

1. 市场准入监管

世界各国的金融监管都是从市场准入开始的，把好市场准入这一关，可以把一些不符合要求的、有可能对金融体系造成危害的机构拒之门外。市场准入是金融机构获得许可证的过程。市场准入监管的最直接表现是金融机构的开业登记、审批的管制。在金融机构的设立方面，主要考虑三个方面：资本金要求（这是金融机构抵御风险能力的重要标志）、管理人员素质以及最低限度的认缴资本数额。如商业银行必须要遵守最低资本充足率的要求，根据《巴塞尔协议》的规定，银行的资本充足率，即银行资本同加权风险资产的比率必须达到 8% 等。

2. 业务运营监管

业务运营监管是对金融机构各种经营活动的监管。实践证明，金融风险大多发生在金融机构的经营活动中。由于金融机构的经营活动众多，在对其进行监管时，要根据具体的经营状况和特点有针对性地实施。在监管内容上，要体现保证金融机构经营安全性、流动性、盈利性三方面。目前，我国对金融机构业务运营监管的内容主要包括：资本的充足性，资产质量的可靠性、流动性及盈利性，业务经营的合法性，内部管理水平和内控制度的健全性。此外，金融监管当局还要对金融机构的运作过程进行有效监管。

3. 市场退出监管

由于金融业的重要性以及各金融机构之间影响的连锁性和敏感性，金融机构不能擅自退出。金融机构一旦退出市场，一般是由于其不能偿还到期债务或是发生了法律法规和公司章程规定的必须退出事由，从而不能继续经营，必须接受救助或破产清算。监管当局的市场退出监管就是指针对金融机构退出金融业、破产倒闭或合并、变更等的管理。

金融机构的退出可分为主动退出和被动退出。主动退出是金融机构因分立、合并或出现公司章程规定的事由需要解散，因此退出市场；被动退出则是金融机构由法院宣布破产、严重违规、资不抵债等原因遭到监管当局的依法关闭。

三、金融监管的目标及原则

监管目标是与监管对象同样重要的一个问题。监管目标在很大程度上取决于监管的原因，人们之所以要对人类活动的某些领域和某些行为进行干预、施加某些限制，是因为如果不对这些行为或活动领域进行必要的限制和干预的话，这些行为和活动自身的发展可能会偏离人类为这些活动和行为所预定的目标，从而带来人们所不愿意看到的结果。监管的目标就是要消除或者部分消除人类的某些活动或者行为所带来的目标上的偏差，从而避免出现人们不愿意看到的结果。金融监管目标就是尽可能地消除或避免金融市场失灵所带来的资金配置不经济、收入分配不公平和金融和经济不稳定的后果，以确保市场机制能够在金融领域更好地发挥其应有的作用。具体地说，金融监管的目标应该体现在以下四个方面：①促进全社会金融资源的配置与政府的政策目标相一致，从而得以提高整个社会金融资源的配置效率。②消除因金融市场和金融产品本身的原因而给某些市场参与者带来的金融信息的收集和处理能力上的不对称性，以避免因这种信息的不对称性而造成的交易的不公平性。③克服或者消除超出个别金融机构承受能力的、涉及整个经济或者金融的系统性风险。④促进整个金融业的公平竞争。

为实现金融市场监管的目标，应当坚持以下五个原则：依法管理原则、"三公"原则、自愿原则、政府监督与自律相结合原则以及系统风险控制原则。

1. 依法管理原则

依法管理原则是指金融监管必须依据现行的金融法规，保持监管的权威性、严肃性、一贯性和强制性。一切金融活动和金融行为都必须合法进行，一切金融监管都必须依法实施，不能有任何例外。

2. "三公"原则，即公开、公平、公正原则

公开是实现公平、公正的前提，公平是实现公开、公正的基础，公正是实现公开、公平的保障。

公开原则是指信息公开原则，其核心是要求市场信息公开化，市场具有充分的透明性。信息公开原则要求信心披露应及时、完整、真实、准确。根据公开原则，筹资者必须公开与证券及其价格有关的各种信息，包括首次发行时的"信息的初次披露"和证券发行后的"信息的持续披露"，供投资者参考。根据公开原则，监管者也应当公开有关管理程序、监管身份以及对金融市场的违规处罚，并努力营建一个投资信息系统，为投资者创造一个信息畅通的投资环境。总之，金融监管的实施过程和实施结果都必须向有关当事人公开，必须保证有关当事人对金融监管过程和金融监管结果方面信息的知情权。

公平原则要求参与市场的各方都具有平等的法律地位，金融市场的参与者拥有均等的交易机会，具有接触获取信息的平等机会，遵循相同的交易规则，各自合法权益都能得到公平的保障。监管机构有责任营造公平的市场氛围，禁止直接经手人员及有关人士利用职务之便从幕后交易中获利。金融监管的实施要考虑到金融市场全部参与者的利益，保证交易各方在交易过程中的平等地位，不得有任何偏袒。

公正原则要求监管部门在公开、公平原则的基础上，对一切被监管对象给予公正待遇，根据公正原则，金融立法机构应当制定体现公平精神的法律、法规和政策；金融市场监管部门应当根据法律授予的权限履行监管职责，要在法律的基础上，对一切金融市场参与者给予公正的待遇；对金融市场违法行为的处罚、对纠纷或争议事件的处理，都应当公正进行。金融监管部门在实施金融监管的过程中，必须站住公正的立场上，秉公办事，以保证金融活动的正常秩序，保护各方面的合法权益。

3. 自愿原则

即金融市场上一切金融活动必须遵循市场规则以及交易各方的需求进行，不允许以行政干预人为强行交易，保护交易各方根据自己的意愿和偏好自由成交。

4. 政府监督与自律相结合原则

即在加强政府证券主管机构对证券市场监管的同时，也要加强从业者的自我约束、自我教育和自我管理。

5. 系统风险控制原则

金融业属于高风险行业，其风险主要表现在两个方面：单个金融机构所特有的个别风险和所有金融机构都面临的系统风险。个别风险应当由金融机构自己承担，金融监管

主要是控制金融业的系统风险，这就要求金融监管者必须采取适当措施和方法，防范和减少金融体系风险的产生和积累，保证整个金融体系的稳定。

四、金融监管的手段

金融市场监管手段是监管主体得以行使其职责，实现其金融市场监管目标的工具。由于监管主体的层次等级不同，监管目标实现的难易程度不同，还有金融市场监管的效果和成本的差异、金融产品和金融市场的特殊性、各国金融市场的发展水平差异和具体的监管环境不同，在具体实践中各国金融监管手段会有所不同。但一般认为金融监管可以通过立法、行政、经济以及自律等手段就金融产品和金融服务的定价或利润水平、金融产品和金融服务的质量、金融产品和金融服务的交易过程以及从事金融产品生产和金融服务供应的企业的准入和退出等进行监督和调控。

（一）法律手段

法律手段是指运用经济立法和司法来管理金融市场，即通过法律规范来约束金融市场行为，以法律形式维护金融市场良好的运行程序。法律手段约束力强，是金融市场监管的基础手段。各国的法律对金融市场的各个方面均有详尽的规定，如各国的银行法、票据法、证券交易法等，能使市场各方以法律为准绳，规范自身行为。

涉及金融市场监管的法律、法规范围很广，大致可分为两类：一类是金融市场监管的直接法规，如在证券市场方面，除证券法、证券交易法等基本的法律外，还包括上市审查、会计准则、证券投资信托、证券保管和代理买卖、证券清算与交割、证券贴现、证券交易所管理、证券税收、证券管理机构、证券自律组织、外国人投资证券等方面的专门法规；另一类是涉及金融市场管理，与金融市场密切相关的其他法律，如公司法、破产法、财政法、反托拉斯法等。

（二）经济手段

经济手段是指政府以管理和调控金融市场为主要目的，采用利率政策、公开市场业务政策、税收政策等经济手段间接调控金融市场运行和参与主体的行为。这种手段相对比较灵活，但调节过程可能较慢，存在时滞。在金融市场监管中，常见的有以下两种经济调控手段：

（1）金融货币手段。如在金融市场低迷之际放松银根、降低贴现率和银行存款准备金率，可增加市场货币供应量从而刺激市场回升；反之则可抑制市场暴涨。运用"平准基金"开展金融市场上的公开市场业务可直接调节证券的供求与价格。

（2）税收手段。税率和税收结构的调整将直接造成交易成本的增减，从而可以产生抑制或刺激市场的效应。

（三）行政手段

行政手段指依靠国家行政机关系统，通过命令、指令、规定、条例等对证券市场进行直接的干预与管理。与经济手段相比，运用行政手段对金融市场的监管具有强制性和直接性的特点。

行政手段存在于任何国家的金融市场的监管历史之中，一般地，在市场发育的早期使用行政方法管理较多，而在成熟阶段用得较少。这是由于金融市场发展的早期往往法律手段不健全而经济手段效率低下，造成监管不足的局面，故需行政手段作为补充。

（四）自律管理

自律管理即自我约束、自我管理，通过资源方式以行业协会的形式组成管理机构，制定共同遵守的行为规则和管理规章，以约束会员的经营行为。

金融市场交易的高度专业化、从业人员之间的利益相关性以及金融市场运作本身的庞杂性决定了对自律监管的客观需要。但政府监管与自律监管之间存在主从关系，自律监管是政府监管的有效补充，自律监管机构本身也是政府监管框架中的一个监管对象。

第三节　金融市场监管体系

金融监管是由监管主体（金融当局）为了实现监管目标而利用各种监管手段对监管对象（金融市场参与者的活动和行为）所采取的一种有意识的和主动的干预和管理活动，涉及监管主体（金融当局）与监管对象（金融活动和金融行为）之间、监管者和被监管者之间、不同监管主体之间、监管主体与其他相关组织、监管对象与其他相关组织之间的关系的定位，这种关系定位构成了监管体系。

金融监管体系包括三个方面的内容：金融监管的法律制度体系、金融监管的组织体系和金融监管的执行体系。法律制度体系从法律制度的角度界定了金融监管过程中有关当事人的法律地位，规定每一方当事人在金融监管过程中的权利和义务；监管的组织体系从当事人自身的行为的角度展现出有关各方在金融监管过程中的互动关系，说明当事人出于本能或者在外部刺激下可能做出的反应以及对其他当事人的影响；执行体系描述的是金融监管者具体实施某项监管时的手段、步骤和做法。在实际的金融监管过程中，金融监管体系的这三个方面往往是同时存在并发挥作用的，形成一定的监管模式。

一、法律制度体系

由于历史传统习惯和各国国情不同，世界各国金融监管的法律制度体系都有一定的差异。以对证券的监管为例，差异体现在：①证券监管的态度宽松不同。有些国家主张加强立法监管，而另外有些国家则更注重自律管理。②证券监管的集中立法与分散立法的差异。有些国家通过制定专门的证券法规来规范证券市场行为，而另外一些国家则是在本国的公司法附带说明，或者分类制定若干法律。③证券监管方法原则不同。有些国家对证券的发行与交易实行实质监管的原则，另外，有些国家则实行实质监管与形式监管并用的方法。根据以上三个方面的差异，可将世界各国有关证券监管的法规制度划分为三种不同的体系。

1. 美国的法规体系

美国体系的特点是有一整套专门的证券监管法规，注重立法，强调公开原则。除了美国之外，属于这种体系的国家和地区还有日本、菲律宾、中国台湾。以美国为例，在立法上分为三级：①联邦政府立法。其中包括《1933 年证券法》、《1934 年证券交易法》、《1935 年公用事业控股公司法》、《1939 年信托契约法》、《1940 年投资公司法》、《1940 年投资咨询法》、《1976 年证券投资者保护法》等。②各州政府立法。各州政府的证券法规在美国通称为《蓝天法》。它大致可以分为四种类型：第一，防止欺诈型；第二，登记证券商型；第三，注重公开型；第四，注重实质监管型。③各种自律组织，如各大交易所和行业协会制定的规章。这些规章对证券从业者具有不亚于立法的效率。这种联邦、州和自律组织所组成的既统一又相对独立的监管体系是美国体系的一大特色。

2. 英国的法规体系

英国体系的特点是强调市场参与者"自律"监管为主，政府干预很少，没有专门的证券监管机构，也不制定独立的法律，证券监管主要由公司法有关公开说明书的规定、有关证券商登记、防止欺诈条例和有关资本管理等法规组成。由于历史上伦敦交易所起步早，在国家没有相应立法出台的情况下，完全依靠交易所自身的规则来规范市场行为，因此伦敦交易所对自己业务规定有严格的交易规则，并且拥有较高水准的专业证券商和采取严格的注册制度和公开说明书制度进行自律，由此形成传统上伦敦交易所完全自治，不受政府干预。属于这一体系的基本上是英联邦一些成员国。但近几年来，许多英联邦国家或地区在公开原则与证券商的监管方面也采用了美国的一些做法，如 1967 年英国新的《公司法》和 1986 年《金融服务法》中有关证券方面的条例，在某些方面效仿美国证券法中的类似规定。

3. 欧洲大陆体系

欧洲大陆体系各国对证券监管多数采用严格的实质性监管。与英、美体系相比，在新公司成立过程中，对发起人的特殊利益有所限制，要求公司股东出资一律平等。但是，在公开原则的施行方面则做得不够，发行人通常只在认股书中对公司章程、证券内容稍做披露，而没有"招股说明书"之类的说明材料，缺乏充分公开。此外，该体系的部分国家还缺乏对证券领域进行全面性监管的专门机构。不过，目前，"公开充分"原则已经引起欧洲大陆国家的重视，成为证券法改革的主流。属于这一体系的除了欧洲大陆的西方国家外，还有拉美和亚洲的一些国家。

二、监管体制

各国由于其金融市场发育程度不同、管理理念不同、法律及文化传统不同，在长期的金融市场监管实践中形成了各种不同的体制模式。根据立法以及监管主体的不同可以分为：集中型监管体制、自律型监管体制以及中间型监管体制。

1. 集中型监管体制

集中型金融市场监管体制是指政府制定专门的金融市场管理法规并针对不同的金融

工具设立全国性金融市场监管机构管理金融市场，而交易所和交易商协会等组织只作为辅助作用的管理体制出现，也称集中立法型监管体制。美国是集中型监管体制的集中代表。美国证券交易委员会（SCE）是根据《1934 年证券交易法》成立的。它由总统任命、参议院批准的 5 名委员组成，对全国的证券发行、证券交易所、证券商、投资公司等实施全面监督管理。

实行集中型监管，具有监管体系更加集中、监管机构更加专业、监管方法更加有效等优势；能公平、公正、高效、严格地发挥监管作用，协调全国的金融市场；能统一执法尺度，提高金融市场监管的权威性；监管者的地位相对独立，能更好地保护投资者的利益。实行集中型监管的不足之处是，一方面，由于监管者独立于金融市场，可能使监管脱离实际，缺乏效率，当市场发生意外时，可能反应较慢，处理不及时；另一方面，容易产生对证券市场的过多干预。

2. 自律型监管体制

自律型金融市场监管体制是指政府除进行某些必要的国家立法外，很少干预市场，对金融市场的监管主要由交易所及交易商协会等组织进行自律监管的监管体制。

从出现英国证券市场直到 1997 年 FSA（英国金融服务局）成立并运行的长时间里，英国一直是自律型监管体制的典型代表。伦敦交易所制定的规章具有重要地位，其自治权力机构为交易所协会，从会员中选出 36 人组成。交易所协会有权决定新会员的加入，警告乃至开除违规会员；负责管理伦敦及其他六家地方证券交易所的场内交易，实际起到全国证券管理机构的作用。除此之外，英国的政府机构也对金融市场行使部分的监管职责，英国贸易部下设"公司登记处"兼管证券发行，并赋予英格兰银行对一定金额以上的证券发行审批权，贸易部还对非会员证券商及其投资信托业务行使管理权。为了加强管理，1986 年，英国根据《金融服务法》成立了"证券投资委员会"，拥有干预权、立法权以及对投资公司设立的审批权和业务的管理权。

自律型管理体制能充分发挥市场创新和竞争意识，有利于活跃市场；更贴近金融市场实际运行，监管灵活，效率较高；自律性组织对违规行为能作出迅速而有效的反应。自律型监管的缺陷在于：偏重维护市场的有效运作和保护会员利益，投资者利益往往不能提供充分保障；缺少强有力的立法作后盾，监管手段较软弱；没有统一的监管机构，难以协调，容易造成市场混乱。

3. 中间型监管体制

中间型监管体制是既强调立法监管，又强调自律管理的监管体制。中间型监管体制是集中型监管体制与自律型监管体制相互配合与协调的结果，又称为分级管理型监管体制，包括二级监管和三级监管两种模式。二级监管是中央政府和自律机构相结合的监管；三级监管是中央、地方两级政府和自律机构相结合的监管。实行中间型监管体制的国家有德国、泰国等，很多以前实行集中型或自律型监管体制的国家也正逐渐向中间型监管体制过渡。

根据监管机构监管金融行业的领域来划分，可以分为分业监管模式与混业监管模式。

1. 分业监管模式

分业经营是一种银行业、证券业、保险业、信托业分别设立机构独立经营业务的经营方式。分业经营对应的监管模式是分业监管，也即各行业管理属于自己的金融机构。分立监管的优点是可以发挥监管专业化分工优势，有效解决不同监管目标的冲突问题，同时也能使不同监管机构之间保持一定竞争性。但分别设立多个监管机构不仅要花费很大成本，而且各个监管主体之间的协调难度也增大。

2. 混业监管模式

随着金融业竞争的深化和金融信息化的发展，银行、证券、保险业务品种的相互交叉正在扩大，因此，国际上出现了三业间混业经营的趋势。目前，实行金融混业经营的国家主要采取以下三种模式：全能银行制（以德国、荷兰和瑞士等欧洲大陆国家为代表）、金融混合体（以英国为代表）和金融控股公司制（以美国为代表），其中全能银行是最彻底的混业经营，它就像一个"金融百货公司"，可以经营银行、证券、保险等各种金融业务。混业经营是更具综合性和更为一体化的操作模式，不再像分业经营一样具有明确的行业界限，如在混业经营模式下，国家对商业银行的经营范围如间接融资与直接融资业务、短期信贷与长期信贷业务、银行业务与非银行业务之间不作或很少作法律方面的限制，混业经营模式下的监管模式为混业监管模式。混业监管的优点是在一定程度上机构规模的减少或监管机构监管范围的扩大，使得一些稀缺资源可以共享，带来一定程度的规模经济，能够降低成本，也有利于在统一的监管组织体制下，确定和分清各个监管部门的监管责任，从而可以避免政出多门所导致的政策不一致和监管中的重复与遗漏。但统一监管会由于金融各个行业的特点不同而导致监管目标可能没有像专业化分立监管者那样有清晰明确的重点；超级监管机构由于规模过于庞大，内部如何分工是一个问题，可能会滋生官僚主义。

三、中国金融市场监管体系

(一)"一行三会"的分业监管体制

2003 年，中国银行业监督管理委员会正式成立，接管了中国人民银行对银行业监管的执政。以中国银监会的成立为标志，中国正式确立了"一行三会"的分业监管体制。中国人民银行是 1948 年 12 月 1 日在华北银行、北海银行、西北农民银行的基础上合并组成的。1984 年，国务院决定让中国人民银行专门行使国家中央银行职能。1995年 3 月 18 日，第八届全国人民代表大会第三次会议通过了《中华人民共和国中国人民银行法》，至此，中国人民银行作为中央银行以法律形式被确定下来。随着社会主义市场经济体系的不断完善，中国人民银行作为中央银行在宏观调控体系中的作用将更加突出。中国银行业监督管理委员会（银监会）是 2003 年 4 月 28 日成立的。根据第十届全国人民代表大会审议通过的国务院机构改革方案的规定，中国银行业监督管理委员会（银监会）成立，将中国人民银行对银行、金融资产管理公司、信托投资公司及其他存款类金融机构的监管职能分离出来，并和中央金融工委的相关职能进行整合。其目的是通过审慎有效的监管，保护广大存款人和消费者的利益，增进市场信心；通过宣传教育工作和相关信息披露，增进公众对现代金融的了解；努力减少金融犯罪。中国证券业监督管理委员会（证监会）是 1992 年 10 月成立的。经国务院授权，中国证监会依法对全国证券期货市场进行集中统一监管。根据《证券法》第十四条的规定，中国证监会还设有股票发行审核委员会，委员由中国证监会专业人员和所聘请的会外有关专家担任。中国保险监督管理委员会（保监会）成立于 1998 年 11 月 18 日，是国务院直属事业单位。根据国务院授权履行行政管理职能，依照法律、法规统一监督管理全国保险市场，维护保险业的合法、稳健运行。2003 年，国务院决定，将中国保监会由国务院直属副部级事业单位改为国务院直属正部级事业单位。中国保监会内设 15 个职能机构，并在全国各省、直辖市、自治区、计划单列市设有 35 个派出机构。

中国对金融机构经营采取严格的分业监管。实行分业监管的原因有以下四点：

1. 中央银行维持币值稳定的需要

中央银行的首要经济目标就是保持币值稳定。央行是在货币市场上利用三大政策工具（利率、贴现、公开市场业务）适时调整货币供应量的。受三大工具调节的对象主要是商业银行，保持对商业银行的可控制性对中央银行调控社会货币流动总量至关重要。然而，证券市场属于资本市场的范畴，其市场活动由参与主体给予不同的利益动机自主决定，中央银行无法对其进行直接的干预，只能间接地施加影响。证券作为一种虚拟资本，在既定存量水平下对货币具有一种放大的吸纳力。如果放任商业银行利用自己所拥有的流动性资金进行证券交易，那么，本来能为中央银行直接调控的货币量就可能出现漏损，使中央银行无法对现实经济所需的货币量作出较为准确的估计和测量。当出现通货膨胀或紧缩时，央行的调控就可能受到很大的干扰和冲击。由此可见，若实行混业经营，允许银行资金进入股市，中央银行面临通货膨胀或紧缩的调控能力将大大削弱。

2. 商业银行资产负债管理的需要

根据现代商业银行资产负债管理的要求，银行在追求效益的同时，还必须充分考虑资产的安全性和流动性，实行银行资产在效益、安全和流动性上的最佳组合。由于银行负债的主要来源是企业的流动存款结算用的活期存款和居民的储蓄存款，具有期限短、流动性强的特点，因此为了保持银行资产的流动性和银行资产与负债相匹配，银行应以短期的流动资金贷款为主。如果用银行的流动性负债去购买证券市场上的有价证券，尽管证券可以在二级市场上变现，具有一定的流动性，但由于证券价格的波动十分剧烈，存在很大的价格风险，极可能造成资产损失。因此，从银行资产的安全角度考虑，银行是不宜从事证券交易的；而从整个金融体系安全角度来说，如果银行资产损失进一步引起银行信用风险，则会对金融系统的稳定性产生冲击，给社会造成很大的危害。

3. 维护证券投资者利益的需要

购买证券本质上是一种投资行为（含有投机成分），购买者运用自有资金通过证券市场间接地参与生产经营活动。若允许银行资金进入证券市场，就会产生两个问题：其一，银行运用他人资金买卖证券，资金成本人为地较低，而且在税前支付利息，而其他投资者（机构或个人）则只能用自有资金或较高成本的借贷资金，且无法获得税收优惠。显然，一般证券投资者与银行处于不平等的竞争地位。其二，银行负债具有流动性的特点，进入证券市场的银行资产不可避免地带有短期的特性，这将导致证券价格波动性加大，使证券投资的风险大大提高。因此，从保护一般投资者利益及保持资本市场稳定的角度出发，银行业与证券业应该相互隔离。

4. 避免因混业经营可能产生对银行客户利益的损害

如果银行同时经营银行和证券业务，由于两种业务的经营风险在承担主体上有所差异，那么面对不同状况下的融资要求，银行可能选择对自己最有利的融资方式，从而损害他人的利益。例如，对于经营状况好、盈利能力强的企业，银行会选择用贷款的方式满足其资金需求；而对于经营状况一般的企业，银行则会劝说其采用发行证券方式，让证券投资者来承担企业经营不良的风险。又如，在银行给某一企业贷款有可能成为坏账的时候，为了不使坏账成为现实，银行帮助企业发行证券，鼓励不知情的投资者购买该证券，从而将风险转嫁给他人。

中国金融市场的发展尚处于初级阶段，金融分业监管是不可逾越的一个阶段。现阶段我国的银行监管制度和金融机构的内部约束机制都很薄弱，不具备综合银行制度要求的内外管理条件，金融分业监管是其相宜的发展阶段。就银行的监管而言，西方发达国家经过近两个世纪的监督管理实践，建立起了三道防线，即预防性监督管理、存款保险制度和最后贷款救助行动。而我国规范化的金融监管制度还远未建立起来，我国的金融运行还未真正走上依法经营、健康有序发展的轨道。我国现有的四大国有商业银行是从专业银行转化而来，其内部约束机制的构建困难重重。若不实行分业经营、分业监管，可能使各种金融机构热衷于全方位发展业务，搞"全能银行"：一是银行办信托和证券以及保险业务；二是保险公司发放信用贷款和经营证券买卖业务；三是信托投资公司超范围吸收存款，超比例发放贷款，办理银行业务；四是证券公司通过收取客户交易保证金以及代办储蓄，变相吸收存款，自行动用，渗入银行业务。这种混业经营的做法一方面削弱了各类金融机构应有的特性，没有发挥各自的作用；另一方面加大了金融机构的经营风险，潜伏着妨害整个金融制度健康发展的严重威胁。因此，金融分业监管是我国现代金融监管的一个重要阶段。

（二）集中型监管体制

中国现行金融市场监管体制属于集中型监管体制，具有集中型监管体制的基本特点：第一，基本上建立了金融市场监管的法律法规框架体系。第二，金融市场的各个分市场均设有相应的全国性监管机构，负责监督、管理全国金融市场。第三，金融市场的监管权力主要集中于政府机构，证交所等自律性监管机构只起辅助作用。

中国现阶段实行集中型金融监管体制是符合中国国情的。第一，中国在长期计划经济管理实践中，积累了丰富的集中型组织、指导和管理的经验，对于在经济体制转轨过程中建立起来的金融市场，选择以政府监管为主导的集中型监管体制模式，可以发挥已具有的集中型管理经验的优势，提高市场监管的效率。第二，中国金融市场还处于发展初期，法律、法规建设和各项监管尚不完善。证券交易活动中经常出现过度投机、信息披露失真、操纵市场、内幕交易、欺诈等违法违规行为，如果没有集中统一的权威性监管机构对金融市场实施有效的监管，就难以保证金融市场健康运行。第三，中国金融业发展的时间较短，缺乏行业自律管理的经验。

中国金融市场集中型监管体制是伴随着中国金融市场的发展而逐步形成的。以中国证券市场为例，中国证券市场监管体制经历了一个从地方监管到中央监管，由分散监管到集中监管的过程，这一过程大致可分为两个阶段：

第一阶段从 20 世纪 80 年代中期到 90 年代初期，证券市场处于区域性试点阶段。1990 年，国务院决定分别成立上海、深圳证券交易所，两地的一些股份公司开始进行股票公开发行和上市交易的试点。1992 年，又开始选择少数上海、深圳以外的股份公司到上海、深圳两家证券交易所上市，这一时期证券市场的监管主要由地方政府负责。

第二阶段从 1992 年开始，国务院总结了区域性证券市场试点的经验教训，决定成立国务院证券委员会，负责对全国证券市场进行统一监管，同时开始在全国范围内进行股票发行和上市试点。从此，证券市场开始成为全国性市场，证券市场的监管也有地方监管为主改为中央集中监管，中国对证券市场的监管经历了由财政部独立管理，由中国人民银行为主管机关，以国务院证券委为主管机构等几个阶段，在这一过程中不断调整国务院各有关部门的监管职责，完善监管体制。1998 年，国务院决定撤销国务院证券委员会，工作改由中国证监会承担，并决定中国证监会对地方证券管理部门实行垂直领导，从而形成了集中统一的监管体系。新的统一监管体制具有以下一些特点：

（1）证券监管机构的地位得到进一步强化，增强了其权威性，为我国证券市场的有效监管提供了更有力的组织保证。

（2）地方证券监管机构改由中国证监会垂直领导，提高了证券监管工作的效率。

（3）实行三级监管体制，1999 年 7 月，中国证监会按大区设立了 9 个证券监管办公室，分别是天津、沈阳、上海、济南、武汉、广州、深圳、成都、西安证券监管办公室和北京、重庆两个直属办事处，并在各大区内有关省市设置了证券监管特派员办事处，作为证券监管办公室的下属机构。经过发展，目前中国证监会在省、自治区、直辖市和计划单列市设立了 36 个证券监管局，以及上海、深圳证券监管专员办事处。

（4）加强了交易所一线监管的作用。在新的统一监管体制下，证监会加强了对交易所的领导，实行交易所总经理由证监会直接任命的领导体制。

第四节 国外金融市场监管的发展历程

一、国外金融市场监管的逐步形成

金融市场监管的必要性并非一开始就为人们所认识，而是伴随金融市场发展中问题的充分暴露而日益受到各国政府的重视。特别是 1929～1933 年的世界经济大危机与股市崩溃，彻底扭转了金融市场监管的方向。市场机制的缺陷被实践证明，"看不见的手"的神话被打破，完全放任自由已不能保证市场的稳定运行，从那以后，世界各国开始了严格广泛的金融监管，美国首先形成了分业、政府集中统一监管的体制。这一时期监管的重点是分业和立法，有以下四个重要特征：① 通过立法来实施金融业的分业经营和监管。②立法与监管的宗旨是保护投资者的利益。③对投资者的保护建立在信息披露的基础之上。④信息披露的核心是公开和及时。

(一) 美国金融市场集中统一监管的确立

"一战"后美国经济增长带来的证券大量发行和整个 20 世纪 20 年代的经济过热和银行信用滥用，以及一些其他的原因导致了 1929 年股市的大崩溃。在这期间，美国出现了大量的"野猫银行"，在激烈的竞争压力下，各类金融，要么直接参与证券市场的过度投资，要么为投资者提供资金支持，金融市场的泡沫充分暴露，风险控制几乎被完全忽略，而且没有集中统一的联邦法律和公共政策来规范证券业和银行业。股市崩溃后，这些金融机构随即大量倒闭。

大危机之后，美国政府制定了一系列严格的金融法律，并开始对金融市场实施集中统一监管，针对这次股市崩溃，制定了《1933 年银行法》（即《格拉斯—斯蒂格尔法》），对证券业和银行业开始实行分业监管，同时又制定了《1933 年证券法》和《1934 年证券交易法》，随后还有 1938 年《曼罗尼法》、《1939 年信托契约法》、《1940 年投资公司法》。此外，美国各州都制定了《蓝天法》或《证券法》。这些法律使原来法律法规一片空白的证券业突然之间成为监管最为严格的领域，证券业被置于联邦政府和州政府的严格控制下。

(二) 大危机后其他国家和地区的证券市场的监管

20 世纪 30 年代大危机后，各国金融监管法制化逐渐普及，各国政府纷纷颁布规范金融行为的法律。传统上注重自律和习惯的英国也开始制定许多与金融市场相关的法规。具体包括：①关于保护投资者利益的法规，如 1958 年颁布实施的《防止诈骗投资法》和 1963 颁布实施的《保护存款人法》。②关于控制公司合并的法规，如 1973 年颁布实施的《公正交易法》。③关于信息披露的规定，如 1975 年颁布实施的《工业法》和《就业保护法》等。在此基础上，英国金融市场形成了以政府管理及国家法规和英格兰银行与证券交易所、证券业协会、证券投资委员会等自律组织及其规章制度为中心的自律型监管框架。

在促进金融市场发展和管理方面，日本在"二战"后开始更多地借鉴美国的做法。日本 1948 年颁布的《证券交易法》就是以美国《1933 年证券法》和《1934 年证券交易法》为蓝本的，它是"二战"后日本证券制度改革的一项中心内容。这项改革尤其强调将证券的经营业务集中于证券公司，严禁银行和信托投资公司承购除政府债券和政府担保债券以外的任何证券。1951 年日本制定了《证券投资信托法》，为推动股票大众化发挥了重要作用。1955～1961 年日本发生政权"泡沫"危机。危机以后的 1964 年，日本成立了大藏省证券局，加强了对证券市场的监管。从 20 世纪 60 年代末期开始，日本的国际证券交易日趋活跃，东京证券交易所于 1970 年加入国际证券联盟，1971 年，日本政府颁布了旨在管理外国证券公司的《外汇和外贸控制法》。

20世纪60年代中后期，中国香港地区经济开始起飞，金融市场发展较快，先后成立的香港证券交易所、远东证券交易所、金银证券交易所和九龙证券交易所，于1986年合并为香港联合交易所。中国香港在金融市场上推行英国式的自律型监管体制，20世纪70年代初，股票市场越来越活跃，经历了1973～1974年的股市震荡后，中国香港政府被迫采取措施监管股市，保护投资者利益，建立了证券委员会，颁布了有关法令，如1974年的《证券条例》和《保障投资者条例》、1975年的《公司收购及合并守则》等。

二、20世纪70～80年代后期的国外金融市场监管

（一）20世纪70～80年代中期的金融市场监管——金融创新推动放松监管

1973年布雷顿森林体系崩溃，西方国家纷纷实行浮动汇率制度，同时，国际资本流动频繁，国际金融市场的汇率、利率、通货膨胀率变化无常，极不稳定，在此环境下各国对金融市场实施的直接和广泛的监管被认为是过度的，损坏了金融机构和整个体系效率。另外，20世纪70年代中后期，西方主要发达国家的金融体制经历了一个由制度创新、技术创新所带来的结构性变化，其结果是金融市场更加国际化、证券化和自由化；利率浮动票据、货币远期交易和货币期货创新金融工具应运而生，金融体系中传统的直接控制措施，如：利率和信贷控制、资本账户控制等所发挥的作用越来越小，各国被迫对原有金融管理制度进行改革，核心是采取更加灵活的市场手段对金融体系进行间接管理，放松对证券市场的直接控制，如放松市场准入限制、放松对中介费用和各种价格及数量的控制等。

20世纪80年代以后，受反对任何形式的国家干预的自由化思潮影响，各国都在一定程度上放松了对金融市场的监管，主要表现在对银行、证券业分业制度的调整上。如1987年，美国联邦储备委员会根据《银行持股公司法》修正案，授权部分银行有限度的从事证券业务。英国在1986年进行被称为"大爆炸"的证券监管体制改革，放宽了对证券交易所会员资格的审查资格，降低了对会员资本的要求，取消了最低佣金的限制，实行了手续费的自由化。在自由化的同时，各国同时加强了对证券市场上欺诈行为的监管，加强了对投资者利益保护的立法。

（二）20世纪80年代后期的金融市场监管——国际性股市风暴导致政府加强监管

1987年10月19日，西方股市经历了一场罕见的危机，纽约股市崩溃。这一天被称为著名的"黑色星期一"。虽然没有出现1929年股灾后的经济大萧条，但各国均被迫采取紧急措施，缓解股市过热以及虚拟经济和实体经济相脱节的现象。其中最切实的措施是加强信息披露制度，对股市稳定起了重要作用。另外，1987年的股市风暴也体现出监管机构对股市、期货市场和股票期权市场没有协调统一的监管机构，它促成了20世纪90年代中期开始的全球金融监管机构的合并。

三、20 世纪 90 年代以来的国外金融市场监管

(一) 金融市场监管理念的新变化

20 世纪 90 年代中后期，世界各国证券监管理念强调的是鼓励证券业务创新和强化证券信息的充分披露，而不是单纯增加证券法律条款进行管制。

(二) 出现了全球性的金融制度大改革

1997 年 10 月，英国将证券投资委员会更名为金融服务局 (FSA)，监管对象更宽，包括从事投资业务的公司、信用机构保险市场、交易所及清算机构等，这样，英国传统的自律监管体制消失，取而代之的是集中的金融监管机构。

1996 年 11 月，日本政府也决定在 1997～2001 年五年间对本国的金融体系进行综合改革，修改一系列金融监管法规，并对金融机构进行重大改革，以提高日本金融业的竞争力。

1996 年 9 月，美国通过了《全国性证券市场促进法》，目的在于修订联邦证券法，放松监管，提高证券市场效率和竞争力；促进共同基金的有效管理，保护投资者利益。1999 年 11 月，美国《金融服务现代化法案》成为正式法律，其重大意义在于结束自 20 世纪 30 年代的《格拉斯—斯蒂格尔法》以来的分业经营与监管的局面，从法律上确认了银行、证券和保险混业经营的原则。

2002 年初美国能源巨人安然公司巨额假账案，引发了美国金融、证券、投资业的中心纽约华尔街的信用危机。2002 年 6 月 25 日，世界电信公司 38 亿美元创纪录的假账丑闻，使信用危机发展成为一场沉重打击美国经济的风暴。两周内，纽约股市连遭重创，下跌不止，道·琼斯指数下降 14％以上。事件的发生暴露了美国会计制度、上市公司监管中存在着许多漏洞，巨额假账违法的经营行为完全可以利用这些漏洞损害公众利益。美国社会被一连串的假账所震惊，雷厉风行地开始了"企业责任道德新规范"的重建。一系列的立法在短期内得到国会高票通过。2002 年 7 月 30 日上午，美国总统布什签署了国会参众两院已通过的旨在打击商业欺诈、推动企业改革的公司改革法案，从而使其正式成为法律。这项以两位议员的名字命名的《2002 年萨班斯—奥克斯利法案》，对未来企业运作、证券市场、审计体制设置了种种严格的规定。主要内容有五项：①创立一个 5 人组成的"上市公司审计监督委员会"，对承担大公司审计业务的会计师事务所进行监管，对违法的会计师事务所及审计人员拥有调查、执法和惩罚权。②创立一项有关证券欺诈的重罪，最高徒刑可判 25 年。③对企业高层主管欺诈罪行的惩罚由原来的 5 年徒刑提高了 20 年，对犯有欺诈罪的个人和公司的罚金最高可达 500 万美元和 2500 万美元。④禁止会计师事务所向提供审计服务的公司提供咨询服务。

(三) 国际证券监管组织加强合作

1995 年巴林银行的倒闭引起人们对金融市场稳健性和安全性的高度重视。从那时起，这个议题即成为西方七国领导人每年高峰会上讨论的重点，尤其是如何加强监控国际性金融机构的问题。而这要求银行、证券和保险行业的监管机构通过它们各自的国际

组织——巴塞尔银行委员会（Basle Committee）、国际证券委员会（International Organization of Securities Commission，IOSCO）及国际保险监管协会（International Association of Insurance Supervisors，IAIS）采取一致措施来监控跨国公司。在经济全球化背景下，国际证监会组织与各国证监会的合作，成为国际证券市场法律规范方式创新的重要形式。

本章小结

1. 金融监管是金融监管的主体为了实现监管的目标而利用各种监管手段对监管的对象所采取的一种有意识的和主动的干预和控制活动。监管主体（即监管者）、监管对象（即被监管者）、监管手段和监管目标构成了金融监管的四大要素。

2. 金融监管的主体并不仅仅限于政府机构一种，可以有多个不同性质的监管主体同时存在。

3. 金融领域内存在的垄断、外部性、产品的公共性、信息的非对称性、有限理性等因素会导致金融产品和金融服务价格信息的扭曲，引致社会资金配置效率下降。

4. 金融监管的目标有：促进全社会金融资源的配置与政府的政策目标相一致，从而得以提高整个社会金融资源的配置效率；消除因金融市场和金融产品本身的原因而给某些市场参与者带来的金融信息的收集和处理能力上的不对称性，以避免因这种信息的不对称性而造成的交易的不公平性；克服或者消融超出个别金融机构承受能力的、涉及整个经济或者金融的系统性风险；促进整个金融业的公平竞争。

5. 金融监管可以通过立法、行政、经济以及自律等手段就金融产品和金融服务的定价或利润水平、金融产品和金融服务的交易过程以及从事金融产品生产和金融服务供应的企业的准入和退出等进行监督和调控。

6. 由于历史传统习惯和各国国情不同，世界各国的金融监管的法律制度有所区别。金融监管的法律体系主要分为美国的法律体系、英国的法律体系以及欧洲大陆体系。

7. 由于各国的政治体制、经济体制、证券市场发育程度和历史传统习惯不同，各国对金融市场监管形成了三种不同的类型体制：集中型监管体制、自律型监管体制和中间型监管体制。

关键词：

金融监管（Financial Market Regulation）　　　外部性（Externality）
信息不对称（Asymmetric Information）　　　道德风险（Moral Hazard）
集中型监管体制（Centralized Regulatory System）
自律型监管（Self-Supervision）

思考题：

1. 金融监管的目的是什么？
2. 金融监管的手段有哪些？

3. 金融市场监管的原则有哪些?

4. 金融市场监管的内容是什么?

5. 信息不对称会带来什么样的后果?

6. 什么是集中型监管体制? 什么是自律型监管体制?

7. 我国的金融监管模式是怎样的?

参考文献

［1］〔美〕安东尼·桑德斯，马西娅·米伦·科尼特．金融市场与金融机构．人民邮电出版社，2006

［2］布莱恩·克特尔．金融经济学．中国金融出版社，2005

［3］陈红．中国股票市场制度创新研究．中国财政经济出版社，2004

［4］陈学彬，邹平座．金融监管学．高等教育出版社，2003

［5］陈善昂．金融市场学．东北财经大学出版社有限责任公司，2009

［6］〔美〕弗兰克·J. 法博齐．金融工具手册．上海人民出版社，2006

［7］郭茂佳．金融市场学．经济科学出版社，2005

［8］李国平．行为金融学．北京大学出版社，2005

［9］列维奇．国际金融市场：价格与政策．机械工业出版社，2003

［10］林晓．公司银行业务：衍生金融工具．经济科学出版社，2010

［11］鲁育宗．产业投资基金导论：国际经验与中国发展战略选择．复旦大学出版社，2008

［12］〔美〕罗斯，马奎斯．金融市场学．陆军等译．机械工业出版社，2009

［13］朴明根．信托、典当、拍卖与租赁管理论．经济科学出版社，2008

［14］祁群．金融市场学．北京大学出版社，2010

［15］史建平．金融市场学．清华大学出版社，2007

［16］宋琳．金融市场学．清华大学出版社，2011

［17］沈悦．金融市场学．科学出版社，2008

［18］汪昌云．金融衍生工具．中国人民大学出版社，2009

［19］王振山，王立元．金融市场学．清华大学出版社，2011

［20］魏华林．林宝清保险学（第二版）．高等教育出版社，2006

［21］吴世亮，黄冬萍．中国信托业与信托市场．首都经济贸易大学出版社，2010

［22］谢百三．证券投资学．清华大学出版社，2005

［23］杨胜刚，姚小义．国际金融．高等教育出版社，2005

［24］叶永刚．衍生金融工具．中国金融出版社，2004

［25］张亦春．现代金融市场学．中国金融出版社，2008

［26］〔美〕兹维·博迪，罗伯特·C. 莫顿．金融学．中国人民大学出版社，2000

［27］赵霜茁．现代金融监管．对外经济贸易大学出版社，2004

［28］朱新蓉．金融市场学．高等教育出版社，2007

［29］［美］伯顿（Burton，M.）等．金融市场与金融机构导论．惠超等译．清华大学出版社，2004

［30］Black and Scholes. The Pricing of Options and Corporate Liabilities. Journal of Political Economy，1973，81（May-June）：637-659

［31］Chance，D. An Introduction to Options and Futures. Orlando，FL：Dryden Press，1989

［32］Finnerty，J. D. Financial Engineering in Corporate Finance：An Overview. Financial Management，1988（17）：14-33

［33］Frank J. Fabozzi. Capital Markets Institutions and Instruments. Second Edition. Prentice Hall，1996

［34］Fred D. Arditti . Derivatives. Boston：Harvard Business School Press，1996

［35］Allen，L. Capital Markets and Institutions：A Global View . John Wiley & Sons Inc. ，1997

［36］Keynes，J. M. A. Treatise on Money. London：Macmillan，1930

［37］Robert Merton. Continuous-Time Finance，Revised Edition. London：Basil Blackwell，1992

［38］Robert，W. Kolb. Futures，Options and Swaps，3rd（ed.）. London：Blackwell Publishers，1999

［39］Todd E. Petzel. Financial Futures and Options. New York：Quorum Books，1989